中国传统教育
名言精选

肖建云 著

中国书籍出版社
China Book Press

图书在版编目（CIP）数据

中国传统教育名言精选 / 肖建云著. —— 北京：中
国书籍出版社，2019.11
ISBN 978-7-5068-7524-0

Ⅰ.①中… Ⅱ.①肖… Ⅲ.①教育 – 格言 – 汇编 – 中
国 – 古代 Ⅳ.①G40–092.2

中国版本图书馆CIP数据核字(2019)第257528号

中国传统教育名言精选

肖建云　著

责任编辑	王志刚
责任印制	孙马飞　马　芝
版式设计	添翼图文
出版发行	中国书籍出版社
地　　址	北京市丰台区三路居路97号（邮编：100073）
电　　话	（010）52257143（总编室）（010）52257140（发行部）
电子邮箱	chinabp@vip.sina.com
经　　销	全国新华书店
印　　刷	北京温林源印刷有限公司
开　　本	710毫米×1000毫米　1/16
字　　数	300千字
印　　张	19.25
版　　次	2019年12月第1版　2019年12月第1次印刷
书　　号	ISBN 978-7-5068-7524-0
定　　价	56.00元

版权所有　翻印必究

前 言

《中国传统教育名言精选》是我在学习研究中国传统教育经验的过程中零星摘录出来，日积月累，渐积渐成的。本书共分三部分：修身养性、读书治学和方法哲理。修身养性部分主要讲修养身心的方法、作用和境界等，读书治学部分主要讲读书治学的内容、方法、目的以及态度等，方法哲理部分主要讲做各种事情的方法以及反映各个领域客观规律的名言。

本书以中国历史上十部经典教育著作为基础选编而成。这十一部著作是：《论语》《孟子》《老子》《庄子》《朱子语类》《程氏家塾读书分年日程》《读书作文谱》《父师善诱法》《菜根谭》《增广贤文》。其他的著作和文章只是偶尔摘录只言片语，从《周易》到叶圣陶，时间跨度三千多年。

本书行文尽可能简洁，能省则省。那些常见的典籍如《论语》《孟子》等，出现在具体的条目前时就省去书名号，因为这样不会影响读者理解。出处介绍一般是在第一次出现时进行解释，放在选文的前面；解释时，人物只介绍时代、籍贯及代表作，著作只介绍时代及性质等基本信息。有个别选段理解起来有一定难度，就在具体注释的最前面用一句话进行简单概括。选段的注释如果不多，序号就标注在要解释的字词处；如果一句话要解释几个词语，序号就标在句末。

本书采用选文——注解——翻译的体例，注释作一段，翻译作一段。每则选文一般只有一个段落。只有来自《庄子》和《列子》的名言有两则比较长，是用几个段落来表现的。这是因为只有把这几个段落都选上了，所蕴含的哲理才能表达出来。

怎样对待这本书？本书汇集了众多伟人的智慧。各种年龄、各种职业、各种阶层的人都能从中受益。性急的人可以学会悠然，懒惰的人可以学会勤劳，懈怠的人可以学会奋起，自私的人可以学会宽容，狭隘的人可以学会大度，自卑的人可以学会坦然。你不必急于把它读完，像要完成硬性任务似的。最好慢慢读，细细地享受读书的乐处和益处。想读的时候再读，效果更好。当你遇到挫折的时候，你读一读，尤其是读"修身养性"和"哲理方法"部分，你就能学会怎样对待困难和不顺；当你成功的时候，你读一读，尤其是读"修身养性"和"哲理方法"部分，你就能学会怎样对待鲜花和荣誉；当你正值青春年少或正在求学时，你读一读"读书治学"部分，也许会获得终身受用的启示；当你闲来无事的时候，你随便读一读，你就能学会修身、养性、处世、交友、睦家、教子和读书治学的种种方法。我本人修改本书多次，每次修改，每次受到不少启发。我也希望我的子孙后代能认真学习本书，吸收古人的智慧，借鉴古人的经验，使自己的人生尽量完美。

本书对《四书集注》《中国历代名言精编》和《古今名人读书法》等众多著作有所借鉴，有的在体例上受到启发，有的直接引用了个别条目，书后"参考文献"附有书目，本人对所引书作者深表感谢。有些条目来自网上，如摘自《家塾教学法》《朱子语类》的部分条目，因当时没有记下网址，现在无法写出，在此对相关网站表示诚挚的歉意和谢意！我本人对所有条目和解释负全部的责任。

本书尽管经过多次修改，但由于本人学识有限，错误之处，敬请读者朋友批评指正，本人从内心深处表示诚挚的谢意。

目　录

▲ 修身养性

《论语》（63则） ·· 2

《大学》（2则） ··· 15

《中庸》（3则） ··· 16

《周易》（2则） ··· 18

《礼记》（2则） ··· 19

《墨子》（2则） ··· 19

《孟子》（39则） ·· 20

《老子》（12则） ·· 32

《庄子》（27则） ·· 36

《荀子》（15则） ·· 52

《战国策》（1则） ··· 58

《吕氏春秋》（3则） ······································ 58

《说苑》（1则） ··· 59

王充（1则） ··· 60

诸葛亮（1则） ··· 61

《颜氏家训》（1则） ······································ 61

司马光（1则） ··· 62

张载（1则） ··· 64

王守仁（2则） ··· 65

吕坤（1则） ……………………………………………… 66
《聊斋志异》（1则） …………………………………… 66
《菜根谭》（42则） ……………………………………… 67
《增广贤文》（51则） …………………………………… 77

▲读书治学

《论语》（1则） ………………………………………… 88
《大学》（2则） ………………………………………… 88
《中庸》（2则） ………………………………………… 89
《孟子》（2则） ………………………………………… 90
《荀子》（8则） ………………………………………… 91
《吕氏春秋》（1则） …………………………………… 94
《说苑》（1则） ………………………………………… 95
《颜氏家训》（7则） …………………………………… 95
韩愈（2则） ……………………………………………… 99
柳宗元（1则） …………………………………………… 100
胡瑗（1则） ……………………………………………… 101
张载（7则） ……………………………………………… 102
程颐（7则） ……………………………………………… 104
苏轼（1则） ……………………………………………… 106
朱熹（56则） …………………………………………… 106
陆九渊（5则） …………………………………………… 126
陈善（1则） ……………………………………………… 128
《程氏家塾读书分年日程》（12则） ………………… 128
庄元臣（1则） …………………………………………… 134
王守仁（12则） ………………………………………… 135
《菜根谭》（7则） ……………………………………… 139
黄宗羲（2则） …………………………………………… 141
陆世仪（2则） …………………………………………… 142
顾炎武（3则） …………………………………………… 144

王夫之（3则） …… 145

颜元（3则） …… 146

张英（2则） …… 147

唐彪（65则） …… 149

张伯行（3则） …… 186

戴震（3则） …… 188

《教童子法》（7则） …… 189

陈宝箴（1则） …… 192

《增广贤文》（5则） …… 193

朱自清（1则） …… 194

叶圣陶（1则） …… 195

夏丏尊（2则） …… 195

▲ 方法哲理

《管子》（3则） …… 198

《大学》（4则） …… 199

《中庸》（1则） …… 200

《孟子》（42则） …… 201

《老子》（18则） …… 211

《庄子》（85则） …… 218

《荀子》（5则） …… 265

《墨子》（5则） …… 268

《吕氏春秋》（7则） …… 270

《韩非子》（4则） …… 273

李斯（1则） …… 274

《淮南子》（3则） …… 274

司马迁（1则） …… 275

王充（1则） …… 276

赵壹（2则） …… 276

郭象（2则） …… 277

葛洪（3则） …………………………………………… 278
《颜氏家训》（3则） ………………………………… 279
刘禹锡（1则） ………………………………………… 281
苏轼（2则） …………………………………………… 281
王安石（2则） ………………………………………… 282
张载（3则） …………………………………………… 283
程颐（1则） …………………………………………… 284
朱熹（1则） …………………………………………… 285
李贽（1则） …………………………………………… 285
王守仁（1则） ………………………………………… 286
黄宗羲（1则） ………………………………………… 287
王夫之（1则） ………………………………………… 287
颜元（2则） …………………………………………… 287
王筠（1则） …………………………………………… 289
戴震（1则） …………………………………………… 290
《菜根谭》（7则） …………………………………… 291
《增广贤文》（12则） ………………………………… 293

▲参考文献 / 296

修身养性

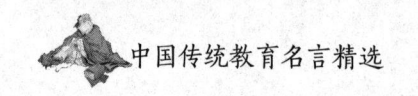

《论语》(63则)

孔子(前551-前489年),名丘,字仲尼,春秋末期人,与鲁定公、郑国子产、吴王夫差、越王勾践同时期人。《论语》为孔子弟子和再传弟子记录孔子和弟子对话的著作。

1. 论语·学而　曾子①曰:"吾日三省吾身:为人谋而不忠乎?与朋友交而不信乎?传不习乎?"

【注】①曾子,孔子弟子曾参。

【译】曾子说:"我每天要多次反省自己:替别人做事尽心了吗?和朋友交往有不诚信吗?老师传授的学业没有温习吗?"

2. 论语·学而　子曰:"君子不重则不威①,学则不固。主忠信②,无③友不如己者,过则勿惮④改。"

【注】①重,庄重。威,威严。②主,立足于。③无,通"毋",不要。④惮,怕。

【译】孔子说:"君子自己不庄重就没有威严,即使学习也不能牢固掌握知识。应该立足于忠诚和信用,不要和不如自己的人交朋友,有了过错不要怕改正。"

3. 论语·学而　子曰:"君子食无求饱,居无求安①。敏②于事而慎于言,就有道③而正焉。可谓好学也已。"

【注】①安,舒适。②敏,勤勉。③有道,学问渊博、道德高尚的人。

【译】孔子说:"君子饮食不求饱足,住房不求舒适,做事勤勉,说话谨慎,向学问渊博、道德高尚的人求教,匡正自己的缺点。这样就称得上好学了。"

4. 论语·学而 子曰:"不患人之不己知①,患不知人也。"

【注】①不己知,即"不知己",不了解自己。

【译】孔子说:"不怕别人不了解自己,怕自己不了解别人。"

5. 论语·为政 子曰:"君子不器①。"

【注】①器,器皿,比喻具体的用途。

【译】孔子说:"君子不能像器皿那样只能用于某一方面。"本段中,孔子的意思是,君子不担任具体的工作,但君子的思想适用于任何领域。

6. 论语·为政 子曰:"君子周而不比①,小人比而不周。"

【注】①周,合群。比,勾结。

【译】孔子说:"君子胸怀坦荡,能够团结众人但不拉帮结派,小人则相反。"

7. 论语·为政 子曰:"人而无信,不知其可也。大车无輗①,小车无軏②,其何以行之哉!"

【注】①大车,载货的牛车。輗(ní),将大车车辕和横木固定起来的销子。②小车,乘人的马车。軏(yuè),将小车车辕和横木固定起来的销子。

【译】孔子说:"人如果不讲信用,我不知道他还可以做什么。如果大车没有輗、小车没有軏,它怎么能走呢?"

8. 论语·里仁 子曰:"富与贵,是人之所欲也,不以其道得之,不处也。贫与贱,是人之所恶也,不以其道得之,不去也。君子去仁,恶乎成名?君子无终食之间违仁,造次①必于是,颠沛②必于是。"

【注】①造次，匆忙、仓促。②颠沛，流离失所。

【译】孔子说："富裕和高贵，这是人们想要的，如果不能按照社会认可的方法取得，那就宁可不要。贫穷与低贱，这是人们厌恶的，如果不能按照社会认可的方法摆脱，那就宁可不要摆脱。君子离开仁，怎么树立名声？君子即使只是一顿饭的时间也不背离仁，在匆忙紧迫的时候也一定会坚守仁，在颠沛流离的时候也一定会坚守仁。"

9.论语·里仁 子曰："朝闻道①，夕死可矣。"

【注】①道，真理。

【译】孔子说："早上听到了自己终生追求的真理，即使晚上死去也没有什么遗憾了。"

10.论语·里仁 子曰："不患无位，患所以立①。不患莫己知，求为可知也。"

【注】①所以，表方式，译为"……的方式（或根据）""所以立"即为立足于社会的资本。

【译】孔子说："不怕社会上没有自己的位置，只怕自己没有取得一定位置的资格。不怕别人不了解自己，而应该致力于完善自身，别人一定会知道你的。"

11.论语·里仁 子曰："见贤思齐焉①，见不贤而内自省也。"

【注】①焉，兼词，兼"于之"的意思，可解为"向他"。

【译】孔子说："看到好人好事就应该想着看齐，看到坏人坏事就要想自己有没有做过类似的事情，怎么才能避免这样的事情发生。"

12.论语·里仁 子曰："以约①失之者鲜矣。"

【注】①约，约束，指谨言慎行。

【译】孔子说："谨言慎行的人，很少会出差错。"

13. 论语·里仁 子曰:"德不孤,必有邻。"

【译】孔子说:"德行高尚的人不会孤独,人们一定会喜欢他,和他为伴。"

14. 论语·里仁 子曰:"不仁者,不可以久处约①,不可以长处乐。仁者安仁②,知者利仁③。"

【注】①约,穷困。②安仁,安于实行仁道。③利仁,看到仁的好处,才去实行仁道。

【译】孔子说:"没有仁德的人不能长期处于穷困的境地,也不可以长期处于快乐的境遇里。有仁德的人能够心情舒畅地按照仁的准则行事,聪明的人能认识到仁德对他有长远的利益,所以也能按照仁德的准则行事。"

15. 论语·八佾 林放问礼之本。子曰:"大哉问!礼,与其奢也,宁俭;与其易①也,宁戚②。"

【注】①易,治理,指把事情办得周全。②戚,哀痛。

【译】林放问礼的根本是什么。孔子说:"你问的问题很有意义啊!就一般的礼仪来说,与其形式上铺张豪华,宁可节俭朴素些好;就丧礼来说,与其仪式周到,倒不如内心真正哀痛点好。"

16. 论语·里仁 子游曰:"事君数①,斯②辱矣。朋友数,斯疏矣。"

【注】①数,频繁。②斯,就。

【译】子游说:"侍奉君主,进谏过分,就会遭到羞辱;规劝朋友过度,就会造成疏远。"

17. 论语·公冶长 子曰:"吾未见刚者。"或对曰:"申枨①。"子曰:"枨也欲,焉得刚?"

【注】①申枨(chéng),鲁国人,孔子弟子。

【译】孔子说:"我没有见过刚毅不屈的人。"有人回答说:"申枨是。"孔子说:"申枨欲望很多,怎么能够刚毅呢?"

18.论语·公冶长　子谓子产①:"有君子之道四焉。其行己也恭,其事上也敬,其养民也惠,其使民也义。"

【注】①子产,郑国贤相。

【译】孔子称赞子产:"有四种君子之风:自己行为庄重,对待君上恭敬,养育百姓施惠,使用人民合理。"

19.论语·公冶长　子曰:"宁武子,邦有道则知①,邦无道则愚。其知可及也,其愚不可及也。"

【注】①知,同"智"。

【译】孔子说:"宁武子在国家政治昌明的时候就表现得很聪明,在国家暗无天日的时候就表现得很糊涂。他的聪明可以赶得上,他的糊涂不可能学得了。"

20.论语·公冶长　子曰:"伯夷叔齐,不念旧恶,怨是用①希。"

【注】①是用,因此。

【译】孔子说:"伯夷和叔齐,不计较旧的嫌怨,所以很少有人怨恨他们。"

21.论语·雍也　子谓子夏曰:"汝为君子儒,无①为小人儒。"

【注】①无,通"毋",不要。

【译】孔子对子夏说:"你一定要做一个有道德的知识人,不要做一个没有道德的知识人。"

22.论语·雍也　子曰:"夫仁者,己欲立而立人①,己欲达而达人。能近取譬,可谓仁之方也已。"

【注】①立人:和后面的"达人"都是使动用法,即"使人立名""使人通达"。

【译】孔子说："仁爱的人，自己想立名也让别人立名，自己想通达也让别人通达。能够推己及人，拿自身作例子，可以说是做仁人的方法了。"

23.论语·述而　子曰："饭①疏食，饮水，曲肱而枕之，乐亦在其中矣。不义而富且贵，于我如浮云。"

【注】①饭，吃。

【译】孔子说："吃粗食，喝水，弯曲胳膊枕着睡觉，其中也有乐趣。通过做不义的事而得财富和地位，我不要，它就如天边的浮云。"

24.论语·述而　子曰："奢则不孙①，俭则固。与其不孙也，宁固。"

【注】①孙（xùn），通"逊"，谦逊。

【译】孔子说："奢侈豪华就显得骄傲，节俭朴素就显得寒酸。与其骄傲，宁可寒酸。"

25.论语·述而　子曰："君子坦荡荡，小人长戚戚①。"

【注】①戚戚，忧愁的样子。

【译】孔子说："君子胸怀坦荡，小人经常忧愁。"

26.论语·述而　子温而厉，威而不猛，恭而安。

【译】孔子温和而严厉，威严而不凶猛，恭敬而慈祥。

27.论语·子罕　子畏①于匡，曰："文王既没②，文不在兹乎？天之将丧斯文③也，后死者不得与于斯文也；天之未丧斯文也，匡人其如予何！"

【注】①畏，围。②没（mò），死。③斯文，指前代创造的文化。

本段显示孔子对自己肩负的传承人类文明的历史使命充满自信。

【译】孔子在匡地被围,情况十分危险,他说:"周文王死了之后,前代创造的文化不在我们这里吗?老天爷想要毁灭这些文化,我们这些后死的人就不能参与到其中来了;老天爷不想毁灭前代的文化,匡地人能把我们怎么样呢?"

28.论语·子罕 子欲居九夷①。或曰:"陋②,如之何?"子曰:"君子居之,何陋之有?"

【注】①九夷,指东方的少数民族。②陋,指九夷的风俗鄙陋。本段也显示孔子对自己和文化人的魅力与影响力很有自信。

【译】孔子想要去九夷。有人劝他说:"那个地方风俗鄙陋,怎么能住呢?"孔子说:"君子居住在那里,怎么会鄙陋呢?"

29.论语·子罕 子曰:"后生可畏。焉①知来者之不如今也?四十五十而无闻焉,斯亦不足畏也已。"

【注】①焉,怎么。

【译】孔子说:"年轻人是可畏的。怎么知道他们将来就不如现在我们这一辈人呢?到了四十五十岁的时候还默默无闻,也就不可怕了。"

30.论语·子罕 子曰:"三军可夺帅也,匹夫不可夺志也。"

【注】本段谈即使是普通人也要有信念和理想。

【译】孔子说:"三军可以强取它的主帅,男子汉不可以改变他的信念。"

31.论语·子罕 子曰:"岁寒,然后知松柏之后凋也。"

【译】孔子说:"到了天寒地冻的时候,才知道松树和柏树是所有树木中最后凋谢的。"

32.论语·子罕　子曰:"知者不惑,仁者不忧,勇者不惧。"

【译】孔子说:"聪明的人不受迷惑,仁德的人没有忧患,勇敢的人无所畏惧。"

33.论语·颜渊　颜渊问仁。子曰:"克己复礼为仁。一日克己复礼,天下归仁焉。为仁由己,而由人乎哉?"颜渊曰:"请问其目①。"子曰:"非礼勿视,非礼勿听,非礼勿言,非礼勿动。"

【注】①目,具体条目。

【译】颜渊问怎样才能做到仁。孔子说:"克制自己,使自己的行为合乎礼的规定,这就是仁。如果哪一天你做到了克制自己,使自己的行为合乎礼的规定,天下人就称赞你是一个仁人了。做仁德的事是由自己决定的,难道是别人决定的吗?"颜渊说:"请问具体的内容。"孔子说:"不符合礼的要求的,就不要去看,不要去听,不要去说,不要去做。"

34.论语·颜渊　己所不欲,勿施于人

【译】自己不想要的,不要强加给别人。

35.论语·颜渊　司马牛忧曰:"人皆有兄弟,吾独亡。"子夏曰:"商①闻之矣,死生有命,富贵在天。君子敬而无失,与人恭而有礼,四海之内,皆兄弟也。"

【注】①商,子夏字卜商。

【译】司马牛忧虑地说:"人们都有兄弟,只我没有。"子夏说:"我听说,死生由命决定,富贵秉承天意。君子做事严谨而无过错,在与人交往中恭敬而有礼貌,四海之内都是兄弟。"

36.论语·颜渊　子曰:"君子成人之美,不成人之恶。小人反是①。"

【注】①反是,与此相反。

【译】孔子说："君子成全别人的好事，不会促成别人的恶行。小人刚好相反。"

37.论语·颜渊　樊迟从游于舞雩①之下，曰："敢问崇德、修慝②、辨惑？"子曰："善哉问。先事后得，非崇德与？攻其恶，无攻人之恶，非修慝与？一朝之忿，忘其身以及其亲，非惑与？"

【注】①舞雩（yú），地名。②修，治，指改正。慝（tè），邪念。

【译】樊迟跟随孔子在舞雩台下游览，说："请问怎样提高品德、改正过失、辨别迷惑？"孔子说："问得好。做事在先，享受在后，不是提高了品德吗？检查自己的错误，不指责别人的缺点，不是改正了过失吗？由于一时的愤怒，便忘了自己的安危，甚至牵连到自己的亲人，不是迷惑吗？"

38.论语·子路　子曰："君子和①而不同②，小人同而不和。"

【注】①和，和谐。②同，苟同。

【译】孔子说："在人际关系上君子讲究和谐但不盲目附和，小人一味苟同却不讲究和谐。"

39.论语·子路　子曰："君子泰而不骄，小人骄而不泰①。"

【注】①泰，安详泰然。

【译】孔子说："君子安泰而不骄傲，小人骄傲而不安泰。"

40.论语·宪问　子曰："有德者必①有言，有言者不必有德；仁者必有勇，勇者不必有仁。"

【注】①必，必定。

【译】孔子说："有德行的人说话一定好听，说话好听的人不一定有德行；仁爱的人一定有勇气，有勇气的人不一定有仁爱之心。"

41.论语·宪问　子曰:"君子而不仁者有矣夫,未有小人而仁者也。"

【译】孔子说:"君子中也许有不仁德的人,但没有有仁德的小人。"

42.论语·宪问　子曰:"君子耻其言而过①其行。"

【注】①过,超过。

【译】孔子说:"说得多,做得少,君子认为可耻。"

43.论语·卫灵公　子曰:"志士仁人,无求生以害仁,有杀身以成仁。"

【注】本段谈有比生命更重要的东西,如信仰、民族气节等。

【译】孔子说:"志士仁人,没有贪求苟活而去做违背仁义的事情,只有牺牲生命而成就仁的。"

44.论语·卫灵公　子曰:"人无远虑,必有近忧。"

【注】本句应为互文,即两句话交互表达意思。此句意为"人如果没有长远打算,一定会有近忧,也一定会有远忧。"

【译】孔子说:"一个人如果没有长远打算,那么,忧患一定就近在眼前。"

45.论语·卫灵公　子曰:"躬自厚①而薄责于人,则远怨矣。"

【注】①厚,厚责,即重重责备。

【译】孔子说:"一个人如果能够多责备自己,少责备别人,那么就很少有人怨恨他了。"

46.论语·卫灵公　子曰:"君子病①无能焉,不病人之不己知也。"

【注】①病,担心。

【译】孔子说:"君子担心的是自己没有能力,不担心别人不了解自己。"

47.论语·卫灵公　子曰:"君子求诸①己,小人求诸人。"

【注】①诸,之于。

【译】孔子说:"君子处处严格要求自己,小人处处严格要求别人。"

48.论语·卫灵公　子曰:"君子不以言举人,不以人废言。"

【译】孔子说:"君子不因为某人的言论而提拔某人,也不会因为某人有缺点而废弃他的言论。"

49.论语·卫灵公　子曰:"小不忍则乱大谋。"

【译】孔子说:"小事不能忍耐,就会败坏大事。"

50.论语·卫灵公　子曰:"众恶之,必察焉;众好之,必察焉。"

【译】孔子说:"大家厌恶的人,一定要考察;大家喜欢的人,也一定要考察。"

51.论语·卫灵公　子曰:"过而不改,是谓过矣。"

【译】孔子说:"有了过错如果不改正,这就是真正的过错了。"

52.论语·卫灵公　子曰:"吾尝终日不食,终夜不寝,以思,无益,不如学也。"

【译】孔子说:"我曾整天不吃,整晚不睡,专门思考,没有收益,不如学习有用。"

53.论语·卫灵公　子曰:"君子谋道不谋食。耕也,馁①在其中矣;学也,禄在其中矣。君子忧道不忧贫。"

【注】①馁(něi),饥饿。

【译】孔子说:"君子谋求道而不谋求衣食。耕田,有时会挨饿;求学,俸禄就在其中。君子担心道没有修成而不担心贫困。"

54.论语·季氏　孔子曰："益者三友，损者三友。友直，友谅①，友多闻，益矣。友便辟②，友善柔③，友便佞④，损矣。"

【注】①谅，诚实。②便辟（pián pì），逢迎谄媚。③善柔，口蜜腹剑。④便佞（pián nìng），花言巧语。

【译】孔子说："有益的朋友有三种，有害的朋友有三种。结交正直的人，结交诚实的人，结交见多识广的人，有益。结交逢迎谄媚的人，结交口蜜腹剑的人，结交花言巧语的人，有害。"

55.论语·季氏　孔子曰："益者三乐，损者三乐。乐节礼乐，乐道人之善，乐多贤友，益矣。乐骄乐，乐佚游，乐宴乐，损矣。"

【译】孔子说："有益的快乐有三种，有害的快乐有三种。以受礼乐的节制为乐，以说人家的优点为乐，以有很多贤能的朋友为乐，这些是有益的。以骄奢无度为乐，以游荡无度为乐，以吃喝无度为乐，这些是有害的。"

56.论语·季氏　孔子曰："侍于君子有三愆①：言未及之而言谓之躁，言及之而不言谓之隐，未见颜色而言谓之瞽②。"

【注】①愆（qiān），过错。②瞽（gǔ），盲人。

【译】孔子说："侍奉君子容易犯三种过错：还没轮到你说却先说叫作急躁，该你说了却不说叫作隐瞒，不看君子的脸色便贸然开口说叫作不长眼睛。"

57.论语·季氏　孔子曰："生而知之者，上也；学而知之者，次也；困而学之，又其次也；困而不学，民斯为下矣。"

【译】孔子说："生下来没有经过训练就学得比较快是一等智力；经过训练通过努力学得比较好是二等智力；遇到困难，通过排除重重障碍，最后取得较好成绩，是三等智力；遇到了困难就放弃学习，这样的人就为下等了。"

58.论语·季氏　孔子曰:"君子有九思:视思明,听思聪,色思温,貌思恭,言思忠,事思敬,疑思问,忿思难,见得思义。"

　　【译】孔子说:"君子有九种要思考的事:看,要想到看清楚;听,要想到听明白;脸色,要想到温和;容貌,要想到端庄;言谈,要想到忠实;做事,要想到谨慎;疑难,要想到请教;怒不可遏时,要想到后患;见到可以得到的利,要想到是否符合义。"

59.论语·季氏　齐景公有马千驷①,死之日,民无得而称焉。伯夷叔齐②,饿于首阳之下,民到于今称之。

　　【注】①驷,乘,四匹马驾一辆车。②伯夷和叔齐,商末孤竹君的儿子。父亲死后,兄弟互让君位而出逃。周灭商后,他们耻食周粟,隐居于首阳山,采薇而食,终于饿死。

　　【译】齐景公有四千匹马,到死的时候,老百姓觉得他没有什么值得称道。伯夷和叔齐,饿死在首阳山上,老百姓到现在还在赞美他们。

60.论语·阳货　子曰:"鄙夫,可与事君也与哉?其未得之也,患得之;既得之,患失之。苟患失之,无所不至矣。"

　　【译】孔子说:"鄙陋的人,可以和他一起侍奉国君吗?他没有得到功名利禄的时候害怕得不到;他得到了之后,又害怕失去。如果害怕失去,那么就没有什么事做不出来的。"

61.论语·阳货　子路曰:"君子尚勇乎?"子曰:"君子义以为上①,君子有勇而无义为乱,小人有勇而无义为盗。"

　　【注】①义以为上,即"以义为上"的倒装。

　　【译】子路问:"君子崇尚勇敢吗?"孔子说:"君子把义放在第一位。君子有勇而无义就会作乱,老百姓有勇而无义就会偷盗。"

62.论语·阳货　子曰:"年四十而见恶^①焉,其终也已。"

【注】①见,表被动。"见恶",被厌恶。

【译】孔子说:"到四十岁还被人厌恶,他一辈子也就完了。"

63.论语·尧曰　子曰:"君子惠而不费,劳而不怨,欲而不贪,泰而不骄,威而不猛。"

【译】孔子说:"君子施惠而自己不用耗费,让老百姓劳动而百姓没有怨言,自己虽然有所欲求而不贪婪,安适而不骄傲,威严而不凶猛。"

《大学》(2则)

《大学》,《礼记》中的一篇,相传为曾子所作,朱熹把它抽出作为《四书》之一。

1.好人之所恶,恶人之所好,是谓拂^①人之性,灾必逮^②夫身。

【注】①拂,违反。②逮,及。

【译】喜欢别人厌恶的东西,厌恶别人喜欢的东西,这是违背人性的,一定会有灾害降临。

2.君子无所不用其极。

【译】君子要采用一切手段,极力达到至善的境界。

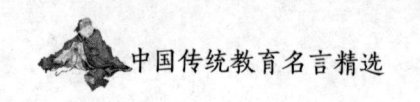

《中庸》（3则）

《中庸》，《礼记》中的一篇，相传为孔子的孙子子思所作，朱熹把它抽出作为《四书》之一。

1.君子素其位①而行，不愿乎其外。素富贵，行乎富贵；素贫贱，行乎贫贱；素夷狄，行乎夷狄；素患难，行乎患难。君子无入②而不自得焉。在上位，不陵③下；在下位，不援④上；正己而不求于人，则无怨。上不怨天，下不尤⑤人。故君子居易以俟命⑥，小人行险以徼幸⑦。子曰："射⑧有似乎君子。失诸正鹄⑨，反求诸其身。"

【注】①素其位，安于现在所处的地位。②无，无处。入，处于，进入某种境界。③陵，通"凌"，欺凌。④援，高攀。⑤尤，指责，归罪。⑥俟，等待。命，天命。⑦徼（jiǎo）幸，又作"侥幸"。⑧射，射箭。⑨失，不中。正鹄（hú），箭靶子。古代用布做的箭靶子叫作"正"，用皮做的箭靶子叫作"鹄"。

【译】君子按照现在所处的地位行事，不愿做分外的事。处在富贵的地位上，就做富贵者的事。处在贫贱的地位上，就做贫贱者的事。处在夷狄的地位上，就做夷狄人的事。处在患难的地位上，就做患难中应做的事。君子无处不悠然自得。处在上位，不欺凌下位的人；处在下位，不攀附上位的人。端正自己，不去乞求别人，这样就不会有怨言。上不埋怨天，下不怪罪人。所以，君子安处自己的地位以等待天命，小人则做冒险的事情以妄求侥幸。孔子说："射箭的道理有点像君子的为人，若偏离了箭靶子，要多找找自身的原因。"

2.子曰："大德，必得其位，必得其禄，必得其名，必得其寿。故天之生物，必因其材而笃①焉。故栽者培之，倾者覆之。诗曰：'嘉乐君子②，宪宪③令德④。宜民宜人，受禄于天。保佑命之，自天申⑤之。'故大德者必受命。"

【注】①笃，笃厚。②君子，指成王。③宪宪，犹"显显"，昭著。④令德，美德。⑤申，重复。

【译】有大德的人必定得到应有的地位，必定得到应有的财富，必定得到应有的名声，必定得到应有的寿命。所以上天造就万物，一定依据它的资材而有所厚薄，该栽培的就栽培，该推倒的就推倒。《诗经》说：'欢乐优雅的君子，美德是那样的昭显。善于安民善用人，秉受天赐的福禄。上天保佑，让他永远享受福禄。'所以有大德的人必定能够承受天命。"

3.君子动而世①为天下道②，行而世为天下法③，言而世为天下则④。远之，则有望；近之，则不厌。

【注】①世，世世代代。②道，法则。③法，法度。④则，准则。

【译】君子的举动世世代代为天下人所称道，君子的行为世世代代为天下人所效法，君子的言论世世代代为天下人的准则。远离它，就会使人向往；天天守在身边，也不会厌烦。

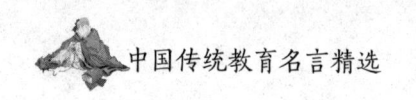

《周易》（2则）

《周易》，即《易经》，五经之一。

1.《周易坤卦文言传》 积善之家，必有余庆，积不善之家，必有余殃。臣弑其君，子弑其父，非一朝一夕之故，其所由来者渐矣。由辩①之不早辩也。

【注】①辩，同"辨"，察觉，识别。

【译】积累善行的人家一定有很多喜庆之事，常干坏事的人家一定会有不少的祸殃。臣民杀死国君，儿子杀死父亲，并不是一朝一夕的原因，事情的发生是逐渐而成的。君父本该及早明察却没有觉察。

2.《周易系辞下传》 善不积不足以成名，恶不积不足以灭身。小人以小善为无益而弗为也，以小恶为无伤而弗去也。故恶积而不可掩，罪大而不可解。

【译】不积累善行不足以成就美名，不积累罪恶不足以毁灭自身。小人认为小的善行无益而不屑去做，认为小的罪恶无伤大体而不加改正，因此罪行积累而无法掩盖，恶贯满盈而无法解脱。

《礼记》（2则）

《礼记》，五经之一，秦汉以前各种礼仪论著的选集。

1. **《礼记·曲礼上》** 临①财毋②苟③得，临难毋苟免。

   【注】①临，当，面对。②毋，不要。③苟，随便。
   　　　本段谈人要廉洁尚义。

   【译】面对财物，不应得的不要得；面临危难，不随便逃避。

2. **《礼记·表记》** 口惠①而实不至，怨灾②及其身。

   【注】①口惠，口头上答应替别人办事。②怨灾，怨恨灾祸。

   【译】口头上答应替别人办事实际上却没有办，将招来怨恨灾祸。

《墨子》（2则）

墨子（前468—前376），名翟(dí)，春秋末战国初期宋国（今河南商丘）人，一说鲁国（今山东滕州）人，是战国时期墨家学派的创始人，其弟子收集其语录成《墨子》一书。

1.《墨子·辞过》 节俭则昌，淫佚①则亡。

【注】①佚，放荡。

【译】节俭就会昌盛，淫逸就会灭亡。

2.《墨子·修身》 贫则见①廉，富则见义②，生则见爱，死则见哀。

【注】①见，同"现"。②义，疏财仗义。

【译】贫穷时要表现出廉洁，富裕时要表现出义气，对活着的人要爱护有加，对死去的人要哀痛有余。

《孟子》（39则）

孟子（前372年－前289年），名轲，字子舆，邹邑（今山东邹县东南）人，生活在战国中期。

1.孟子·梁惠王上 孟子曰："未有仁而遗①其亲者也，未有义而后②其君者也。"

【注】①遗，遗弃。②后，放在后面。

【译】孟子说："没有仁者会遗弃他的双亲，没有义者会不先考虑他的国君。"

2.孟子·梁惠王上 苟无恒心①，放辟②邪侈，无不为已。

【注】①恒心，稳定的道德追求。②辟同"僻"。放辟，指为非作歹，不守法则。

【译】如果没有稳定的道德追求，就会胡作非为，什么都干。

3.孟子·公孙丑上　自反而不缩①,虽褐宽博,吾不惴焉;自反而缩,虽千万人,吾往矣。

【注】①自反,自我反思。缩,理直。

【译】自己思考一下没有理,即使人家是穷人,我也不吓唬人家;
觉得自己有理,即使对方有千军万马,我也会勇往直前。

4.孟子·公孙丑上　孟子曰:"伯夷,非其君不事,非其友不友,不立于恶人之朝,不与恶人言。立于恶人之朝,与恶人言,如以朝衣朝冠坐于涂炭。"

【译】孟子说:"伯夷这个人,不合理想的君主他不侍奉,不合理
想的朋友他不交往,不在坏人充斥的朝廷做官,也不与坏人
说话。在坏人充斥的朝廷做官,与坏人交谈,在他看来,就
像穿着上朝的衣帽而坐在泥巴炭灰中一样。"

5.孟子·公孙丑上　孟子曰:"柳下惠,不羞污君①,不卑②小官,进不隐贤,必以其道③。遗佚而不怨④,阨穷而不悯⑤。故曰:尔为尔,我为我,虽袒裼裸裎⑥于我侧,尔焉能浼⑦我哉?故由由然⑧与之偕而不自失焉,援⑨而止之而止。援而止之而止者,是亦不屑去已。"

孟子曰:"伯夷隘,柳下惠不恭。隘与不恭,君子不由⑩也。"

【注】①污君,不好的国君。②卑,以……为卑。③道,原则。
④遗佚(yì),不被任用。⑤阨(è)穷,穷困。悯,担
忧。⑥袒裼(tǎn xī),露背。裸裎(chéng),光着身
子。⑦浼(měi),污染。⑧由由然,得意洋洋的样子。
⑨援,拉。⑩由,行。

【译】孟子说:"柳下惠不以侍奉坏君主为耻,不以自己官职小为
卑,做官时不隐藏自己的才能但一定要按照他的准则办事。
不被任用也不抱怨,穷困潦倒也不担忧。他说:你是你,我是
我。即使你光身露体在我旁边,你怎么能够污染我呢?所以依然
心情很好地与别人在一起而不失自己的操守,别人留他,他就
留下。留他他就不走了,就是觉得没有必要离开呀。"

孟子说："伯夷心胸狭窄，柳下惠玩世不恭。狭隘与不恭，真正的君子都不这样做。"

6.孟子·公孙丑下 孟子曰："吾闻之也，有官守①者，不得其职则去；有言责②者，不得其言则去。我无官守，我无言责，则吾进退，岂不绰绰然有余裕哉！"

【注】①官守，官职。②言责，进谏的责任。

【译】孟子说："我听说：有官位的人，如果无法尽其职责，就可以不干；有进谏的责任，如果他进了言不被采纳，也就可以不干。我既没有职位，又没有进谏的责任，我的出入进退岂不很自由！"

7.孟子·公孙丑下 孟子曰："夫天未欲平治天下也，如欲平治天下，当今之世，舍我其谁也？吾何为不豫哉！"

【译】孟子说："老天爷不想让天下太平也就算了，如果想让天下太平，在今天的社会上，除了我，谁还行呢？我为什么不高兴呢？"

8.孟子·滕文公上 得志，与民行之；不得志，独行其道。富贵不能淫，贫贱不能移，威武不能屈。此之谓大丈夫。

【译】仕途通达的时候，偕同百姓沿着大道前进；仕途不顺时，也要独自坚持自己的原则。富贵不能使他动心，贫贱不能使他改变操守，外界的强大压力也不能让他屈服。这才叫作大丈夫。

9.孟子·滕文公上 孟子曰："非其道，则一箪食不可受①于人。如其道，则舜受尧之天下，不以为泰②。"

【注】①受，接受。②泰，过甚。

【译】孟子说："如果不合道义原则，即使一筐食物也不能接受别人的。符合道义的话，舜从尧那里接受了整个天下，也不认为是过分。"

10.孟子·滕文公下 曾子曰:"胁肩谄笑①,病于夏畦②。"子路曰:"未同而言,观其色赧赧然,非由③之所知也。"

【注】①胁肩,耸肩。谄(chǎn)笑,强行做出笑脸。胁肩谄笑都是讨好他人的姿态。②畦(qí),菜园子,这里作动词,指在菜园子干活。③由,子路的名。

【译】曾子说:"耸着肩膀对别人谄媚地笑,真比夏天干农活还要累。"子路说:"分明不愿意同这个人交谈,却勉强和他说话,脸上又表现出惭愧的颜色。这是我子路不能理解的。"

11.孟子·滕文公下 孟子曰:"今有人日攘①其邻之鸡者,或告之曰:'是非君子之道。'曰:'请损②之,月攘一鸡,以待来年,然后已③。'——如知其非义,斯速已矣,何待来年?"

【注】①攘,窃取。②损,减少。③已,停止。

【译】孟子说:"假如有一个人,每天都偷他邻居的鸡,有人跟他说:'这不符合君子之道。'他却说:'请让我少偷一些,一月偷一只吧,明年再完全不偷。'——如果知道这样不对,就应该马上停止,为什么要等到明年呢?"

12.孟子·离娄上 孟子曰:"人之易其言①也,无责②耳矣。"

【注】①易其言,话轻易说出口。②无责,不负责任。

【译】孟子说:"说话随便 是不负责任。"

13.孟子·离娄下 孟子曰:"言人之不善,当如后患何?"

【注】本段谈修身不能不注意说话。

【译】孟子说:"说别人的不好,招来后患怎么办呢?"

14.孟子·离娄下 孟子曰:"仲尼不为已甚者。"

【译】孟子说:"孔子不做太过分的事情。"

15.孟子·离娄下 孟子曰:"大人者,不失其赤子之心者也。"

【译】孟子说:"大人是没有失去幼年童贞之心的人。"

16.孟子·离娄下 孟子曰:"君子所以异于人者,以其存心也。君子以仁存心,以礼存心。仁者爱人,有礼者敬人。爱人者人恒爱之,敬人者人恒敬之。"

【译】孟子说:"君子不同于一般人的地方,就在于他经常省察其内心。君子的心在仁和礼两个方面。仁德的人爱别人,有礼貌的人尊敬别人。爱别人的人,别人也常常爱他;尊敬别人的人,别人也常常尊敬他。"

17.孟子·离娄下 世俗所谓不孝者五:惰其四支①,不顾父母之养,一不孝也;博弈好饮酒,不顾父母之养,二不孝也;好货色,私妻子,不顾父母之养,三不孝也;从②耳目之欲,以为父母戮③,四不孝也;好勇斗很④,以危父母,五不孝也。

【注】①支,通"肢"。②从,通"纵",放纵。③戮,羞辱。④很,通"狠"。

【译】世俗所说的五种不孝是:四肢懒惰,不赡养父母,是一种不孝。喜欢赌博下棋又爱喝酒,不赡养父母,这是第二种不孝。喜欢财物,对老婆孩子很好,却不赡养父母,这是第三种不孝。放纵耳目的欲望,结果胡作非为,给父母带来羞辱,这是第四种不孝。跟别人比赛斗勇,因小事而互相打斗,危害到父母,这是第五种不孝。

18.孟子·万章上 万章问曰:"人有言'伊尹以割烹要①汤',有诸?"孟子曰:"否,不然。伊尹耕于有莘②之野,而乐尧、舜之道焉。非其义也,非其道也,禄之以天下,弗顾也。系马千驷,弗视也。非其义也,非其道也,一介③不以与人,一介不以取诸人。"

【注】①割,切肉。烹,烹调。要,求。②有莘(shēn),古国名。③介,通"芥"。一介,很小的东西。

【译】万章问道:"有人说'伊尹靠着割肉烹调去求商汤',有这回事么?"孟子说:"不是这样的。伊尹在有莘的郊野耕种,喜欢尧、舜之道。如果不合于义,不合于道,即使以天下的财富作为他的俸禄,他也不会回头看一下;即使有四千匹马系在那里,他也不会看一下。如果不合于义,不合于道,他一点也不给别人,一点也不向别人索取。"

19.孟子·万章上 天之生此民也,使先知觉后知,使先觉觉后觉也。予,天民之先觉者也。予将以斯道觉斯民也,非予觉之而谁也?

【注】本段是孟子引伊尹的话,既是伊尹的自信,也是孟子的自信。

【译】上天生育了百姓,就是让先知先觉者启发后知后觉者。我是百姓中先明白道理的人,我要用这种道理启发百姓觉悟。我不去启发他们,还有谁行呢?

20.孟子·万章下 万章问曰:"敢问友?"孟子曰:"不挟长,不挟贵,不挟兄弟而友也。友也者,友其德也,不可以有挟也。"

【译】万章问道:"请问交朋友的原则?"孟子说:"不倚仗自己年长,不倚仗自己尊贵,不倚仗自己兄弟富贵而交朋友。交朋友是看他的道德水平,不能有所依靠。"

21.孟子·万章下 孟子曰:"位卑而言高,罪也。立乎人之本朝而道不行,耻也。"

【注】本段谈古人修身讲究不在其位不谋其政(孔子语)、陈力就列不能者止(孔子语,能够施展自己的才能则就位,不能发挥作用则不去就位)。

【译】孟子说:"职位低而说些应该由高职位的人说的话,是罪过。在朝廷里做大官而主张却没有推行,是一种耻辱。"

22.孟子·告子上 孟子曰:"鱼,我所欲也,熊掌,亦我所欲也,二者不可得兼，舍鱼而取熊掌者也。生，亦我所欲也，义，亦我所欲也，二者不可得兼，舍生而取义者也。"

【译】孟子说："鱼，是我想要的；熊掌也是我想要的，二者不可同时得到，舍鱼取熊掌。生命，是我想要的；道义，也是我想要的，二者不可同时得到，舍弃生命选择道义。"

23. 孟子·告子上 孟子曰："如使人之所欲莫甚于生，则凡可以得生者何不用也？使人之所恶莫甚于死，则凡可以避患者何不为也？"

【译】孟子说："假如人的欲望没有超过生命的，那么凡是可以得到生命的方法为什么不用呢？假如人所厌恶的没有超过死亡的，那么凡是可以避免死亡的方法为什么不用呢？"

24. 孟子·告子上 孟子曰："一箪食，一豆①羹，得之则生，弗得则死，呼尔而与之，行道之人弗受，蹴尔而与之，乞人不屑也。"

【注】①豆，古代盛汤羹之具。

【译】孟子说："一碗饭，一碗汤，得到就能活命，得不到就会死去。吆喝着给别人，过路的饥饿者不会接受。踏上一脚再给别人，乞丐也不屑接受。"

25. 孟子·告子上 孟子曰："万钟①则不辨礼义而受之，万钟于我何加焉？为宫室之美，妻妾之奉，所识穷乏者得我与？向为身死而不受，今为宫室之美为之；向为身死而不受，今为妻妾之奉为之；向为身死而不受，今为所识穷乏者得我而为之，是亦不可以已乎？此之谓失其本心。"

【注】①钟，古代量米的单位。

【译】孟子说："万钟如果不辨别它是否合乎礼义就接受，万钟对我又有什么好处呢？为了宫室的华美、妻妾的侍奉，所认识的走投无路的人感激我吗？从前为了生命都不接受，现在为了宫室的华美接受了；从前为了生命都不接受，现在为了妻妾的侍奉接受了；从前为了生命都不接受，现在为了认识的走投无路的人感激我接受了，这种做法不也可以停止了吗？这就叫迷失了本心。"

26.孟子·告子上　孟子曰："仁，人心也；义，人路也。舍其路而弗由，放其心而不知求，哀哉。人有鸡犬放，则知求之，有放心而不知求。学问之道无他，求其放心而已矣。"

【译】孟子说："仁是人的心，义是人的路。放弃了义的正路而不走，丧失了良心不知道去寻找，真是可悲呀！一个人，他的鸡和狗走失了，就知道去寻找，而善良之心丧失了，却不知道去寻找。学问之道没有别的，就是把那丧失的善良之心找回来罢了。"

27.孟子·告子上　孟子曰："今有无名之指，屈而不信，非疾痛害事也，如有能信①之者，则不远秦楚之路，为指之不若人也。指不若人，则知恶之，心不若人，则不知恶，此之谓不知类②也。"

【注】①信，通"伸"，伸直。②类，类推。

【译】孟子说："有一个人，他的无名指弯曲而不能伸直，但是并不疼痛，也不妨碍做事。如果有人能替他伸直，哪怕到秦国、楚国去治疗，他也不会觉得路途远，因为自己的指头比不上别人。指头不如人，就知道厌恶；自己的心不如别人，却不知道厌恶：这叫作不懂类推。"

28.孟子·告子上　孟子曰："人之于身也，兼所爱。兼所爱，则兼所养也。无尺寸之肤不爱焉，则无尺寸之肤不养也。所以考其善不善者，岂有他哉？于己取之而已矣。体有贵贱，有小大。无以小害大，无以贱害贵。养其小者为小人，养其大者为大人。今有场师①，舍其梧槚②养其樲棘③，则为贱场师焉。养其一指，而失其肩背而不知也，则为狼疾④人也。饮食之人，则人贱之矣，为其养小以失大也。"

【注】①场师：园丁。②梧，梧桐。槚（jiǎ），梓树。梧槚都是美

树。③樲（ěr），酸枣。棘，荆棘。④狼疾，同"狼藉"。

【译】孟子说："人们对于自己的身体，没有哪一个部位不爱护的。因为爱护每一个部分，所以每一个部分都得到保养。没有一尺一寸的肌肤不爱护，也就没有一尺一寸的肌肤不保养。考察一个人护养得好不好，难道还有别的方法吗？就看所注重的是身体的哪一个部分罢了。身体有重要部分，也有次要部分；有小部分，也有大部分。不要因小的部分损害大的部分，不要因次要部分损害重要部分。只知保养身体中不重要部分的人是小人，首先注重保养重要部分的就是君子。假如有一个园艺家，放弃梧桐梓树，而去护养酸枣、荆棘，那他就是一个低能的园艺家。假如有人只保养他的一个手指，却丧失了肩膀和脊背，自己还意识不到，那就是个糊涂透顶的人。只讲究吃喝（而不顾思想道德）的人，人们都轻视他，因为他保养了小的，丧失了大的。"

29. 孟子·告子上　公都子问曰："钧①是人也，或为大人，或为小人，何也？"孟子曰："从②其大体③为大人，从其小体④为小人。"曰："钧是人也，或从其大体，或从其小体，何也？"曰："耳目之官不思，而蔽于物，物交物⑤，则引之而已矣。心之官则思，思则得之，不思则不得也。此天之所与我者，先立乎其大者，则其小者弗能夺也。此为大人而已矣。"

【注】①钧，同"均"。②从，随。③大体，指心。④小体，指耳目。⑤物交物，指外物与耳目相作用。

【译】公都子问道："同样是人，有的成了人格高尚的人，有的却成了小人。这是为什么呢？"孟子说："注意满足人的心志需求，就是人格高尚的人。只满足人的生理需求的，就是小人。"公都子问："同样是人，有人注意满足心志的需求，有人却仅满足生理的需求，这是为什么呢？"孟子说："耳目这些感觉器官不会思考，常被外物所蒙蔽。

外物与耳目相互牵连，耳目便被引向迷途。'心'这个感觉器官能够思考，用心思考就能得到人的善性，不思考就不能得到。'心'的这种功能是上天专门赐给我们人类的，先在人的善性上有所树立，生理的欲求就无法占据它的位子。这样就成了人格高尚的人。"

30.孟子·告子上 孟子曰："有天爵者，有人爵者。仁义忠信，乐善不倦，此天爵也；公卿大夫，此人爵也。古之人，修其天爵，而人爵从之。今之人，修其天爵，以要人爵，既得人爵而弃其天爵。则惑之甚者也，终亦必亡而已矣。"

【译】孟子说："有天赐的爵位，有人授的爵位。仁、义、忠、信，好善而不疲倦，这是天颁给人的爵位。公卿大夫，这是国君所定的爵位。古代的人加强道德修养，职位自然随之而来。今天的人加强道德修养，目的是为了求得职位；一旦求得职位，也就把道德修养扔开了。这是糊涂透顶了，最终连已得的职位也会失去的。"

31.孟子告子下 孟子曰："居下位，不以贤事不肖者，伯夷也。五就汤，五就桀者，伊尹也。不恶污君，不辞小官者，柳下惠也。三子者不同道，其趋一也。一者何也？曰：仁也。君子亦仁而已矣，何必同？"

【译】孟子说："处在较低的地位上，不用自己的贤才去侍奉水平不高的人，是伯夷。五次到了商汤那里，又五次到了夏桀那里，是伊尹。不厌恶昏庸的国君，不拒绝卑微的职位，是柳下惠。三个人做法不同，但总方向是相同的。相同的是什么呢？也就是仁爱。君子也就是仁爱罢了，为什么一定要相同呢？"

32.孟子·尽心上 孟子曰："古之贤王，好善而忘势。古之贤士，何独不然？乐其道而忘人之势，故王公不致敬尽礼，则不得亟①见之。见

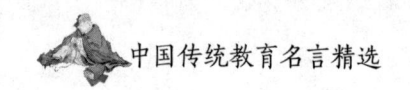

且由不得亟,而况得而臣之乎?"

【注】①亟(qì),屡次。

【译】孟子说:"古代的贤明君主喜欢行善而忘掉自己的权势;古代贤能之士又何尝不是这样的呢?乐于行自己之道而忘记别人的权势,所以王公贵族如不向他恭敬致礼,就不能多次和他相见。连见面尚且不可多得,何况要他做臣下呢?"

33. 孟子·尽心上　孟子谓宋句践①曰:"子好游②乎?吾语子游。人知之,亦嚣嚣③;人不知,亦嚣嚣。"曰:"何如斯可以嚣嚣矣?"曰:"尊德乐义,则可以嚣嚣矣。故士穷不失义,达不离道。穷不失义,故士得己焉。达不离道,故民不失望焉。古之人,得志,泽加于民;不得志,修身见于世。穷则独善其身,达则兼善天下。"

【注】①宋句践,人名,姓宋名句践。②游,游说。③嚣嚣(xiáo),通"闲闲",自得无欲的样子。

【译】孟子对宋句践说:"你喜欢到各国去游说吗?我告诉你游说的态度。别人理解你,要悠闲自得;别人不理解你,也要悠闲自得。"宋句践说:"怎样才能做到悠闲自得呢?"孟子说:"崇尚道德,喜爱礼义,就能做到悠闲自得了。所以,士人失意时,不失掉礼义;得意时,不离开正道。失意时不失掉礼义,就能保持自己本性;得意时不离开正道,百姓才不会对他失望。古代的君子,得志时会惠泽万民;不得志时修养自身显现于世上。困窘时就独自修养自身,得意时便使天下人都得到好处。"

34. 孟子·尽心上　孟子曰:"待文王而后兴者,凡民也。若夫豪杰之士,虽无文王犹兴。"

【译】孟子说:"要等待周文王这样的贤主出现才感动奋发的人,是一般人。杰出的人物,即使没有周文王出现,也能自觉地奋发。"

35. 孟子·尽心上　孟子曰："附①之以韩魏之家，如其自视欿然②，则过人远矣。"

【注】①附，增加。②欿（kǎn）然，毫不在意的样子。

【译】孟子说："自家的产业，增加了韩魏两家那么多的财富，却好像毫不在意的样子（因为他追求的是仁德，而不是财富），这个人就远远超过了一般人。"

36. 孟子·尽心上　孟子曰："无为其所不为，无欲其所不欲，如此而已矣。"

【译】孟子说："不要做不应当做的事，不要贪图不该得到的东西，这样就可以了。"

37. 孟子·尽心上　孟子曰："君子有三乐，而王天下不与存焉。父母俱存，兄弟无故，一乐也。仰不愧于天，俯不怍①于人，二乐也。得天下英才而教育之，三乐也。"

【注】①怍（zuò），惭愧。

【译】孟子说："君子有三种快乐，但是称王天下不在其中。父母都健在，兄弟没有灾祸，一乐也；上无愧于天，下无愧于人，二乐也；得到天下的优秀人才，然后来教导培育他们，三乐也。"

38. 孟子·尽心下　孟子曰："说大人①，则藐之，勿视其巍巍然。堂高②数仞，榱题③数尺，我得志弗为也。食前方丈④，侍妾数百人，我得志弗为也。般乐⑤饮酒，驱骋田⑥猎，后⑦车千乘，我得志弗为也。在彼者皆我所不为也，在我者皆古之制⑧也。吾何畏彼哉？"

【注】①说（shuì）大人，向当权者进言。②堂高，殿堂基础的高度。③榱（cuī）题，屋檐。④食前方丈，指各种美味佳肴，列于前方一丈。⑤般，大。般乐，尽情作乐。⑥田，通"畋"，打猎。⑦后，从，跟随。⑧制，礼法制度。

【译】孟子说:"游说当今有权势的人,要看不起他,不要仅仅看他威风的样子。几仞的高堂,几尺宽的房檐,我要是做了大官不去建这样的房子。吃的东西摆满了一大桌,侍候自己的女子有几百人,我做了大官也不要。没有节制地玩乐、酗酒、骑着马去打猎,后面跟着上千辆车子,我做了大官也不要。他们做的都是我不愿做的,我做的都符合礼法规定,我为什么要怕他们呢?"

39.孟子·尽心下 孟子曰:"养心莫善于寡欲。其为人也寡欲,虽有不存焉者寡矣。其为人也多欲,虽有存焉者寡矣。"

【译】孟子说:"修养品性最好的办法是减少欲望。他为人很少有欲望,即便善性有所丧失,也很少;他为人欲望很多,即便善性有所保留,也很少。"

《老子》(12则)

老子,春秋时人,道家学派创始人,相传孔子曾向他请教。《老子》一书共81章,相传为老子所写。

1.道经·第七章 天长地久。天地所以能长且久者,以其不自生,故能长生。是以圣人后①其身而身先;外②其身而身存。非以其无私邪?故能成其私。

【注】①后,把……放在后面。②外,把……放在考虑之外。

【译】天地是长久存在的。天地之所以能够长久存在,是因为天地不为自己而生存,所以能够长久。所以,圣人把自己置身于众人之后，却能得到大家的推崇而占先；把自身置之度外，却能保存自己。这难道不正是因为他无私吗？所以倒能成全了他的自私。

2.道经·第八章 上善①若水。水善利万物而不争，处众人之所恶②，故几③于道。居善地，心善渊④，与⑤善仁，言善信，政善治，事善能，动善时。夫唯不争，故无尤。

【注】①上善，最好的善，最高的美德。②众人之所恶，一般人不喜处的卑下之地。③几，近。④渊，深沉。⑤与，交友。

【译】最好的德行就像水。水滋养万物而不争夺，汇聚在人们厌恶的低洼之地，因此近于大道。他居于低洼之地，心地善于保持深沉，结交善良之人，说话遵守信用，为政精于治理，处事发挥特长，行动把握时机。正因为不争夺，所以没有过失。

3.道经·第九章 持而盈之，不如其已；揣而锐之，不可长保。金玉满堂，莫之能守；富贵而骄，自遗其咎①。功遂②身退，天之道也。

【注】①咎，灾祸。②遂，成。

【译】把持而使它满盈，不如趁早停止；捶击而使它锐利，不能保持长久。金玉满堂，没有谁能长期守住；富贵而骄，自己招致祸患。功成身退，这是自然的规律。

4.道经·第十章 生之畜①之，生而不有，为而不恃，长②而不宰③，是谓玄德。

【注】①畜，通"蓄"，蓄养。②长，养育。③宰，主宰，控制。

【译】让万物自然生长和繁育。给万物带来了生命却不占有，抚育万物却不自恃，使万物得到成长却不加以控制，这就叫作最深远的"德"。

5.道经·第十二章 五色令人目盲；五音令人耳聋；五味令人口爽①；驰骋畋猎②，令人心发狂；难得之货，令人行妨③。是以圣人为腹不为目，故去彼取此。

【注】①爽，伤。②畋猎，打猎。③妨，伤害。

【译】缤纷的色彩使人眼痛，动听的音乐使人耳累，美味的食品使肠胃受伤，跑马打猎使人内心疯狂，难得的物品使人想干坏事。所以圣人只求吃饱肚子，不求五官的享受，因此舍弃前者而选取后者。

6.道经·第二十二章 曲则全，枉则直，洼则盈，敝则新，少则得，多则惑。是以圣人抱一①为天下式②。不自见③，故明④；不自是，故彰；不自伐⑤，故有功；不自矜⑥，故长。夫唯不争，故天下莫能与之争。古之所谓曲则全者，岂虚言哉？诚全而归之。

【注】①一，指"道"。②式，楷模。③见（xiàn），通"现"，显现。④明，聪明。⑤伐，夸耀。⑥矜，骄傲。

【译】委屈才能保全，弯曲才能伸直，低洼才能盈满，破旧才能更新，少取才能多得，贪多反而惑乱。因此圣人坚守大道为天下的楷模。不自我表现，因此聪明；不自以为是，因此彰显；不自我炫耀，因此有功；不自我骄傲，因此长久。正因为不与人相争，所以天下没有人能与他相争。古代所谓"弯曲才能保全"的话，难道是空话吗？确实能够让他保全。

7.道经·第二十八章 知其雄，守其雌，为天下溪。为天下溪，常德不离，复归于婴儿。

【译】知道自己雄强，却甘守雌柔，作为天下的沟溪。作天下的沟溪，永恒的德不会离身，就能恢复到婴儿的纯真状态。

8.德经·第四十四章 名与身孰亲？身与货孰多①？得与亡孰病②？甚爱③必大费，多藏必厚亡。故知足不辱，知止不殆，可以长久。

【注】①多，宝贵。②病，危害。③爱，吝惜。

【译】名誉和生命哪个亲切？生命与财货哪个重要？获得与丧失哪个更有害？所以，过分的吝惜一定会造成更大的破费，过多的收藏一定会导致更多的丢失；知道满足就不会受辱，知道适可而止就不会出现危险，这样才能永保长久。

9.德经·第四十六章 天下有道，却①走马②以粪③；天下无道，戎马生于郊。罪莫大于可欲；祸莫大于不知足；咎莫大于欲得。故知足之足，常足矣。

【注】①却，退，撤下。②走马，指奔驰的战马。③粪，指耕治田地。

【译】天下有道，把战马撤下来耕田；天下无道，连怀孕的母马也要上战场，在荒郊野外生下马驹。祸患没有比不知足更大的了，罪过没有比贪得无厌更大的了。因此，知道满足的这种满足，才会永远满足啊。

10.德经·第五十章 出生入死，生之徒①十有三；死之徒②十有三；人之生，动之于死地，亦十有三；夫何故？以其生生之厚③。盖闻善摄生④者，陆行不遇兕虎⑤，入军不被⑥甲兵；兕无所投⑦其角，虎无所措其爪，兵无所容其刃。夫何故？以其无死地。

【注】①生之徒，正常活着的人。②死之徒，夭折死去的人。③生生之厚，养生过分丰厚。④摄生，养护生命。⑤兕（sì）虎，独角犀和老虎，泛指野兽。⑥被，遭受。⑦投，放，指撞击。

本段谈养生要少私寡欲，清静恬淡，顺应自然。

【译】出世为生，入土为死。天下正常活着的人，占十分之三；夭折死去的人，占十分之三；可以生存但因妄动而走向死亡的也占十分之三。这是什么缘故呢？因为他们养生过分丰厚奢侈，而糟蹋了生命。听说那些善于养护生命的人，在陆地上行走不会遇到野兽，在战争中不会触及兵器；犀牛没有地方撞击它的角，老虎没有地方使用它的爪，兵器没有地方容纳它的锋刃。这是什么缘故

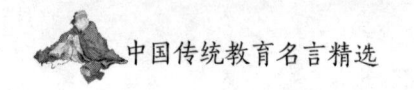

呢？因为他们没有进入死亡之地。

11.德经·第六十七章 我有三宝，持而宝之；一曰慈，二曰俭①，三曰不敢为天下先。慈故能勇；俭故能广；不敢为天下先，故能成器长②。今舍慈且勇，舍俭且广，舍后且先，死矣！夫慈，以战则胜，以守则固。天将救之，以慈卫之。

【注】①俭，吝啬，收敛。②长，君长，首领。

【译】我有三件宝贝，我掌握着并十分爱惜它：第一件叫作慈爱，第二件叫作收敛，第三件叫作不敢出人头地。慈爱，所以能勇敢；收敛，所以能宽广；不敢出人头地，所以能成为万物的首长。如果抛开慈爱而想勇敢，抛开收敛而想宽广，抛开居后而想领先，就只有完蛋！那慈爱，用它来作战便可取胜，用它来防守就能坚固。天想援救谁，便会用慈爱来护卫它。

12.德经·第七十三章 勇于敢则杀，勇于不敢则活。

【译】勇于逞强斗胜容易置自己于死地，善于谦让谨慎往往能够保全生命。

《庄子》（27则）

庄子（约前369－前286），名周，宋国蒙（今河南商丘东北）人，曾做过蒙地方的漆园吏，家境贫寒。

1.庄子·逍遥游第一 故夫知效①一官，行比②一乡，德合一君，而

征③一国者，其自视也，亦若此矣。而宋荣子④犹然⑤笑之。且举世而誉之而不加劝⑥，举世而非之而不加沮⑦，定乎内外之分，辩乎荣辱之境，斯已矣。

【注】知，同"智"。效，胜任。②行，品行。比，适合。③征，信。④宋荣子，战国中期思想家。⑤犹然，嗤笑的样子。⑥劝，勉励。⑦非，责难。沮，沮丧。

【译】所以那些才智可以胜任一官之职，品行可以团结一乡之人，德行可以投合一国之君，能力可以取得全国信赖的人，他们看待自己也像这些小虫鸟一样。宋荣子不禁嗤笑他们。（宋荣子这个人）就是普天下都来赞誉他，他也不会因此而有所鼓舞激励；就是普天下都来非议他，他也不会因此变得沮丧颓废。他能认定自我和外物的区别，辨别光荣和耻辱的界限，所以才有这样的见识。

2.庄子·逍遥游第一 至人无己，神人无功，圣人无名。

【译】至人没有自我，神人没有功业，圣人没有名声。

3.庄子·齐物论第二 王倪曰："至人神矣！大泽焚而不能热①，河汉冱②而不能寒③，疾雷破山而不能伤，飘风④振⑤海而不能惊⑥。若然者，乘云气，骑日月，而游乎四海之外，死生无变于己，而况利害之端乎！"

【注】①热，使热。②冱（hù），冻，结冰。③寒，使寒冷。④飘风，暴风。⑤振，激荡。⑥惊，使受惊。

【译】王倪说："至人神妙极了！大泽的草木熊熊燃烧起来也不会使他感到炎热，江河的流水完全冰冻了也不会使他觉得寒冷，霹雳击破了高山也不会使他受到伤害，暴风激荡着大海也不会使他受到惊吓。像这样的人，他乘着云气，骑着日月，遨游于四海之外，死生对他而言没有什么影响，更何况小小的利害呢？

4.庄子·齐物论第二 圣人不从事于务①，不就②利，不违③害，不喜求④，不缘⑤道，无谓有谓⑥，有谓无谓，而游乎尘垢之外。

【注】①务，指俗事。②就，趋赴，指追求。③违，回避。④求，妄求。⑤缘，因循。⑥谓，说话。

【译】圣人不愿从事治理天下的俗事，不贪图利益，不躲避祸害，不热衷于妄求，不拘泥于道，没有说话却好像说了话，说了话却好像没有说话，遨游于世俗之外。

5.庄子·养生主第三 泽雉十步一啄，百步一饮，不蕲①畜②乎樊中。神虽王③，不善也。

【注】①蕲（qí），求。②畜，养。③王，通"旺"，旺盛。

【译】沼泽里的野鸡，十步一啄食，百步一饮水，它宁可这样，也不希望被关养在笼子里。关在笼中，即使精神健旺，也没有什么好的。

6.庄子·德充符第五 庄子曰："吾所谓无情者，言人之不以好恶内伤其身，常因自然而不益生也。"

【译】庄子说："我所说的没有情，是说作为人不要因为对外物的好恶而伤害自己内心的本性，要永远顺应自然而不要过分养生。"

7.庄子·大宗师第六 古之真人，不知说①生，不知恶死。其出②不䜣③，其入④不距⑤。翛然⑥而往，翛然而来而已矣。不忘其所始，不求其所终。受而喜之，忘而复之⑦。

【注】①说，同"悦"，高兴。②出，出生。③䜣，同"欣"。④入，死亡。⑤距，通"拒"，拒绝，回避。⑥翛（xiāo）然，无拘无束的样子。⑦复之，指事情过去便复归于自然。

【译】古代的真人，不知道贪图生存，也不知道厌恶死亡。出生不欣喜，入死不拒绝。自然而然地去了，自然而然地来了，如此而已。不忘记自己从哪儿来，也不寻求自己往哪儿去。事情来了欣然接受，事情过去便一切遗忘。

8.庄子·大宗师第六　南伯子葵问乎女偊曰："子之年长矣，而色若孺子，何也？"①曰："吾闻道矣。"南伯子葵曰："道可得学邪？"曰："恶②！恶可③！子非其人也。夫卜梁倚有圣人之才而无圣人之道，我有圣人之道而无圣人之才④。吾欲以教之，庶几其果为圣人乎？不然，以圣人之道告圣人之才，亦易矣。吾犹守而告之，叁日而后能外天下⑤；已外天下矣，吾又守之，七日而后能外物⑥；已外物矣，吾又守之，九日而后能外生⑦；已外生矣，而后能朝彻；朝彻而后能见独⑧；见独而后能无古今；无古今而后能入于不死不生⑨。杀生者不死，生生者不生⑩。"

【注】①南伯子葵，女偊（yǔ），都是人名。孺子，幼童。②恶（wū），否定对方的言辞，义同"不"。③恶（wū），何。④卜梁倚，姓卜梁，名倚。才指聪明智慧之能，道指虚淡凝寂之性。⑤叁，三。外，置之度外，忘却。⑥外物，遗忘人事。⑦外生，忘我。⑧朝彻，透彻领悟。见独，指窥见卓然独立的至道。⑨无古今，破除古今的观念。不死不生，指无死生。⑩杀，摒弃。生生，指眷恋生命。

【译】南伯子葵问女偊说："您的年龄很大了，您的容色却像小孩，什么原因呢？"女偊说："我得道了。"南伯子葵说："道能够学吗？"女偊说："不，怎么可以呢！您不是那种能学道的人。卜梁倚有圣人外用的才能却没有圣人内凝的道，我虽有圣人内凝的道却没有圣人外用的才能。我想用圣人之道教导他，也许他果真能成为圣人吧。即使不能，但以圣人之道指导有圣人之才的人，领悟起来应该也是很容易的。我仍然坚持诱导而不离去，三日之后就能把天下忘掉；已经忘掉了天下，我又坚持诱导，七天之后就能把人事忘掉；已经忘掉了人事，我再坚持诱导，九天之后就能把自身忘掉；已经忘掉了自我，然后才能彻底领悟；彻底领悟了，然后才能窥见卓然独立的至道；能窥见卓然独立的至道，然后才能破除古今的观念；破除了古今的观念，然后才能进入到无所谓死也无所谓生的境界。摒弃了生的人也就没有死，眷恋着生的人也就不存在生。

9.庄子·外篇·天地第十二 尧观乎华，华封人曰①："嘻，圣人！请祝圣人，使圣人寿。"尧曰："辞。""使圣人富。"尧曰："辞。""使圣人多男子。"尧曰："辞。"封人曰："寿，富，多男子，人之所欲也。女②独不欲，何邪？"尧曰："多男子则多惧，富则多事，寿则多辱。是三者，非所以养德也，故辞。"封人曰："始也，我以女为圣人邪，今然③君子也。天生万民，必授之职。多男子而授之职，则何惧之有？富而使人分之，则何事之有？夫圣人，鹑居而鷇食④，鸟行而无彰。天下有道，则与物皆昌；天下无道，则修德就闲⑤。千岁厌世，去而上仙，乘彼白云，至于帝乡⑥。三患莫至，身常无殃，则何辱之有？"封人去之，尧随之曰："请问⑦。"封人曰："退已⑧！"

【注】①华，地名，在今陕西华县。封人，看守边疆的人。②女，通"汝"。③然，"乃"。④鹑居，像鹌鹑那样无固定的居巢。鷇（kòu），初生小鸟。鷇食，像小鸟那样无心而食。⑤无彰，不留痕迹。就闲，指寻求安闲。⑥帝乡，上帝居所。比喻幽远至虚的境界。⑦请问，请求教诲。⑧已，通"矣"。

【译】尧来到华地视察，华地守边疆的人说："啊，圣人！请允许我为圣人祝福，祝圣人健康长寿！"尧说："不用。""祝圣人富有！"尧说："不用。""祝圣人多生儿子！"尧说："不用。"守边疆的人说："长寿、富有、多儿子，这是人们都希望的，你却偏偏不要，为什么呢？"尧说："多生男孩就会增多担忧，富有了就会多麻烦事，长寿就会多困辱。这三者，都不是用来修养德行的，所以我不要。"守边疆的人说："原来我以为你是圣人，现在看来你只是一个君子。上天生下万民，必定会一一交给他们该做的事情，多生男孩，就让他们做各自应做的事，还有什么忧虑的呢？富有了，让人把财物分给大家，那会有什么麻烦事呢？作为圣人，像鹑鹑那样居无常处，像幼鸟那样无心而食，像飞鸟那样不留痕迹；天下太平，就与万物一同昌盛；天下纷乱，就修养德行，隐居闲处。等到活够了一千岁厌烦了人世，便离世而升天成为神仙，驾着那飘拂的白云，达到上帝的居所。多担心、多事情、多困辱等忧患便都不会降临，自身永远不会有灾祸，那么还有什么困辱呢？"守边疆的人说完就离去，尧跟着他说："请求教诲。"守边疆的人说："回去吧！"

10.庄子·外篇·天运第十四　庄子曰："至贵，国爵并①焉；至富，国财并焉；至愿，名誉并焉。是以道不渝②。"

【注】①并，屏弃。②渝，改变。

【译】庄子说："最高贵的，就是屏弃国中所有的爵位而不顾；最富有的，就是屏弃国中所有的财宝而不顾；最称心的，就是屏弃一切名誉而不顾。因此大道永远不会改变。"

11.庄子·外篇·天运第十四　老子曰："古之至人，假道于仁，托宿①于义，以游逍遥之虚②，食于苟简③之田④，立于不贷之圃⑤。逍遥，无为也；苟简，易养也；不贷⑥，无出⑦也。古者谓是采真之游。"

【注】①托宿，寄寓。②虚，通"墟"，境界。③苟简，苟且简略。④田，指饮食条件。⑤圃（pǔ），种植蔬菜、苗木的地方。⑥不贷，指只求自给自足、不求贷出。⑦无出，指自身不受损失。

【译】老子说："古代尽善尽美的人，从仁那儿借道，在义那儿寄宿，畅游在自由自在的天地里，凭借粗放简陋的田地吃饭，不向任何人施舍。逍遥自在，就是无所作为；粗放简陋，就容易生存；不向别人施舍，就意味着自身没有输出。古人把这叫作神采纯真的遨游。"

12.庄子·外篇·天运第十四　老子曰："以富为是者，不能让禄；以显为是者①，不能让名。亲权者，不能与人柄②。操之则栗，舍之则悲③，而一无所鉴，以窥其所不休者，是天之戮民也④。怨、恩、取、与、谏、教、生、杀八者，正⑤之器也，唯循大变无所湮者为能用之⑥。故曰：正者，正也。其心以为不然者，天门⑦弗开矣。"

【注】①显，显达。是，正确。②亲权，迷恋于权贵。与，让给。柄，权柄。③操，掌握。舍，失去。④鉴，察觉。其所不休者，他们不懈追求的对象，如名、利、权等。戮民，受刑戮的人。⑤正，救正，整治。⑥大变，自然天理。湮（yān），滞塞。⑦天门，天机之门。

【译】老子说："把财富当作幸福的人，是不会让出利禄的；把显达当作幸福的人，是不会让出名誉的。迷恋权势的人，是不会让出权利的。掌握着这些东西的时候，因害怕被人夺走就会终日忧惧战栗，失去这些东西的时候，就会整日悲痛，丝毫察觉不到其中的祸害，眼睛只盯着那些无休无止追求的东西，这些都是被天理惩罚的人。怨恨、恩惠、索取、施与、规劝、教化、生养、杀戮这八种手段，都是整治世人的工具，只有遵循自然天理、不为物欲所迷惑的人才能运用自如。所以说：匡正天下，必须首先端正自身。内心认为不是这样的人，得道的大门就不会为他打开。"

13. 庄子·外篇·刻意第十五 不刻意而高，无仁义而修，无功名而治，无江海而闲，不道引而寿，无不忘也，无不有也。淡然无极而众美从之。此天地之道，圣人之德也。

【译】不克制意欲而高尚，不言谈仁义而修身，不求功名而治国，不隐居江湖而清闲，不导通气血、活动肢体而长寿，一切都忘怀，一切都能得到。虽无限淡漠，然而一切美好的东西都随之而来。这是天地之道，圣人之德。

14. 庄子·外篇·刻意第十五 圣人休休①焉则平易矣。平易则恬淡矣。平易恬淡，则忧患不能入，邪气不能袭，故其德②全而神不亏。故曰：

圣人之生也天行③，其死也物化。静而与阴同德，动而与阳同波。不为福先，不为祸始。感而后应，迫而后动，不得已而后起。去知与故④，遁天之理。故无天灾，无物累，无人非，无鬼责。其生若浮，其死若休。不思虑，不豫⑤谋。光矣而不耀，信矣而不期。其寝不梦，其觉无忧。其神纯粹，其魂不罢⑥。虚无恬淡，乃合天德。故曰：悲乐者，德之邪也；喜怒者，道之过也；好恶者，德之失也。故心不忧乐，德之至也；一而不变，静之至也；无所于忤⑦，虚之至也；不与物交，淡之至也；无所于逆，粹之至也。故曰：形劳而不休则弊⑧，精⑨用而不已则劳，劳则竭。

【注】①休休，乐而自得、安闲有节的样子。②德，自然本性。③天行，顺应自然运动。④故，巧诈。⑤豫，通"预"。⑥罢，通"疲"。⑦于，与。忤，抵触。⑧弊，疲敝。⑨精，精神。

【译】圣人乐而自得、安闲有节就平和简易。平和简易则心境恬淡。平和简易，心境恬淡，那么，忧患就不能进入内心，邪气就不能侵袭身体，所以德行完备而精神永不亏损。所以说，圣人活着如天道之运行，他死去如万物之变化。安静时与阴气同样幽深寂静，运动时与阳气同样飞越播扬。不做福的先导，不做祸的起始。受感动然后才有反应，被逼迫然后才有行动，不得已才去做事。抛弃心智与巧诈，顺应自然之理。所以没有天灾，没有外物牵累，不会遭到人们的非议，不会受到鬼神的谴责。他活着好像漂浮的水泡，他死了好像疲劳后的休息。不思索考虑，不预先谋划。光明而不耀眼，守信而不期待得到。他睡觉不做梦，他醒来无忧愁。他精神纯净精粹，心魂从不疲劳。虚无恬淡，才合乎自然的本性。所以说，悲哀和欢乐，是违背纯真本性的邪恶表现；高兴和愤怒，是有背大道的过错行为；喜爱和厌恶，是道德的失误。所以，内心不忧不喜，是保持自然本性的最高境界；专守虚静之道而不变，是保持寂静心态的最高境界；不与任何事物相抵触，是保持虚无心态的最高境界；不与外物交往，是保持恬淡心态的最高境界；顺从万物而不逆，是保持纯净心态的最高境界。所以说，形体劳累而不休息就会疲困，精神运用而不停歇就会劳损，劳损就会枯竭。

15.庄子·外篇·缮性第十六 古之所谓得志者，非轩冕之谓也，谓其无以益其乐而已矣。今之所谓得志者，轩冕之谓也。轩冕在身，非性命也，物之傥①来，寄也。寄之，其来不可圉②，其去不可止。故不为轩冕肆志③，不为穷约④趋俗⑤，其乐彼与此同，故无忧而已矣！今寄去则不乐。由是观之，虽乐，未尝不荒⑥也。故曰：丧己于物，失性于俗者，谓之倒置之民⑦。

【注】①傥，偶然。②圉，通"御"。③肆志，放纵心志。④穷约，穷困潦倒。⑤趋俗，屈己以附世俗。⑥荒，迷乱。⑦倒置之民，颠倒了本末的人。

【译】古代所说的得志，不是就官位显达而言，只是说自身的快乐无以复加罢了。如今所说的得志，是指官位显达。官位爵禄加在身上，并不是自然性命中所固有的，而是偶然得来之物，暂时寄托在这里罢了。凡是寄托的东西，来时不可抵御，去时不可阻挡。因此不要为官位爵禄放纵心志，也不要因穷困潦倒而屈己以附世俗，身处官位爵禄和穷困潦倒的快乐是相同的，所以没有忧愁就可以了。现在的人当寄托的东西失去了便不快乐。由此看来，他们虽然快乐，却恰恰是自然真性的沦丧。所以说，因为外物而丧失自我，因为世俗丧失本性的人，就叫作颠倒了本末的人。

16.庄子·外篇·秋水第十七 大人①之行，不出乎害人，不多②仁恩；动不为利，不贱门隶③；货财弗争，不多辞让；事焉不借人，不多食乎力④，不贱贪污；行殊乎俗，不多辟异⑤；为在从众⑥，不贱佞谄⑦；世之爵禄不足以为劝⑧，戮耻不足以为辱⑨；知是非之不可为分，细大之不可为倪⑩。

【注】①大人，道德修养高的人，指圣人、至人。②多，赞美。

③门隶，守门的人。④食乎力，自食其力。⑤辟异，邪辟和乖异。⑥为，行为。从众，追随一般的人。⑦佞（nìng）谄，奉承、谄媚的人。⑧劝，鼓励。⑨戮耻，刑戮和耻辱。⑩倪（ní），通"儿"，引申为事物细微的初始。

【译】得道之人的行为，不会有心去害人，不去赞美仁爱、恩惠；举动不是为了谋利，但也不轻视守门的人；对钱财不争不夺，但也不赞美辞财让物的行为；遇事不求助别人，品行与众不同，但也不赞美标新立异；行为随俗从众，但也不以奉承、谄媚为可卑；人世的官爵俸禄不足以使他受鼓舞，刑戮和侮辱也不足以使他感到耻辱；深知是与非的界限无法划分，大与小也不能定出标准。

17.庄子·外篇·达生第十九　人之所取畏①者，衽席②之上，饮食之间，而不知为之戒者，过也！

【注】①取畏，招致可畏。②衽（rèn），卧席。衽席之上，指男女房事。

【译】人们自取危害的事，是在男女枕席之上、饭桌饮食之中，对这些不懂得警戒，实在是过错啊！

18.庄子·外篇·山木第二十　孔子围于陈蔡之间，七日不火食①。大公任往吊之②，曰："子几死乎？"曰："然。""子恶死乎？"曰："然。"任曰："予尝言不死之道。东海有鸟焉，其名曰意怠③。其为鸟也，翂翂翐翐，而似无能；引援而飞，迫胁而栖；进不敢为前，退不敢为后；食不敢先尝，必取其绪④。是故其行列不斥，而外人卒不得害，是以免于患⑤。直木先伐，甘井先竭。子其意者饰知以惊愚，修身以明污，昭昭乎如揭日月而行，故不免也⑥。昔吾闻之大成之人曰：'自伐者无功，功成者堕，名成者亏⑦。'孰能去功与名而还与众人？道流而不明居，得行而不名处；纯纯常常，乃比于狂；削迹捐势，不为功名⑧。是故无责于人，人亦无责焉⑨。至人不闻，子何喜哉！"孔子曰："善哉！"

辞其交游，去其弟子，逃于大泽，衣裘褐，食杼栗，入兽不乱群，入鸟不乱行⑩。鸟兽不恶，而况人乎！

【注】①火食，生火做饭。②大公任，虚构的人物。吊，慰问。③意怠，燕子。④盼（fēn）盼跂（zhǐ）跂，迟缓不能高飞的样子。引援，援引朋友，指跟随。迫胁，即偎依，挤在众鸟之中。绪，余弃，即残剩食物。⑤斥，排斥。⑥饰知，彰显自己的智力。惊愚：使愚人惊，即惊吓众人。明污，显露别人的污秽。昭昭，明亮的样子。揭，举。⑦大成之人，指有道之人。伐，自我夸耀。堕（huī），通"隳"，毁败。⑧得，通"德"。名，通"明"。比，类似。狂，指随心所欲、任意而行的人。削迹，不留痕迹。捐势，舍弃权势。⑨责，求。⑩裘褐，粗陋之衣。杼（shù），即橡子，似栗而小。栗，即栗子，也称板栗。

【译】孔子被围困在陈、蔡两国之间，七天没有吃上热饭。大公任前去慰问他，说："你快不行了吧？"孔子说："是的。""您厌恶死吗？"回答说："是的。"太公任说："让我试着讲讲长生之道。东海有一种鸟，名字叫意怠。这种鸟飞得又低又慢，好像没有一点本领；它一定要携朋呼友而飞，要挤在众鸟之中栖息；前进时不敢飞在前面，后退时不敢落在后面；吃东西不敢先尝，只吃剩余的食物。所以它不曾遭到众鸟的排挤，而外人也不能伤害它，因此能够免除祸患。笔直的树木先被砍伐，甘甜的水井先被汲干。你有心文饰才智来惊醒愚俗，修养自身来显露别人的污秽，明亮的样子就像高举日月而行于世，所以不能免于祸患。以前我听大成之人说：'自我夸耀的人不会成就功业，功成不退的人终将毁败，名望彰著的人难免损伤。'谁能够舍弃功业和名望而返回到普通人群之中？大道通行而不显耀自居，德行广布而不追求名声；纯朴而平凡，如同愚昧无知一样；消除形迹抛弃权势，不追求功业名望。因此对人世没有任何要求，人世对他也没有任何要求。道德修养到了家的人是默默无闻的,您为什么喜爱名声呢?"孔子说:"好啊!"于是辞别了自己的朋友,离开了自己的弟子,逃避到茫茫旷野,穿粗布麻衣,吃橡栗野果,走进兽群,野兽不慌乱,走进鸟群,鸟儿不乱飞。鸟兽都不害怕他,何况人呢!

19.庄子·外篇·田子方第二十一 肩吾问于孙叔敖曰:"子三为令尹而不荣华[1],三去之而无忧色。吾始也疑子,今视子之鼻间栩栩然[2],子之用心独奈何?"孙叔敖曰:"吾何以过人哉!吾以其来不可却也,其去不可止也。吾以为得失之非我也,而无忧色而已矣。我何以过人哉!且不知其在彼[3]乎?其在我乎?其在彼邪亡乎我,在我邪亡乎彼。方将踌躇,方将四顾,何暇至乎人贵人贱哉[4]!"仲尼闻之曰:"古之真人,知者不得说,美人不得滥,盗人不得劫,伏戏、黄帝不得友[5]。死生亦大矣,而无变乎己,况爵禄乎!若然者,其神经乎大山而无介,入乎渊泉而不濡,处卑细而不惫,充满天地,既以与人己愈有[6]。"

【注】①肩吾,虚构的人物。孙叔敖,春秋时楚国人,曾任楚庄王相。令尹,楚国最高的官职名称,掌握军政大权。②栩栩然,欢快轻松的样子。③彼,指令尹这一官位。④方将,正在。踌躇,悠闲自得的样子。至,顾及。⑤知,同"智"。说,游说。滥,使他淫乱。劫,威逼。伏戏,即伏羲。⑥介,阻碍。濡(rú),沾湿。惫,困苦。既,尽。

【译】肩吾问孙叔敖道:"您三次担任令尹而不感到荣耀,三次被罢免这一职务而没有忧色。我起初还怀疑您,如今我看到您眉宇之间欢畅自然,您心里到底是如何想的呢?孙叔敖说:"我有什么过人的呢!我以为这种事要来无法推辞,要去也不可阻止,我认为得与失都由不得我,因而没有忧色罢了,我哪有什么过人的呢!况且我不知道贵贱得失是在令尹之职呢还是在我呢?如果是在令尹之职吧,那就没有我的事；如果是在我自己吧，那就没有令尹之职的事。我正悠闲自得，我正放眼八方，哪有闲工夫去考虑人的贵贱呢？"孔子听到这件事，说："古代修道纯真的人，聪明人不能说动他，美人不能使他淫乱，强盗不能威逼他，伏羲和黄帝也不能与他交游。死生也是够大的事了，他都无动于心，何况什么高官厚禄呢！像这样的人，他的精神穿越大山而不受阻隔，潜入深渊而不会沾湿，处身卑微而不潦倒沮丧，他的精神充满在天地之间，把一切奉献给别人，自己反而更加充足富有。"

20.庄子·杂篇·庚桑楚第二十三 为不善乎显明之中者，人得而诛①之；为不善乎幽间②之中者，鬼得而诛之。明乎人、明乎鬼者，然后能独行。券内者，行乎无名③；券外者，志乎期费④。行乎无名者，唯庸有光⑤；志乎期费者，唯贾人也⑥。人见其跂，犹之魁然⑦。

【注】①诛，谴责处罚。②幽间，指暗处。③券，契合。行，行事。名，名迹。④费，财用。期费，敛财。⑤庸，平常。⑥贾（gǔ）人，商人，指唯利是图者。⑦跂（qì），通"企"，踮起脚跟。魁然，魁伟的样子。

【译】在光天化日之下做坏事的人，人们可以惩罚他；在阴暗角落做坏事的人，鬼神可以惩罚他。对人对鬼都能光明正大的人，才能独往独来都无所畏惧。但求合于心性的人，行动于默默无闻之中；追求迎合外物的人，志在牟取极大的财富。行动于默默无闻之中的人虽然平常却有光辉；志在牟取极大财富的人，只是唯利是图者。别人都看见他拼命在踮起脚跟，好像显得很魁伟，（其实却不然）。

21.庄子·杂篇·庚桑楚第二十三 与物穷①者，物入②焉；与物且③者，其身之不能容，焉能容人！不能容人者无亲，无亲者尽人④。兵莫憯⑤于志，镆铘⑥为下；寇莫大于阴阳⑦，无所逃于天地之间。非阴阳贼⑧之，心则使之也。

【注】①与，对待。穷，虚空。②入，归依。③且，通"阻"。④尽人，尽于人，为人们所弃绝。⑤兵，兵器，指用兵器伤人。憯（cǎn），通"惨"。⑥镆铘，即莫铘，古代著名的宝剑名。⑦寇，伤害。阴阳，指阴阳的变化。⑧贼，伤害。

【译】以宽广的胸怀来对待外物的人，容易接纳万物；与外物格格不入的人，他自己尚且无处容身，又怎能容纳别人？不能容人的人没有亲近者，没有亲近者的人就自绝于人。伤害人的武器没有比心志更厉害的呢，镆铘利剑还在其次；伤人的大敌莫过于阴阳，它让你在天地之间无所逃避。其实并不是阴阳在伤害你，而是你的心志未能顺应阴阳的变化而使自身受到伤害。

22.庄子·杂篇·庚桑楚第二十三 彻志之勃①，解心之谬②，去德之累，达道之塞③。贵、富、显、严④、名、利六者，勃志也；容、动、色、理⑤、气、意六者，谬心也；恶、欲、喜、怒、哀、乐六者，累德也；去、就⑥、取、与、知⑦、能六者，塞道也。此四六者不荡胸中则正⑧，正则静，静则明，明则虚，虚则无为而无不为也。

【注】①彻，通"撤"，撤除。勃，通"悖"（bèi），扰乱。②谬，当为"缪"（móu）之误，缠绕，束缚。③达，疏通。塞，阻塞。④严，尊严。⑤容，仪容。动，举动。色，颜色。理，辞理。⑥去，舍弃。就，趋近。⑦与，给予。知，同"智"。⑧荡，荡乱。正，平正。

【译】排除对意志的扰乱，解脱对心灵的束缚，甩掉对天性的拖累，疏通对大道的阻塞。尊贵、富有、显赫、威严、声名、利禄这六种东西，是扰乱意志的；容貌、举止、色彩、情理、辞气、意念这六种东西，是束缚心灵的；憎恶、贪求、喜爱、愤怒、悲哀、欢乐这六种东西，是拖累天性的；舍弃、依从、获取、施与、智慧、才能这六种东西，是阻塞大道的。这四个方面的六种东西，不在胸中作怪就能平正，平正就能安静，安静就能明彻，明彻就能顺应自然。顺应自然就恬淡无为而无所不为。

23.庄子·杂篇·让王第二十八 故曰：道之真以治身，其绪余以为国家，其土苴以治天下①。由此观之，帝王之功，圣人之余事也，非所以完身养生也②。今世俗之君子，多危身弃生以殉③物，岂不悲哉！凡圣人之动作也，必察其所之与其所以为。今且有人于此，以随侯之珠，弹千仞之雀④，世必笑之。是何也？则其所用者重而所要⑤者轻也。夫生者岂特⑥随侯之重哉！

【注】①真，指精华。绪余，残余。为，治。苴（zhǎ），通"渣"。②完，保全。生，同"性"。③殉，追逐。④随，通"隋"。随侯之珠：传说有一条大蛇受了伤，被隋国国君（隋侯）看见了，隋侯救治了这条大蛇。后来这条大蛇从江中衔来一颗很大的宝珠报答隋侯，所以叫"随侯之珠"。这里指珍贵的宝珠。千仞之雀，飞得很高的小鸟雀。⑤要，求。⑥特，只是。

【译】所以说，道的精华用来修身，它的残余用来治理国家，它的糟粕用来治理天下。由此可见，帝王的功业，不过是圣人的余事，并不能用来保全自我、修养心性。现在的世俗君子，大多危害自我抛弃心性来追逐外物，难道不可悲吗？大凡圣人做事，一定要先弄清这样做的目的和这样做的原因。现在如果有这样一个人，用隋侯的宝珠作弹丸去射千仞高的麻雀，世人一定会嘲笑他。这是为什么呢？这是因为他所用的东西太贵重，而所要取得的东西太轻贱了。人的身体性命，难道仅仅是隋侯珠那样贵重吗？

24.庄子·杂篇·让王第二十八 原宪①笑曰："夫希世②而行，比周③而友，学以为人④，教以为己⑤，仁义之慝⑥，舆马之饰⑦，宪不忍为也。"

【注】①原宪，孔子弟子，家境贫困。②希世，迎合世俗。③比

周，结党。④为人，指为了求得人们的称赞。⑤为己，指为了炫耀自己的才学。⑥慝（tè），害。⑦舆马之饰，指装饰高车大马来炫耀自己的豪富。

【译】原宪笑着说："希望得到世誉而行事，拉帮结派来交朋友，求学是想博取别人的称赞，教人是想炫耀自己的学问，依托仁义去做奸恶之事，装饰车马来炫耀自己，我是不忍心这样做的。"

25. 庄子·杂篇·让王第二十八 孔子曰："丘闻之：'知足者，不以利自累也；审自得①者，失之而不惧；行修于内者，无位而不怍②。'"

【注】①审，明白。自得，自得其乐。②位，指爵位。怍（zuò），惭愧。

【译】孔子说："我听说：'懂得满足的人，不会因为利禄而使自己受拖累；懂得自得其乐的人，失去利禄也不会害怕；注重内心德行修养的人，没有职位也不羞愧。'"

26. 庄子·杂篇·让王第二十八 古之得道者，穷亦乐，通亦乐，所乐非穷通也。道德于此，则穷通为寒暑风雨之序矣。故许由娱于颍阳①，而共伯得②乎共首。

【注】①颍阳，颍水的北岸，许由隐居之处。②共伯，即共伯和，西周末年人。周厉王被放逐，诸侯立他为天子，在位十四年，宣王立时他退回共首山。得，自得，安闲自在。

【译】古代领悟了大道的人，穷困也快乐，通达也快乐，他的快乐不在于穷困或通达。道德修养到了这一境界，那么穷困通达对他来说不过是冬夏的更替、风雨的变换罢了。所以许由快乐地生活在颍水北岸，而共伯悠然自得地生活在共首山上。

27. 庄子·杂篇·盗跖第二十九 好面誉人者，亦好背而毁之。

【译】（盗跖说：）喜欢当面称赞别人的人，也喜欢背后毁谤别人。

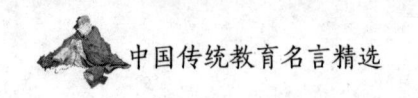

《荀子》（15则）

荀子（约前313－前238），战国末赵国人，属儒家。

1.荀子·劝学 问楛①者，勿告也；告楛者，勿问也；说楛者，勿听也；有争气者，勿与辨②也。故必由其道至然后接之，非其道则避之。故礼恭而后可与言道之方③；辞顺而后可与言道之理；色从而后可与言道之致。故未可与言而言谓之傲④；可与言而不言谓之隐；不观气色而言谓之瞽⑤。故君子不傲、不隐、不瞽，谨顺其身。

【注】①楛（kǔ），不合礼法、不正当的事。②辨，通"辩"。③方，方向，引申为准则。④傲，浮躁。⑤瞽（gǔ），瞎子。

【译】有人问不合礼法的事，不要告诉他；有人告诉你不合礼法的事，就不要再去问他；有人谈论到不合礼法的事，不要去听他；有人凭意气来争论，不要跟他争辩。所以必须是按照礼义之道来请教的人，然后才接待他；没按照礼义之道来请教的人就要避开他。所以来者恭敬有礼，然后才可以和他谈论道的准则；言辞和顺，才可以和他谈论道的内容；谦逊顺从，然后才可以和他谈论道的精华。所以，不可和他谈而谈了叫作浮躁，应该和他谈而没谈的叫作隐瞒，不看对方表情而谈的叫作盲目。因此君子不浮躁、不隐瞒、不盲目，谨慎地对待自己的言行。

2.荀子·劝学 神莫大于化道，福莫长于无祸。

【译】最高的精神境界莫过于思想行为合乎"道"，最久远的幸福莫过于无灾无祸。

3.荀子·劝学 物类之起，必有所始。荣辱之来，必象其德。肉腐出虫，鱼枯生蠹①。怠慢忘身，祸灾乃作。强自取柱②，柔自取束。邪秽在身，怨之所构。

【注】①蠹（dù），蛀虫。②柱，通"祝"，折断。

【译】事物的产生，一定有它开始的原因。荣誉和耻辱的到来，必然和品行相一致。肉腐烂了就会生蛆，鱼枯死发臭了就会长虫。懈怠、随便、放松自身，灾祸就会发生。太刚强了容易自己招致折断，太柔软了容易自己招致束缚。自己行为邪恶肮脏，必然造成人们对你的怨恨。

4.荀子·劝学 施薪若一，火就燥也，平地若一，水就湿也。草木畴①生，禽兽群焉，物各从其类也。是故质的②张，而弓矢至焉；林木茂，而斧斤③至焉；树成荫，而众鸟息焉。醯④酸，而蚋⑤聚焉。故言有招祸也，行有招辱也，君子慎其所立乎！

【注】①畴（chóu），通"俦"，类，同。②质，箭靶。的，箭靶的中心。③斤，斧子。④醯（xī），醋。⑤蚋（ruì），一种蚊子。

【译】铺放的柴草是一样的，火总是往干燥的地方烧去；平坦的地面是一样的，水总是往湿处流去；草木丛集生长在一起，飞禽走兽成群居住，万物都会各自和自己的同类相依存。因此，箭靶张设好了，箭就向这里射来；森林茂盛了，伐木的人就拿着斧头来了；树木成荫了，群鸟就来栖息了；醋酸腐了，蚊子就来聚集。所以，说话不慎有时会招来祸患，行为不慎有时会招致耻辱，君子要谨慎小心处世啊！

5.荀子·劝学 古之学者为己，今之学者为人。君子之学也，以美其身；小人之学也，以为禽犊①。故不问而告谓之傲，问一而告二谓之囋②。傲、非也；囋、非也；君子如向③矣。

【注】①禽犊，家禽和小牛，皆馈献之物，谓小人不能修身，而只

以所学求悦于人。②噆（zàn），唠叨。③向，通"响"，回声。

【译】古代学习的人是为自己进德修业，今天学习的人是为了向别人炫耀、讨好。君子学习，为了美化自身；小人学习，是把学问当作家禽牛犊。所以，别人没问就告诉他叫做急躁，别人问一个问题却回答两个问题叫作啰唆。急躁，不对；啰唆，也不对。君子问一答一，就好像回声应和本声一样。

6.荀子·劝学 权利不能倾也，群众不能移也，天下不能荡①也。生乎由是，死乎由是，夫是之谓德操。德操然后能定，能定然后能应。能定能应，夫是之谓成人。天见②其明，地见其光③，君子贵其全也。

【注】①荡，打动。②见，同"现"。③光，通"广"，广阔。

【译】权势利禄不能动摇他，人多势众不能改变他，整个天下不能打动他。活着如此，到死也是如此，这就叫作道德操守。有了道德操守然后才能站稳脚跟，能站稳脚跟然后才能应付各种事情。既能站稳脚跟又能应付自如，这就叫作完美的人。天空呈现它的光明，大地显露它的广阔，君子则注重自身的完美。

7.荀子·劝学 行衢道①者不至，事两君者不容。目不能两视而明，耳不能两听而聪。螣蛇②无足而飞，梧鼠③五技而穷。

【注】①衢（qú）道，歧路。②螣（téng）蛇，传说中能飞的蛇。③梧，应为"鼫（shí）"。鼫鼠，鼠名，《说文解字》："鼫，五伎鼠也，能飞不能过屋，能缘不能穷木，能游不能渡谷，能穴不能掩身，能走不能先人。"

本段说明了专一的重要性，三心二意，不能安静专注，做任何事都不能成功，学习当然也是如此。

【译】走入歧途的人达不到目的地，侍奉两个国君的人不会被容纳。眼睛不能同时看两处而都看清楚，耳朵不能同时听两处而都听清楚。螣蛇没有脚也能飞，鼫鼠有五种技能却陷入困境。

8.荀子·劝学　昔者瓠巴①鼓瑟,而流鱼出听;伯牙②鼓琴,而六马仰秣。故声无小而不闻,行无隐而不形。玉在山而草木润,渊生珠而崖不枯。为善不积邪③,安有不闻者乎?

【注】①瓠(hù)巴,人名。②伯牙,人名。③邪,通"也"。

【译】从前,瓠巴鼓瑟,鱼游出水面来听;伯牙弹琴,正在吃草的马抬起头听。所以声音没有小到让人听不见的,行为没有隐蔽到让人看不见的。玉藏山中,草木也显得润泽;珠生深渊,崖岸也不显得干枯。做了善事,即使没有积累起来,哪有不被人听到的呢?

9.荀子·修身　非①我而当者,吾师也;是②我而当者,吾友也;谄谀我者,吾贼也。故君子隆③师亲友而恶其贼。

【注】①非,认为错。②是,认为对。③隆,尊重。

【译】批评我批评得正确的人,是我的老师;表扬我表扬得正确的人,是我的朋友;阿谀奉承我的人,是陷害我的坏人。所以,君子十分敬重自己的老师,亲近自己的朋友,厌恶害自己的人。

10.荀子·修身　志意修则骄富贵,道义重则轻王公;内省而外物轻矣。传曰:"君子役物,小人役于物。"此之谓矣。身劳而心安,为之;利少而义多,为之;事乱君而通,不如事穷君而顺焉。

【译】气节志尚修养到一定程度的人就能傲视富贵,以道义为重就能轻视王公大人。注重内心的修养反省,外在事物在心中的分量就会减轻。古书说:"君子支配外物,小人受外物支配。"说的就是这个意思。身体劳累、内心安定的事,可以做;利益少道义多的事,可以做;侍奉乱国国君而通达,不如侍奉艰难国家的国君而能够推行自己的主张。

11.荀子·修身　道虽迩,不行不至;事虽小,不为不成。

【译】路途即使很近,不走不到;事情即使很小,不做不成。

12.荀子·非十二子 信信,信也;疑疑,亦信也。贵①贤,仁也;贱②不肖,亦仁也。言而当③,知也;默而当,亦知也。故知默犹④知言也。

【注】①贵,看重。②贱,看轻。③当,恰当。④犹,好像,等于。

【译】相信可相信的东西,是诚信;怀疑可疑的东西,也是诚信。尊重贤能的人,是仁爱;鄙视不贤的人,也是仁爱。谈吐得当,是智慧;沉默得当,也是智慧。所以懂得在什么场合下沉默不言就相当于懂得如何说话。

13.荀子·非十二子 兼服天下之心:高上尊贵,不以骄人;聪明圣知,不以穷人;齐给速通①,不争先人;刚毅勇敢,不以伤人;不知则问,不能则学,虽能必让,然后为德。遇君则修臣下之义,遇乡则修长幼之义,遇长则修子弟之义,遇友则修礼节辞让之义,遇贱而少者,则修告导宽容之义。无不爱也,无不敬也,无与人争也,恢然②如天地之苞③万物。如是,则贤者贵之,不肖者亲之。

【注】①齐给,迅速敏捷。②恢然,开阔广大的样子。③苞,同"包"。

【译】让天下人都信服的办法是:职务很高,地位尊贵,但不因此傲视别人;聪明睿智,但不使别人难堪;才思敏捷,但不争先逞能;刚毅勇敢,但不因此伤害他人;不知道就问,不会就向别人学习,即使有能力也一定谦让,这样才算有德行。遇到君王就奉行做臣子的礼节,遇到乡亲就奉行尊卑长幼的礼节,遇到长辈就奉行做子弟的礼节,遇到朋友就奉行谦让的礼节;遇到地位低贱而年轻的人,就奉行劝告、诱导、宽容的原则。对人没有不爱的,没有不尊敬的,没有与人争执的,心胸开阔如同天地包容万物那样。如果这样,那么贤能的人就会尊敬他,不贤的人会亲近他。

14.荀子·非十二子 士君子之所能不能为:君子能为可贵,而不能使人必贵①己;能为可信,而不能使人必信己;能为可用,而不能使人必用己。故君子耻②不修，不耻见污③；耻不信，不耻不见信；耻不能，不耻不见用。是以不诱于④誉，不恐于诽，率道而行，端然正己，不为物倾侧：夫是之谓诚君子。

【注】①贵，看重。②耻，以……为可耻。③见污，被污蔑。④于，被。

【译】士君子能做的和不能做的是：君子能够做到值得人尊重，但不能使人一定尊重自己；能够做到值得人信任，但不能使人一定信任自己；能够做到值得人任用，但不能使人一定任用自己。所以，君子以品德才能没有修好为羞耻，不以被别人污蔑为羞耻；以不诚信为羞耻，不以不被别人信任为羞耻；以没有能力为羞耻，不以不被别人任用为羞耻。因此，不被荣誉诱惑，不被毁谤吓倒，遵循正道而行，端正自身，严于律己，不被外物所动摇：这才称得上真正的君子。

15.荀子·宥坐 孔子喟然叹曰："吁！恶有满而不覆①者哉！"子路曰："敢问持满②有道乎？"孔子曰："聪明圣知③，守之以愚；功被天下④，守之以让；勇力抚世⑤，守之以怯⑥；富有四海，守之以谦⑦。此所谓挹而损之⑧之道也。"

【注】①恶，哪。覆，倒。②持满，保持盈满的状态。③知，通"智"。④功被天下，功盖天下。⑤抚世，盖世。⑥怯，懦弱。⑦谦，通"慊"，俭约。⑧挹，抑，抑制。挹而损之，犹言省之又省。

【译】孔子深深地长叹说："哪里会有满了而不倾覆的道理呢！"子路说："请问有保持盈满而又不倾覆的方法吗？"孔子说："聪慧明达具有非凡的智慧，要用愚笨的外表来保持它；功盖天下，要用谦让的态度来保持它；有盖世的勇敢和力气，要用怯弱的态度来保持它；富有天下，要用俭约的态度来保持它。这就是所谓谦让了再谦让的方法啊！"

《战国策》（1则）

《战国策》，战国时游说之士的策谋和议论的汇编，西汉末年刘向编，共33篇。

《战国策·齐策　颜斶说齐宣王》 颜斶辞①曰："……斶愿得归，晚食以当②肉，安步③以当车，无罪④以当贵，清静贞⑤正以自虞⑥。"

【注】①辞，辞谢。②晚食，晚点进食。当，当作。③安步，慢步。④无罪，没有罪过。⑤贞，通"正"。⑥自虞：即自娱，自得其乐。

这是颜斶辞谢齐宣王要当他的学生、和他交朋友时的陈词，表现追求自由、气节的个性。

【译】颜斶辞谢道："我希望回到我的乡里，晚点吃饭或饿了再权当吃肉，悠闲散步权当乘车，不求有多好，没有过错就好，清静纯正，自得其乐。"

《吕氏春秋》（3则）

《吕氏春秋》，亦称《吕览》，杂家代表作，相传为战国末秦相吕

不韦集合门客共同编写而成。

1.《吕氏春秋·本生》 上为天子而不骄,下为匹夫而不惛①,此之谓全德之人。

【注】①惛(mèn),通"闷",心情不舒畅。

【译】在上做了天子而不骄傲,在下做了百姓而不郁闷,这就叫作德行完全的人。

2.《吕氏春秋·首时》 天不再与①,时不久留。

【注】①与,赐予。

【译】上天不会赐予(一个人)第二次机会,时间不会久留。

3.《吕氏春秋·顺说》 苟①虑害人,人亦必虑害之;苟虑危人,人亦必虑危之。

【注】①苟,假如。

【译】如果谋划害人,人也一定会谋划害他;如果谋划让人处于危险之地,人也一定会谋划让他处于危险之地。

《说苑》(1则)

《说苑》,西汉刘向(约前77-前6)所作。

1.《说苑·杂言》 孔子曰:"与善人居,如入芝兰之室,久而不闻其香,则与之化矣;与恶人居,如入鲍鱼之肆①,久而不闻其臭,亦与之化矣。故曰:'丹之所藏者赤,乌之所藏者黑,'君子慎所藏②。"

【注】①肆，商店，手工业作场，这里就是指鱼市。②慎所藏，指要谨慎交友。

【译】孔子说："和好人在一起生活，就好像进入芝兰飘香的房子，时间久了就感觉不到它的芬芳，原来是与它同化了；和坏人生活在一起，就好像进入了卖鱼的市场，时间久了就感觉不出那里的臭气，也是与它同化的缘故。所以说：'朱砂所蕴含的一定是红色，乌鸦所能掩藏的也一定是黑色'，所以君子一定要谨慎交友。"

王充（1则）

王充（27－约97），东汉会稽上虞（今属浙江）人，唯物主义哲学家，有《论衡》传世。

1.王充《论衡·自纪篇》 为世用者，百篇无害；不为用者，一章①无补。

【注】①章，音乐一曲为一章，也指诗歌的段落和文章的段落。

【译】对社会有用的文章，有百篇也无妨害；对社会没用的文章，哪怕一章也没有补益。

诸葛亮（1则）

诸葛亮（181—234），字孔明，号卧龙，琅琊阳都（今山东临沂市沂南县）人，三国时期蜀汉丞相。

1.诸葛亮《诫子书》 静以修身，俭以养德；非淡泊无以①明志，非宁静无以致远。

【注】①无以，没有用来……的方法（或途径）。

【译】宁静可以修身，节俭可以养德，不淡泊名利无法表明志向，不宁静处事无法走得更远。

《颜氏家训》（1则）

颜之推（531-约591），琅琊临沂（今属山东）人，历梁、北齐、北周、隋四朝，有《颜氏家训》传世，以儒家传统思想为立身治家之道。

1.《颜氏家训·慕贤第七》 用其言，弃其身，古人所耻。凡有一言一行，取于人者，皆显称之，不可窃人之美，以为己力；虽轻虽贱者，必归功焉。窃人之财，刑辟①之所处；窃人之美，鬼神之所责。

【注】①刑，刑法。辟（bì），法，刑。

【译】引用别人的话，而抛开这个人不提，古人觉得可耻。凡是有一句话或者一个举措来自他人的，都要公开称道，不能窃取别人的成果，作为自己的功劳；即便是地位轻微低贱的人，也一定要归功于他。偷别人的财物，会受到刑法的处置；剽窃别人的成果，要受到鬼神的谴责。

司马光（1则）

司马光（1019－1086），北宋宰相，著有《资治通鉴》。

1. 司马光《训俭示康》 吾本寒家，世以清白相承，吾性不喜华靡，自为乳儿，长者加以金银华美之服，辄羞赧弃去之①。二十忝科名，闻喜宴独不戴花②。同年曰："君赐不可违也③。"乃簪一花。平生衣取蔽寒，食取充腹；亦不敢服垢弊以矫俗干名，但顺吾性而已④。众人皆以奢靡为荣，吾心独以俭素为美。人皆嗤吾固陋，吾不以为病⑤。应之曰：孔子称"与其不逊也宁固"⑥；又曰"以约失之者鲜矣"⑦；又曰"士志于道，而耻恶衣恶食者，未足与议也。"

……

夫俭则寡欲：君子寡欲，则不役于物，可以直道而行；小人寡欲，则能谨身节用，远罪丰家⑧。故曰："俭，德之共也。"侈则多欲：君子多欲则贪慕富贵，枉道速祸；小人多欲则多求妄用，败家丧身；是以居官必贿，居乡必盗⑨。故曰："侈，恶之大也。"

【注】①华靡，豪华奢侈。赧（nǎn），因害羞而脸红。②二十忝科名，20岁考中进士。忝（tiǎn），辱，意思是自己名列在

内，使同人有辱，这是谦虚的说法。闻喜宴，皇帝赐予新科进士的宴会，参加者要簪花（把花插在帽檐上），这是特殊的荣耀。③同年，同榜登科的人。④蔽寒，御寒。服，穿。垢，脏。弊，破。矫俗，违背世俗的常情。干，求。干名，追求名誉。⑤嗤吾固陋，讥笑我固执而不通达。病，缺点，缺陷。不以为病，不以此为缺陷。⑥与其不逊也宁固：语出《论语·述而》，意思是说，奢侈就显得骄傲，节俭就显得固陋。与其骄傲，宁可固陋。⑦约，俭约。鲜，少。以约失之者鲜矣，语出《论语·里仁》。意思是说，因为俭约而犯过失的，那是很少的。⑧谨身节用，约束自己，节约费用。远罪丰家，远离犯罪，丰裕家室。⑨枉，曲。速，招。枉道速祸，不循正道而行，招致祸患。

【译】我本来出生在贫寒的家庭，一代一代都继承清白的家风。我生性不喜欢豪华奢侈，从做婴儿时起，长辈把饰有金银的华美衣服加在我身上，我总是害羞地扔掉它。二十岁那年忝列在进士的科名之中，参加闻喜宴时，只有我不戴花，同年说："花是君王赐戴的，不能违反。"我才在帽檐上插上一枝花。我一向衣服只求抵御寒冷，食物只求填饱肚子，也不敢故意穿肮脏破烂的衣服以违背世俗常情，表示与一般人不同来求得名誉。只是顺着我的本性行事罢了。许多人都把奢侈浪费看作光荣，我心里独自把节俭朴素看作美德。别人都讥笑我固执，不大方，我不把这作为缺陷，回答他们说："孔子说：'与其不谦虚,宁愿固陋。'又说：'因为俭约而犯过失的，那是很少的。'又说：'有志于探求真理却以吃得不好、穿得不好、生活不如别人为羞耻的读书人，是不值得跟他谈论的。'"

如果节俭就少贪欲。有地位的人如果少贪欲，就不为外物所役使，不受外物的牵制，可以走正直的道路。没有地位的人如果少贪欲，就能约束自己，节约用度，避免犯罪，丰裕家室。所以说："节俭是各种好品德的共有特点。"如果奢侈就会多贪欲。有地位的人如果多贪欲，就会贪图富贵，不走正路，最后招致祸患；没有地位的人如果多贪欲，就会多方营求，随意浪费，最后败家丧身。因此，做官的如果奢侈，就必然贪赃受贿；在乡间当老百姓的，如果奢侈就必然盗窃他人财物。所以说，奢侈是各种缺点中最坏的。

张载（1则）

张载（1020－1077），字子厚，北宋凤翔郿县（今陕西眉县）横渠人，世称横渠先生。主要著作有《正蒙》《横渠易说》《经学理窟》《张子语录》等。

1. 张载《经学理窟》 人情所以不立，非才①之罪也。善取善者，虽于不若己，采取亦有益。心苟②不求益，则虽与仲尼处何益！君子于不善，见之犹求益，况朋友交相取益乎？

【注】①才，天生的资才。②苟，如果。

【译】人的性情没有修善的原因，不是天生资才的罪过。善于学习别人长处的人，即使对于比自己差的人，向他学习也能学到好的东西。内心如果不追求学好，那么即使和孔子相处又有什么益处呢！君子对于不好的人和事，看到了还要思考对自己有无益处，何况是朋友之间相互取长补短呢？

王守仁（2则）

王守仁（1472－1529），字伯安，号阳明，世称阳明先生，明代浙江余姚人。

1.王守仁《传习录》 诸公在此，务要立个必为圣人之心，时时刻刻，须是一棒一条痕，一掴①一掌血，方能听吾说话句句得力，若茫茫荡荡度日，譬如一块死肉，打也不知得痛痒，恐终不济事。回家只寻得旧时伎俩而已，岂不惜哉！

【注】①掴（guó），用手掌打。

【译】各位在这里，一定要立下做圣人的志向，每时每刻必须打一棒有一条痕迹，扇一掌有一枚手印，这样听我说话才能句句有用，如果糊里糊涂打发日子，就如一块死肉，即使打也没有感觉，恐怕最终也没用。回家整理自己的学习收获，只找到过去的本领，岂不可惜！

2.王守仁《传习录》 一友尝易动气责人。先生警之曰："学须反己①，若徒责人，只见得人不是，不见自己非。若能反己，方见自己有许多未尽处，奚暇②责人。

【注】①反己，回到自己身上进行反省。②奚，哪里。暇，空闲。

【译】一朋友曾一度容易生气苛责他人。先生警示他说："学习应该从自身进行反省，如果只是一味责备他人，就只会看见别人不对，不会看见自己的错误。如果能从自身进行反省，才能看到自己有许多未能尽善尽美之处，哪里还有空闲去苛责他人。

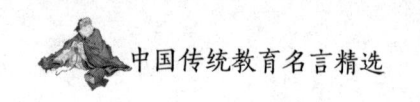

吕坤（1则）

吕坤（1536-1618），字叔简，号心吾（一作新吾），吕得胜之子，明代宁陵（今属河南）人，著作有《呻吟语》等。

1. 吕坤 《社学要略》 学者立身，行检为重。一戒说谎，二戒口馋，三戒村语淫言，四戒爱人财物，五戒讲人长短，六戒看人妇女，七戒交结邪人，八戒衣服华美，九戒捏①写是非，十戒性暴气高。

【注】①捏，虚构，造假。

【译】读书人修身养性，平时的行为检束很重要。一戒讲假话，二戒贪吃，三戒污言秽语，四戒喜爱他人东西，五戒说别人的长短，六戒贪看别人家的女子，七戒结交坏朋友，八戒衣服华贵美艳，九戒捏造是非，十戒性情暴躁态度高傲。

《聊斋志异》（1则）

《聊斋志异》，志怪小说，清蒲松龄作。

1.《聊斋志异·辛十四娘》 轻薄之态，施之君子则丧吾德，施之

小人则丧吾身。

【译】轻慢浅薄的态度,用来对待君子则显示自己缺少风度,用来对待小人就有可能丢掉自己的生命。

《菜根谭》(42则)

《菜根谭》,中国传统教育格言警句类经典著作,明洪应明著,作者生卒年不详。

1.完名美节①,不宜独任②,分些与人,可以远害全身③;辱行污名④,不宜全推,引些归己,可以韬光⑤养德。

【注】①完名美节,完美的名声与气节。②任,占有。③远害全身,远离祸患,保全性命。④辱行污名,不好的品行和名声。⑤韬光,掩盖光芒,比喻掩藏自己的才华。

【译】完美的名誉和节操,不应该独自享受,要分些给别人,这样可以远离祸患,保全性命;不好的品行和名声,不应该完全推给别人,要分出些给自己,这样可以韬光养晦,培养品德。

2.人之过误宜恕,而在己则不可恕①;己之困辱②当忍,而在人则不可忍。

【注】①恕,宽恕。②困辱,穷困屈辱。

【译】应该宽恕别人的过失,而不应该原谅自己的错误;自己遇到困难和屈辱要忍耐,他人遇到困难时应该帮助别人。

3.建功立业者，多虚圆①之士；偾事②失机者，必执拗之人。

【注】①虚圆，谦虚圆转。②偾（fèn）事，败事。

【译】建立功业的人，大多是谦虚圆通之士；事业失败的人，一定是固执不化的人。

4.仁人心地宽舒，便福厚而庆①长，事事成个宽舒气象；鄙夫念头迫促②，便禄薄而泽短，事事成个迫促规模。

【注】①庆，福禄吉祥。②鄙夫，见识粗鄙的人。念头迫促，心胸狭隘、急于求成。

【译】仁爱的人心地宽容舒坦，因而福禄深厚、吉庆长久，做事往往有宽大舒展的风格；见识粗鄙的人想法狭隘，因而福禄浅薄而泽运短暂，做事往往有局促的毛病。

5.非分之福，无故之获，非造物之钓饵，即人世之机阱。此处着眼不高，鲜不堕彼术①中矣。

【注】①鲜，少。堕，落入，落下。术，阴谋。

【译】不是自己应享的福气，没有合理缘故的收获，如果不是上天投下的诱饵，就是人世中别人设计的陷阱。这些地方如果着眼很低，不能明察，很少有不落入圈套的。

6.宠利①毋居人前，德业②毋落人后；受享毋逾分外，修持毋减分中。

【注】①宠利，恩宠和利禄。②德业，德行与学业。

【译】追求功名利禄不要抢在人前，德行学业不要落在人后，受到的待遇不要超过允许的范围，修养德行要达到应该达到的标准。

7.不责人小过，不发人阴私，不念人旧恶，三者可以养德，亦可以远害。

【译】不苛责他人的小过失，不揭发他人的隐私，不记别人过去的坏处，这三件可以培养品德，也可以远离祸害。

8.君子处患难而不忧,当宴游而惕虑①,遇权豪而不惧,对茕独而惊心②。

【注】①宴游,悠闲的游乐。惕虑,忧惧思考。②茕(qióng)独,孤独无依。惊心,指同情弱者并设法帮助他们。

【译】君子面对灾祸危难而不担心,参加宴饮游乐知道警惕,遇到权贵豪强而不畏惧,遇到孤苦无依的人时会触动内心而设法帮助他们。

9.奢者富而不足①,何如俭者贫而有余?能者劳而府怨②,何如拙者逸而全真③?

【注】①不足,感到不足。②劳,劳苦。府,聚集。③逸而全真,安闲而保全本性。

【译】奢侈的人有钱而感到不足,怎么比得上节俭的人贫寒而觉得富有?能干的人辛苦而又由于功劳大招致埋怨,怎么比得上笨拙的人安闲而保全本性?

10.小处不渗漏,暗处不欺隐,末路不怠荒,才是真正英雄。

【译】细微处不疏漏,别人看不到也不欺骗隐瞒,到了穷途末路也不懈怠荒废,才是真正英雄。

11.事业文章随身销毁,而精神万古如新;功名富贵逐世转移,而气节千载一日①。

【注】①千载一日,千年如一天,比喻永恒不变。

【译】功名和著作随着身体的死亡而销毁,只有思想精神万古长青;功名富贵随着世代的变迁而变化,只有气节永远留在人间。

12.人生太闲则别念①窃生,太忙则真性②不现。故士君子不可不抱③身心之忧,亦不可不耽④风月之趣。

【注】①别念,邪念。②真性,本然之性。③抱,保持。④耽,

沉浸。

【译】人生太空闲，各种杂念便会悄然而生，太忙碌又会淹没了自己的天然本性。所以君子不可不抱有兼济天下之忧，也不可不懂得吟风弄月的闲情逸致。

13. 子生而母危，镪①积而盗窥，何喜非忧②也？贫可以节用，病可以保身，何忧非喜也？故达人当顺逆一视，而欣戚③两忘。

【注】①镪（qiǎng），古时用来串钱币的绳子，这里指财富。②何喜非忧，哪一件喜事中不潜伏着忧患呢？③欣，喜悦。戚，忧伤。

【译】儿子降生而母亲有危险，财富聚集而盗贼窥视，哪一件喜事中不潜伏着忧患呢？贫寒可以使人节约用度，疾病可以使人学会保养身体，哪一件愁事没有潜藏着好的因素呢？所以通达明白的人应当顺境、逆境一视同仁，将喜悦、忧伤都忘却。

14. 读书不见圣贤①，如铅椠佣②；居官不爱子民，如衣冠盗③；讲学不尚躬行，如口头禅④；立业不思种德，如眼前花⑤。

【注】①不见圣贤，看不出圣贤的意思。②铅椠（qiàn）佣，书本的奴隶。③衣冠盗，穿着如正人君子般的强盗。④口头禅，常挂在嘴边、没有多大意义的话语。⑤眼前花，好看但不长久。

【译】读书看不出书中的圣贤思想，如同书奴；当官不爱护百姓，如穿着正派的强盗；治学不崇尚身体力行，如夸夸其谈的小人；干事业不考虑播种德泽，他的事业就如眼前鲜花好景不长。

15. 趋炎附势之祸，甚惨亦甚速；栖恬①守逸②之味，最淡亦最长。

【注】①恬，恬淡。②逸，安闲。

【译】攀附权贵的祸害，非常凄惨也非常迅速；安于恬淡宁静的味道，非常平淡也非常久远。

16.隐逸林中无荣辱，道义路上①泯炎凉。

【注】①道义路上，一心追求正义的路上。

【译】隐逸山林之中的人心中已经没有了人世的荣耀和耻辱，心怀天下、追求正义的人不会感到世态炎凉。

17.我不希荣①，何忧乎利禄之香饵②；我不竞进③，何畏乎仕宦之危机。

【注】①希荣，追求荣华。②香饵，比喻引诱人上圈套的事物。③竞进，争着向上爬。

【译】我不追求荣华富贵，何必担忧他人用利禄来引诱呢；我不争着向上爬，何必害怕官场中的危险呢。

18.欲其中①者，波沸寒潭②，山林不见其寂；虚其中③者，凉生酷暑，朝市不知其喧。

【注】①欲其中，心中有欲望。②波沸寒潭，寒潭之水也会沸腾。③虚其中，心中无杂念。

【译】心中有欲望，处身寒潭也会热血沸腾，住在深山也不能平静；心中无欲望，处身盛夏酷暑也能感受凉意，置身闹市也感觉不到它的喧哗。

19.多藏者厚亡①，故知富不如贫之无虑；高步②者疾颠③，故知贵不如贱之常安。

【注】①厚亡，担心失去财产。②高步，昂首阔步，指地位尊贵的人。③疾，痛恨。颠，颠覆。疾颠，害怕失去权势。

【译】财产很多的人担心失去，由此可以推知富人不如穷人无忧无虑；地位显赫的人担心失去权势，由此可以推知显贵不如平民那样安乐自在。

20.贪得者分金恨不得玉，封公怨不受侯，权豪自甘乞丐①；知足者

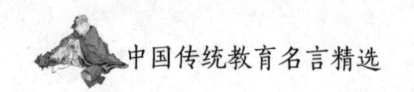

藜羹旨于膏梁②，布袍暖于狐貉，编民③不让王公。

【注】①自甘乞丐，自己甘心把自己当乞丐去讨要权势和财富。②藜羹，野菜汤，指差的食物。旨，味美。膏梁，精美的食品。③编民，普通百姓。

【译】贪图多得的人分了金还遗憾没有得到玉，封了公还埋怨没有封侯，这种权贵甘愿把自己当成乞丐；知足的人吃野菜甜过美味，穿粗布暖过狐裘，这种普通百姓的幸福感不比王公差。

21.处世让一步为高，退步即进步的张本①；待人宽一分是福，利人实利己的根基。

【注】①张本，指为事物的发展预先打好基础。

【译】与别人相处谦让为高明，先退一步为今后进步作了准备；对待他人多一份宽容也是福气，方便他人是来日他人方便自己的前提。

22.处世不必邀功①，无过便是功；与人②不要感德，无怨便是德。

【注】①邀功，追求功名。②与人，帮助人。

【译】活在世上不要刻意追求功名，没有过错便是功名；帮助人不要别人感恩戴德，没有怨恨便是恩德。

23.忧勤①是美德，太苦②则无以适性怡情；淡泊是高风③，太枯④则无以济人利物。

【注】①忧勤，忧心勤勉。②太苦，对自己要求太苛刻。③高风，高尚的风骨。④枯，树木枯萎，指过分淡泊不近人情。

【译】忧心勤勉是美德，对自己太苛刻就无法生活得舒缓自在；淡泊名利是境界，过分淡泊至不近人情就无法济世助人。

24.人情反覆①，世路崎岖。行不去，须知退一步之法；行得去，务②加让三分之功③。

【注】①反覆，变化无常。②务，一定。③功，美德。

【译】人情变化无常，人生之路坎坷不平。确实不能往前走了，必须知道还可后退一步；能够顺利往前走，一定要注意随时退让三分。

25.我有功于人不可念，而过则不可不念；人有恩于我不可忘，而怨①则不可不忘。

【注】①怨，指别人冒犯自己的地方。

【译】自己对别人有功不能老是记着，自己的过错却不能不记着；别人对我有恩情不可忘记，别人冒犯自己则不能忘记。

26.为恶而畏人知，恶中犹有善路①；为善而急人知，善处即是恶根②。

【注】①善路，学好、向善的道路。②恶根，罪恶的根源。

【译】做了坏事怕别人知道，这种人还有学好的可能；做了好事急于让人知道，这种好事就是邪恶的根源。

27.福不可徼①，养喜神②以为招福之本；祸不可避，去杀机③以为远祸之方④。

【注】①徼（yāo），通"邀"，求取。②喜神，喜悦的心情。③杀机，凶恶的念头。④远祸之方，远离祸害的方法。

【译】福气不可强求，保持喜悦的心情可以作为招来幸福的源泉；灾祸不可躲避，去掉凶恶的念头可以作为远离祸害的方法。

28.地之秽者多生物，水之清者常无鱼，故君子当存含垢纳污之量①，不可持好洁独行之操②。

【注】①量，气量。②操，操守。

【译】土地上肮脏的地方多能长出植物，水很清澈的地方常常没有鱼，所以君子应当有容纳缺点和不足的气量，不能够持

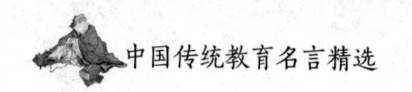

有偏好洁净的特点。

29.平民肯种德①施惠，便是无位的公相；士夫徒贪权市②宠，竟成有爵的乞人。

【注】①种德，行善积德。②市，营求。

【译】普通百姓愿意行善积德布施恩惠，就是没有职位的卿相；士大夫只贪图权势谋求得宠，也可成为有爵位的乞丐。

30.休与小人仇雠①，小人自有对头；休向君子谄媚，君子原无私惠②。

【注】①仇雠（chóu），结仇。②私惠，指徇私情。

【译】不要跟品德低下的人结仇，因为他不会讲理、不会讲法律也不会讲道德，和他结仇很可能给自己造成致命的伤害，小人自有能够对付他的人，即使人间没有对手，老天也不会放过他；不要谄媚道德高尚的人，因为他本来就不会徇私情。

31.毋偏信而为奸所欺，毋自任①而为气②所使，毋以己之长而形③人之短，毋因己之拙而忌人之能。

【注】①自任，自以为是。②气，意气。③形，对照。

【译】不要偏信而被小人欺骗，不要自以为是而意气用事，不要用自己的长处来对比别人的短处，不要因为自己的愚笨而嫉妒别人的才能。

32.帘栊①高敞②，看青山绿水吞吐云烟，识乾坤之自在；竹树扶疏③，任乳燕鸣鸠送迎时序，知物我之两忘。

【注】①栊（lóng），古时宽大有格子的窗户。②敞，敞开。③扶疏，树木枝叶繁茂。

【译】拉开宽大的窗帘，看户外蓝天白云呵护绿水青山，懂得了天地的自由自在；竹林繁茂，任凭乳燕鸣鸠报告时令的变化，由此知道了物我两忘的境界。

33.兴逐①时来，芳草中撒履②闲行，野鸟忘机③时作伴；景与心会，落花下披襟兀坐④，白云无语漫相留。

【注】①逐，随。②撒履，脱下鞋子。③忘机，忘记被人捕捉的危险。④兀坐，独自端坐。

【译】兴致随时而来，在芳草丛中脱下鞋子悠闲行走，野鸟也忘记被捉的危险时而与你做伴；美景与心灵融会，于落花下披散衣襟独自端坐，白云在头上悠悠飘过，散漫之间，似有满怀留恋。

34.竹篱下，忽闻犬吠鸡鸣，恍似云中世界；芸窗①中，雅听蝉吟鸦噪，方知静里乾坤。

【注】①芸，芸香，古人常用芸香防虫蛀书。芸窗，指书斋。

【译】竹篱之下，忽然听到鸡鸣狗叫，恍如云中仙境；书斋之中，优雅地传来蝉鸣鸦啼，才知静中乾坤。

35.机重①的，弓影疑为蛇蝎，寝石②视为伏虎，此中浑③是杀气；念息④的，石虎可作海鸥，蛙声可当鼓吹，触处⑤俱见真机⑥。

【注】①机重，指多虑。②寝石，卧石。③浑，都。④念息，心中没有非分的欲望。⑤触处，所接触之处。⑥真机，真谛。

【译】内心多虑，弓箭的影子会被怀疑为恶毒的蛇蝎，卧石会被认为是埋伏的老虎，里面都是杀气；欲念纯净，石虎可以当作海鸥，蛙声可以当作鼓乐，所触之处都可以看出美妙的祥瑞。

36.心地上无风涛，随在皆青山绿树；性天①中有化育②，触处都鱼跃鸢飞。

【注】①性天，指本性。②化育，本指自然生成万物，这里指先天善良的本性。

【译】心里没有欲望的波涛，不论在哪里都是绿水青山；本性充满广博的仁爱，所触之处都是鱼游清水鸟飞蓝天。

37.林间松韵①，石上泉声，静里听来，识天地自然鸣佩②；草际烟光，水心云影，闲中观去，见乾坤最上文章。

【注】①松韵，松涛。②鸣佩，古代贵妇人行走时身上金玉饰品相互触击发出的声响。

【译】林中松涛，石上泉声，静心地听，则是天地间的自然旋律；草上轻雾，水中云影，安闲地看，则是人世间的最好诗篇。

38.松间边，携杖独行，立处①云生破衲②；竹窗下，枕书高卧，觉时月浸寒毡。

【注】①立处，站立之处。②衲，和尚穿的衣服。

【译】松林之中，拄着拐杖独自行走，站立之处云雾从破衣之中生出；竹窗之下，以书为枕悠然而卧，醒来时月辉浸入寒冷的被毡。

39.孤云出岫①，去留一无所系；朗镜悬空，静躁两不相干。

【注】①岫（xiù），峰峦。

【译】一片白云飘出山间，了无牵挂；皎洁的明月像镜子一样悬挂在天空，人间的宁静、喧嚣与它毫不相干。

40.宠辱不惊，闲看庭前花开花落；去留无意，漫随天外云卷云舒。

【译】得宠和失意都可以不受惊动，安闲地观看庭院之前花开花落；去职和留任都不执着，自在地欣赏蓝天之上云卷云舒。

41.神酣①布被窝中，得天地冲和之气；味足藜羹饭后，识人生澹泊之真。

【注】①神酣，本为酒饮到妙处，这里指精神怡然自得。

【译】享受粗布被窝，得天地平和气韵；热爱简陋饭菜，懂人生淡泊真谛。

42.富贵家宜宽厚,而反忌克①,如何能享;聪明人宜敛藏,而反炫耀,如何不败。

【注】①忌克,嫉妒刻薄。

【译】富贵人家待人接物应该宽容厚道,有些人却嫉妒刻薄,这又怎么能享有富贵;聪明人本来应该含蓄收敛,有些人却张扬炫耀,这又怎么能不失败呢!

《增广贤文》(51则)

《增广贤文》,中国传统教育格言警句类经典著作,清同治年间周希陶将无名氏《昔时贤文》(又名《古今贤文》)稍作删补而成。

1.作事须循①天理,出言要顺人心。

【注】①循,遵循。

【译】做事必须遵循天理,说话要顺应人心。

2.心术不可得罪于天地,言行要留好样与儿孙。

【译】心计不能够得罪老天,言行要给儿孙做好的榜样。

3.处富贵地,要矜怜贫贱的痛痒;当少壮时,须体念衰老的酸辛。

【译】处在富贵的境地,要同情贫贱者的痛苦;年轻的时候,必须设身处地想一想衰老的辛酸。

4.知己知彼,将心比心。责人之心责己,爱己之心爱人。

【译】知己知彼,将心比心。用要求他人的心来要求自己,用爱护

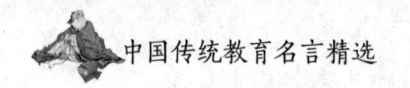

自己的心来爱护别人。

5.宁可人负我，切莫我负人。

【译】宁愿让别人辜负我，千万不要让自己辜负别人。

6.贪爱沉溺即苦海，利欲炽燃是火坑。

【译】贪婪之心太强烈即等于使自己深入苦海，名利的欲望太强烈即等于使自己跳进火坑。

7.饶人不是痴汉，痴汉不会饶人。

【译】宽恕人不是痴汉，痴汉不会宽恕人。

8.幸名①无德非佳兆，乱世多财是祸根。

【注】①幸名，侥幸而得非分之名。

【译】侥幸而得非分之名却没有德能并不是好的兆头，在乱世中富有财产是祸患的根源。

9.速效莫求，小利莫争。

【译】过快的效率不要去追求，微小的得益不要去争夺。

10.一年之计在于春，一日之计在于寅①。一家之计在于和，一生之计在于勤。

【注】①寅，凌晨三点到五点，指清晨。

【译】一年之中春天很重要，一天之中清晨很重要。家庭中和睦很重要，一个人一生中勤劳很重要。

11.岂能尽如人意，但求不愧我心。

【译】怎么能事事都如意，只要能够问心无愧。

12.气是无明火,忍是敌灾星。

【译】生气是一团看不见的烈火足以烧死自己,忍让是敌人的克星足以战胜对方。

13.肝肠煦①若春风,虽囊②乏一文,还怜茕独③;气骨清如秋水,纵家徒四壁,终傲王公。

【注】①煦(xù),温暖。②囊,有底的口袋。③茕,孤独,无兄弟。独,老而无子女的人。

【译】心肠温暖如春风,虽然口袋没有一文钱,还关心孤寡的人。骨子里的气节如秋水般清澈,即使家境贫寒,一无所有,始终能够傲对王公贵族。

14.静坐常思己过,闲谈莫论人非。

【译】静坐的时候要常想自己的过错,闲谈的时候不要讲别人的缺点。

15.平生最爱鱼无舌,游遍江湖少是非。

【译】鱼没有舌头不会乱说,所以走遍江湖都没有是非。

16.当路莫栽荆棘树,他年免挂子孙衣。

【译】不要在可能成为路的地方栽种荆棘,免得来年挂到了子孙的衣服。

17.财是怨府,贪为祸胎。乐不可极,乐极生哀;欲不可纵,纵欲成灾。

【译】财富是容易招致怨恨的对象,贪婪是灾祸的根源。不能追求过分的快乐,快乐到极点就会产生悲哀;欲望不可放纵,纵欲会导致灾难。

18.事亲须当养志,爱子勿令偷安。不求金玉重重贵,但愿儿孙个个贤。

【译】侍奉父母要尽量做到实现他们的梦想,疼爱儿女不能让他们只图眼前的安逸。不希望金银美玉有多少,只希望儿孙个个贤明。

19.黄金未为贵,安乐值钱多。

【译】金银财富不是最珍贵的,安闲快乐更值钱。

20.上为父母,中为己身,下为儿女,做得清,方了却平生事;立上等品,为中等事,享下等福,守得定,才是安乐窝。

【译】向上为了父母,中间为了自己,向下为了儿女,做得清廉,才能了却平生的心愿;追求上等的品格,做中等的事情,享下等的福,守得稳,才是安乐窝。

21.贪他一斗米,失却半年粮;争他一脚豚①,反失一肘羊②。

【注】①脚豚(tún),猪蹄。②肘羊,羊肘子。

【译】贪图他人一斗米,却失去了半年的口粮;拿了别人一个猪蹄,反而失掉了一个羊肘子。

22.忍得一时之气,免得百日之忧。

【译】忍住一时的怒气,可以免除百日的忧患。

23.器具质而洁,瓦缶①胜金玉;饮食约而精,园蔬愈珍馐②。

【注】①瓦缶,陶器。②愈,胜过。珍馐,珍贵、美味的食品。

【译】器具结实干净,陶器胜过金玉器皿;饮食简约精致,蔬菜胜过山珍海味。

24.富贵如浮云,觑破了①,得亦不喜,失亦不忧。

【注】①觑破了,看透了。

【译】发财与升官犹如天上云与我无关,看破了,得到了不会欣喜若狂,失去了也不会忧愁痛苦。

25.居视其所亲①，达视其所举②，富视其所不为，贫视其所不取。

【注】①居，居家，指未显达时。所亲，亲近的人。②达，显贵。所举，所推荐的人。

【译】平时看他喜欢与哪些人在一起，发达后看他选拔怎样的下属，富裕后看他哪些事不做，贫困时看他是否取不义之财。

26.知足常足，终身不辱；知止常止，终身不耻。

【译】懂得满足、并以此为乐，一生不会受到污辱；懂得适可而止、量力而行，一生不会有羞耻的事。

27.悖①入亦悖出，害人终害己。

【注】①悖，违背道义。

【译】用不正当手段得来的（财物），同样会被别人以不正当手段夺去。害别人的人最终会害了自己。

28.处骨肉之变，宜从容不宜激烈；当家庭之衰，宜惕厉①不宜委靡②。

【注】①惕厉，心怀戒慎。②委靡，精神不振。

【译】当亲人发生变故时，适宜从容镇静而不宜过于激烈；遇到家庭衰败时，应当警惕戒慎而不宜萎靡不振。

29.打人莫伤脸，骂人莫揭短。

【译】打别人不要伤到脸，骂别人不要揭他的短处。

30.勿贪意外之财，勿饮过量之酒。

【译】不要贪意料之外的钱财，不要喝过量的酒。

31.责善①勿过高，当思其可从；攻恶勿太严，要使其可受。

【注】①责善，要求别人学好。

【译】要求别人学好，标准不要太高，应当想一想对方是否能做到；责备别人的过错不可过于严厉，要顾及对方是否能承受。

32.两人自是,不反目稽唇①不止,只温语称他人一句好,便有无限欢欣;两人相非②,不破家亡身不止,只回头认自己一句错,便有无边受用。

【注】①稽唇,计较口舌,指争吵。稽,计较。②相非,说对方的不是。

【译】两个人都自以为是,不要相互讥笑攻击不止,只是温和地称赞对方一句,便能握手言欢;两个人相互非难对方,不搞到家破人亡不会停止,只要自己认一句错,便会有很大的受益。

33.争名利,要审自己分量,休眼热别个,辄生嫉妒之心;撑门户,要算自己来路①,莫步趋他人,妄起挪扯②之计。

【注】①来路,收入。②妄,胡乱。挪扯,指借债。

【译】在争名利时要先看看自己分量,不要眼红别人,而起嫉妒之心;讲面子,要看自己的收入,不要盲目攀比而东挪西借。

34.宁使人讶①其不来,勿令人厌其不去②。

【注】①讶,惊讶。②去,离开。

【译】宁愿让别人惊讶你为什么没来,不要让别人讨厌你为什么不离开。

35.爱人者,人恒爱;敬人者,人恒敬。

【译】爱别人的人,别人永远爱他;尊敬别人的人,别人永远尊敬他。

36.好讼①之子,多致终凶;积善之家,必有余庆。

【注】①讼(sòng),诉讼,争论是非。

【译】喜欢争论是非的人,大多没有好下场;积德行善的家庭,恩泽及于子孙。

37.欲临死而无挂碍，先在生时事事看得轻；欲遇变而无仓忙，须向常时念念守得定。

【译】想要临死的时候没有牵挂，先要在活着的时候事事看得轻；想要遇到变故而不会慌张，必须平时从容镇静。

38.一人非之便立不定，只见得有是非，何曾知有道理；一人不知便就不平，只见得有得失，何曾知有义命①。

【注】①义命，道义和天命。

【译】一个人否定就动摇不定，那是因为只看到了是非，而没有真正明白道理；一个人不了解就愤愤不平，那是因为只看到了得失，而不知道还有道义和使命。

39.不汲汲①于富贵，不戚戚②于贫贱。

【注】①汲汲，急切追求。②戚戚，忧愁失意的样子。

【译】不要急切追求财富和权势，对一时的贫困失意也不要过于忧愁。

40.以孝律①身，即出将入相②，都做得妥妥亭亭③；以忍御气④，虽横祸飞灾，也免脱千千万万。

【注】①律：约束。②出将入相：出则为将，入则为相。③妥妥亭亭，妥当适中。妥，妥当。亭，适中，均匀。④御，抵挡。气，意气。御气：制伏怒气。

【译】用孝来约束自身，即使出外当将军，入朝作丞相，都能做得妥妥贴贴；用忍耐来控制意气，即使灾祸横飞，也能免掉千千万万。

41.好义固为人所钦，贪利乃为鬼所笑。

【译】好义的人会受到人们的钦佩，而轻义贪利的人不仅会遭到人们的鄙视，而且连鬼都会讥笑他。

42.贤者不炫己之长,君子不夺人所好。

【译】贤明的人不会炫耀自己的长处,君子不会夺取别人喜欢的东西。

43.受享过分,必生灾害之端;举动异常,每为不祥之兆。

【译】受到的待遇过了头,一定会有灾害;行为举止异于寻常,常常会产生不祥的结果。

44.窗前一片浮青映白,悟入处尽是禅机;阶下几点飞翠落红,收拾来无非诗料。

【译】窗外的绿水青山和蓝天白云,如果明悟了都是禅机;阶沿下飘飞的绿叶和落地的红花,收拾起来没有不是写诗的材料。

45.算甚么命,问甚么卜。欺人是祸,饶人是福。

【译】命有什么好算的,卜有什么好问的。欺负人就是祸,宽恕人就是福。

46.人欺不是辱,人怕不是福。

【译】别人欺负你不是污辱,别人怕你不是福气。

47.不肯种福田①,舍财如割肉。临时空手去②,徒向阎君哭③。

【注】①福田,佛家认为积善可得福报,犹如种田,可得收获。②去,指离开人世。③阎君,阎王。

【译】如果内心不愿意积德行善,拿了点钱出来如同割了自己的肉。死时完全没有善德空着手离开,对着阎王爷哭也是徒然。

48.临难①毋苟②免,临财毋苟得。

【注】①难,灾难。②苟,随便,指用不正当的手段。

【译】面临灾难不要用不正当的手段躲避,面对财富不要用不正当的手段取得。

49.谗言不可听,听之祸殃结。君听臣遭诛,父听子遭灭,夫妇听之离,兄弟听之别,朋友听之疏,亲戚听之绝。

【译】谗言不能听信,听信了就会有祸害。国君听了大臣有可能要被杀,父亲听信了儿子有可能要遭殃,夫妇听信了有可能分离,兄弟听信了有可能成为路人,朋友听信了关系就会疏远,亲戚听信了联络有可能会断绝。

50.有麝①自然香,何必当风立。

【注】①麝(shè),指麝香。

【译】有麝香在身自然能散发芬芳,何必迎着风站着。

51.良田万顷,日食三餐;大厦千间,夜眠八尺。

【译】有万顷良田,出产大量粮食,每天也只能吃三顿;高楼大厦有无数房间,夜晚睡觉也只用几个平方。

读书治学

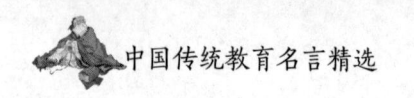

《论语》（1则）

1.论语·宪问　子曰："古之学者为己，今之学者为人。"
【译】孔子说："古代学习的人学习是为提高自己，自我完善；今天学习的人学习是为了装饰自己，做给别人看的。"

《大学》（2则）

1.苟日新，日日新，又日新。
【译】如果一天比一天新，那么每天都有新气象，在此基础上又一天比一天新。

2.心不在焉，视而不见，听而不闻，食而不知其味。
【译】对于任何事物，如果心不在上面，那么即使看了也没看见什么，听了也没听见什么，吃了也不知道是什么味道。

《中庸》（2则）

1.博学之，审问之，慎思之，明辨之，笃行之。有弗①学，学之弗能弗措②也。有弗问，问之弗知弗措也。有弗思，思之弗得弗措也。有弗辨，辨之弗明弗措也。有弗行，行之弗笃弗措也。

【注】①弗，不。②措，放弃。

【译】广博地学习，详细地询问，谨慎地思考，明晰地辨别，切实地实行。不学则已，既然学了，不学到手就不罢休。不问则已，既然问了，不问清楚就不罢休。不想则已，既然想了，不想明白就不罢休。不辨则已，既然辨了，不辨出结果就不罢休。不行则已，既然行了，行不彻底就不罢休。

2.人一能之，己百之。人十能之，己千之。

【译】别人花一倍的努力就能做到的，自己花百倍的努力去做到。别人花十倍的努力可以做到的，自己花千倍的努力去做到。

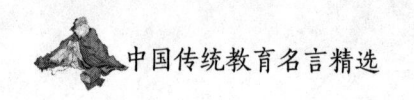

《孟子》（2则）

1. 孟子·告子上　孟子曰："今夫弈之为数①，小数也，不专心致志，则不得也。弈秋，通国之善弈者也，使弈秋诲二人，其一人专心致志，惟弈秋之为听。一人虽听之，一心以为有鸿鹄②将至，思援③弓缴④而射之，虽与之俱学，弗若之矣。为是其智弗若与？曰：非然也。"

【注】①数，技艺。②鸿鹄（hú），天鹅。③援，执，拿。④缴（zhuó），系在箭上的丝绳，射鸟用。

【译】孟子说："比如下棋这种技术，是小技术；不专心致志的话，就学不到。弈秋，是全国下棋的高手。让弈秋教两个人下棋，其中一个人专心致志，只听弈秋讲话。另一个人虽然在听，却一心想着有天鹅飞来，想拿起弓箭去射它。虽然他与别人一起学习，但成绩却比不上别人。是因为他的智力不如他人吗？我说，不是这样的。"

2. 孟子·尽心下　贤者以其昭昭①使人昭昭，今以其昏昏②使人昭昭。

【注】①昭昭，明白。②昏昏，糊涂。

【译】贤人先使自己明白，然后才去使别人明白；今天的人则是自己都没有搞清楚，却想去使别人明白。

《荀子》（8则）

1.荀子·劝学　干越夷貊①之子，生而同音，长而异俗，教使之然也。

【注】①干，同"邗"（hán），春秋时国名。越，指南方部族。夷，居住在东部的民族。貊（mò）北方的民族。

【译】邗国、越国、夷族、貊族的孩子，出生时的哭声相同，长大之后的习俗却各不相同，是教育让他们变成了这样。

2.荀子·劝学　蓬生麻中，不扶而直，白沙在涅①，与之俱黑。兰槐②之根是为芷，其渐之滫③，君子不近，庶人不服。其质非不美也，所渐者然也。故君子居必择乡，游必就士，所以防邪僻而近中正也。

【注】①涅，黑土。②兰槐，香草名，它的根称为"芷"（zhǐ）。③滫（xiǔ），小便。

【译】蓬蒿生长在麻丛之中，不用扶持就是挺直的；白色的沙子和黑色的土放在一起，便与黑土一同变黑。兰槐的根叫作芷，把它浸泡在臭水里，君子不去接近，老百姓不会佩戴。它的本质不是不好，它所接触的东西使它变成这样的。因此君子居住一定选择乡土，出外一定结交贤士，这是为了防止邪僻而接近正道。

3.荀子·劝学　学恶①乎始？恶乎终？曰：其数②则始乎诵经，终乎读礼；其义则始乎为士，终乎为圣人。真积力久③则入，学至乎没④而后止也。故为数有终，若其义则不可须臾舍也。为之人也，舍之禽兽也。

【注】①恶（wū），何，怎么。②数，指顺序，步骤。③真积，

诚心积累。力久，持久力行。④没，通"殁"，死亡。

【译】学习从哪开始，到哪里结束呢？回答是：按顺序来说是从诵读《诗经》《尚书》开始，到读《礼记》结束；学习的原则，是从做一个读书人开始，到成为一个圣人结束。诚心积累、持久力行才能深入，学习要到死才能停止。所以，从学习的程序上说有终点，至于它的原则，学习是一刻也不能停止的。这样做了，就是人。不这样做，就是禽兽。

4.荀子·劝学 君子生①非异也，善假于物也。

【注】①生，通"性"。

【译】君子的本性与一般人并没有不同，只是善于借用外物罢了。

5.荀子·劝学 积土成山，风雨兴焉；积水成渊，蛟龙生焉；积善成德，而神明①自得，圣心备焉。故不积跬步②，无以至千里；不积小流，无以成江海。骐骥一跃，不能十步；驽马十驾③，功在不舍。锲而舍之，朽木不折；锲而不舍，金石可镂。

【注】①神明，人的精神。②跬（kuǐ），一只脚迈一下所走的距离，相当于现在说的半步。步，两只脚各迈一下所走的距离。③十驾，指十天所行的路程。

【译】堆积泥土形成高山，风雨就会在那里兴起；汇积水流形成深渊，蛟龙就会在那里生长；积累善行成为美德，高尚的精神自然形成，圣人的思想境界也就具备了。所以不积小步，无法达到千里之外；不汇聚小的水流，就无法形成江海；骏马跳一下，不可能跳得很远；劣马走十天，也可以走得很远，功劳在不放弃。雕刻一段木头，如果刻一刀就放下，即使是腐朽的木头也刻不断；如果不停地刻下去，即使是金属、石头也能刻得很好。

6.荀子·劝学 君子之学也，入乎耳，箸①乎心，布乎四体，形乎动静。端②而言，蠕③而动，一可以为法则。小人之学也，入乎耳，出乎口；口耳之间，则四寸耳，曷④足以美七尺之躯哉！

【注】①箸，通"著"，即"着"字，附着。②端，通"喘"，微言。③蠕，形容动作缓慢。④曷（hé），何。

本段谈学习，不仅要用口、耳等感官，更重要的是付诸实践，身体力行。

【译】君子学习，进入到耳里，记在心中，流露在仪态上，表现在行为举止上。轻声地说话，小心地行动，一言一行，可以作为别人效法的楷模。小人学习，进入耳朵，流出口舌，口耳之间，只有四寸，怎么能使自己的七尺之躯获得滋养而得到美化呢？

7. 荀子·劝学 蚓无爪牙之利，筋骨之强，上食埃土，下饮黄泉，用心一也。蟹六跪①而二螯②，非蛇鳝之穴，无可寄托者，用心躁也。是故无冥冥之志者，无昭昭之明；无惛惛之事者，无赫赫之功。

【注】①跪，指脚。②螯（áo），螃蟹等节肢动物身前的大爪。

【译】蚯蚓虽然没有锋利的爪牙、强健的筋骨，可是却可以往上吃泥土，往下喝泉水，这是因为它用心专一的缘故。螃蟹有六条腿两只钳，如果没有蛇、鳝的洞穴就无处藏身，这是因为它用心浮躁。

8. 荀子·解蔽 倕①作弓，浮游②作矢，而羿③精于射；奚仲④作车，乘杜⑤作乘马，而造父⑥精于御。自古及今，未尝有两而能精者也。曾子曰："是其庭⑦可以搏鼠，恶⑧能与我歌矣？"

【注】①倕（chuí），传说中弓的发明者。②浮游，黄帝时人，箭的发明者。③羿（yì），夏时部族领袖，善射箭。④奚仲，夏禹时人，车的创造者。⑤乘杜，商朝祖先契的孙子，"乘马（四匹马拉的车）"的发明者。⑥造父，周穆王时的车夫，善于驾驭马车。⑦是，"视"。庭，唱歌时用来打拍子的小棍。⑧恶，何。

本段谈专门是业务精通的前提。

【译】尧的工匠倕制造了弓，黄帝时的浮游创造了箭，但是只有夏代有穷氏的君主后羿精通射箭；夏代的车官奚仲创制了车子，周朝祖先契的孙子乘杜首先用马拉车，但只有周穆王时的车夫造父精通驾车。从古到今，不曾有一个人两者都兼全而又精通的。孔子的弟子曾参说："唱歌的时候，看着打节拍的小棍，就想着可以用它来打老鼠，这样的人怎么能够专心地跟我唱好歌呢？"

《吕氏春秋》（1则）

1.《吕氏春秋·善学》　物固莫不有长，莫不有短，人亦然。故善学者，假人之长，以补其短。故假人者，遂有天下。无丑不能，无恶不知。丑不能，恶①不知，病矣！不丑不能，不恶不知，尚矣！虽桀纣犹有可取者，而况于贤者乎？

【注】①丑、恶，意动用法，以……为丑、以……为恶。

《善学》，又名《用众》。本段谈学习要善于取人所长。

【译】事物本来各有所长，各有所短，人也是这样。所以善于学习的人，借别人的长处，来弥补自己的不足。因此，善于学人长处的人就占有天下。不把"不能"当作羞耻，不把"不知"当作丑恶。把"不能"当作羞耻，把"不知"当作丑恶，那就很危险了。不把"不能"当作羞耻，不把"不知"当作丑恶，这就很高明了！即使是残暴的夏桀商纣还有可取的地方，何况是贤明的人呢？

《说苑》（1则）

1.《说苑·臣术》 孔子曰："丘死之后，商①也日益，赐②也日损；商也好与贤己者处，赐也好说③不如己者。"

【注】①商，孔子学生，姓卜名商，字子夏。②赐，孔子学生，姓端木，名赐，字子贡。③说，通"悦"，取悦。

【译】孔子说："我死以后，子夏会一天比一天进步，子贡会一天比一天退步。因为子夏喜欢和比自己强的人相处，子贡喜欢取悦不如自己的人。"

《颜氏家训》（7则）

1.颜氏家训·勉学第八 士大夫子弟，数岁已上，莫不被教，多者或至《礼》《传》，少者不失《诗》《论》。及至冠婚，体性①稍定；因此天机②，倍须训诱。有志尚者，遂能磨砺，以就素业③；无履立④者，自兹堕⑤慢，便为凡人。

【注】①体性，体质，性情。②天机，天赋的聪明才智。③素业，清素的事业，指儒家学业。④履，操行。立，树立。⑤堕，通"惰"

【译】士大夫的子弟，几岁之后，没有不受教育的，教得多的到《周礼》《礼记》《仪礼》和《春秋》三传，教得少的也不会落下《诗经》《论语》。等到冠礼、婚娶之后，体质、性情逐渐定型；要趁着这种天赋的灵性，加倍训导教育。有志向抱负的，就能磨炼、锤打出来，从事清素高雅的儒业；没有操行不能自立的人，从此就懒惰散漫，最终成为普通人。

2.颜氏家训·勉学第八 或因家世余绪，得一阶①半级②，便自为足，全忘修学；及有吉凶大事，议论得失，蒙然张口，如坐云雾；公私宴集，谈古赋诗，塞默低头，欠伸而已。有识旁观，代其入地。何惜数年勤学，长受一生愧辱哉！

【注】①阶，官阶。②级，品级，等第。

【译】有的凭借祖上遗留的事业，得到一官半职，便自我满足，完全忘记治学读书；等到有吉凶大事的时候，需要讨论得失，他则懵懵然张口结舌，如坐云雾之中（而不得要领）；在公家或私人的宴会上，别人谈古赋诗，自己只有低头垂首、默不作声，伸伸懒腰、打打哈欠而已。有识之士在一旁看到，（恨不得）代他钻入地缝之中。为什么要吝惜几年的勤奋学习，却要因此承受一生的耻辱呢？

3.颜氏家训·勉学第八 若能常保数百卷书①，千载终不为小人也。

【注】①数百卷书，古代大约三五千字为一卷，《论语》共七卷，不到两万字。《颜氏家训》四万一千字，也是七卷，每卷六千字。数百卷书大概相当于今天数十本书。

【译】如果能够常常保持对几百卷书的记忆和理解，一辈子都不会做小人。

4.颜氏家训·勉学第八 人见邻里亲戚有佳快者，使子弟慕而学之，不知使学古人，何其蔽也哉！

【译】人们看到邻里亲戚中有学习优秀快捷的，就让弟子学习，而不知让弟子学习古人,这是多么愚昧啊!

5.颜氏家训·勉学第八　古之学者为己,以补不足也;今之学者为人,但能说之也。古之学者为人,行道以利世也;今之学者为己,修身以求进也。

【译】古代学习的人是为自己,为了弥补自己的不足;今天学习的人是为别人,只是向别人炫耀。古代学习的人是为别人,推行道义,以利当世。今天学习的人是为自己,修养身心以求仕进。

6.颜氏家训·勉学第八　人生小幼,精神专利,长成已后,思虑散逸,固须早教,勿失机也。吾七岁时,诵《灵光殿赋》①,至于今日,十年一理②,犹不遗忘;二十之外,所诵经书,一月废置,便至荒芜矣。然人有坎壈③,失于盛年,犹当晚学,不可自弃。孔子云:"五十以学《易》,可以无大过矣。"魏武、袁遗④,老而弥笃,此皆少学而至老不倦也。曾子十七乃学,名闻天下;荀卿五十,始来游学,犹为硕儒;公孙弘四十余,方读《春秋》,以此遂登丞相;朱云亦四十,始学《易》《论语》;皇甫谧二十,始受《孝经》《论语》:皆终成大儒,此并早迷而晚寤也。世人婚冠未学,便称迟暮,因循面墙⑤,亦为愚耳。幼而学者,如日出之光,老而学者,如秉⑥烛夜行,犹贤乎瞑目⑦而无见者也。

【注】①《灵光殿赋》,王延寿撰,今见《文选》。②理,温习。③坎壈(lǎn),困顿,不得志。④袁遗,袁绍族兄。⑤面墙,《尚书·周官》有"不学面墙"语,谓不学的人如面对着墙,一无所见,后以"面墙"比喻不学。⑥秉(bǐng),执,持。⑦瞑(míng)目,闭上眼睛。

【译】人幼小的时候,精神专一,长大以后,注意力容易分散,故应该趁早教育,不要坐失最佳的教育时机。我七岁时背诵《灵光殿赋》,到现在,十年温习一次,还不会忘记;二十之后所背诵的经书,只要废弃一个月,就忘记了。然而,人生如果有不顺,年轻时失学了,晚一点还是应当补学,不能自暴自弃。孔子说:"五十岁学习《易》,就可以没有大的过错了。"魏武帝(曹操)、袁遗老年时更加勤奋,这都是少年好学到老了还是孜孜不倦的榜样。孔子弟子曾参十七岁才开始学习,闻名天下;荀子五十岁时才外出游学,还是成了大师;公孙弘四十多岁了,才读《春秋》,以此当上了丞相;朱云也是四十才学《易》《论语》;皇甫谧二十岁,才学习《孝经》《论语》;最终都成为大儒。这都是早年误入迷途而晚年醒悟的例子。世人到了加冠、婚娶的年龄还没有学习,就认为已经晚了,就此放松不肯学习,也可以说是愚蠢了。年幼时学习就像太阳刚出时光芒万丈;到老了才学习,就像拿着蜡烛在夜里走路,还是比闭着眼睛什么都看不见的人好。

7.颜氏家训·勉学第八　古人勤学,有握锥①投斧②,照雪③聚萤④,锄则带经⑤,牧则编简⑥,亦为勤笃。义阳朱詹,世居江陵,后出扬都,好学,家贫无资,累日不爨⑦,乃时吞纸以实腹。寒无毡被,抱犬而卧。犬亦饥虚,起行盗食,呼之不至,哀声动邻,犹不废业,卒成学士,官至镇南录事参军,为孝元所礼。此乃不可为之事,亦是勤学之一人。东莞臧逢世,年二十余,欲读班固《汉书》,苦假借不久,乃就姊夫刘缓,乞丐名刺、书翰⑧纸末,手写一本,军府服其志尚,卒以《汉书》闻。

【注】①握锥,指苏秦引锥刺股促己求学之事。②投斧,指文党进学之前,与人上山砍柴,以投斧高树之上来卜问远学成否之事。③照雪,指孙康因家贫无烛、映雪读书之事。④聚萤,指晋人车胤因家贫,于夏夜聚萤火虫以取亮读书之事。⑤锄则带经,《汉书·兒宽传》记兒宽"带经而锄,休息,辄读诵。"　⑥牧则编简,《汉书·路温舒传》载路温舒"父为里监门;使温舒牧羊,取泽中蒲,截以为牒,编用书写。"⑦爨(cuàn),生火做饭。⑧乞丐,求乞。名刺,相当于后世的名片。书翰,书札。

本段谈勤学。时代不同了,学习的方式可以有变,但学习的态度和精神应该保持。

【译】古人刻苦求学，有握锥刺股、投斧问学、映雪读书、聚萤取亮（等故事），有的带着经书去锄地，有的牧羊时还编简，也算是勤勉笃学之人了。义阳的朱詹，世代住在江陵，后来到了建业，爱好学习，家境贫寒没有钱财，有时好几天没有生火做饭，就不时地吞食纸张来填饱肚子。天寒没有被子，就抱着狗（取暖）睡觉。狗也肚空饥饿，起来去偷吃，朱詹呼叫它也不回来，那声音之哀痛，惊动了邻居，就是这样他也没有废弃学业，终于成为大学士，官做到镇南录事参军，被孝元帝所尊重。这是不容易做到的事，也是勤勉于学的一种人。东莞臧逢世，二十多岁，想读班固《汉书》，苦于借阅不能太久，就从姐夫那里要来了废弃的名片、书札纸边，自己抄写了一本《汉书》，军府中的人佩服他的志向。他最终以精通汉书闻名。

韩愈（2则）

韩愈（768-824），唐代河南河阳（今河南孟州南）人，以散文名垂后世。

1.韩愈《进学解》 业精于勤①，荒于嬉②；行成于思③，毁于随④……诸生业患不能精，无患有司之不明；行患不能成，无患有司之不公。

【注】①业，学业。精，精通。②荒，荒废。嬉，游戏，玩乐。③行，行动。思，思考。④随，随便。

【译】学业由于勤奋而精通，由于玩乐而荒废；行动由于周密思考

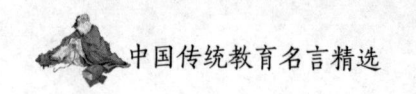

而成功，由于随便而失败……各位太学生学业怕不能精通，不怕有关部门不能明察；德行怕不能成就，不怕有关部门不公正。

2.韩愈《进学解》 先生口不绝吟于六艺之文，手不停披于百家之编①；记事者必提其要②，纂言者必钩其玄③。贪多务得④，细大不捐⑤。焚膏油以继晷⑥，恒兀兀以穷⑦年。

【注】①披，翻阅。百家之编，指诸子百家的著作。②记事者，指记事方面的典籍。提，举。要，要点，纲领。③纂言者，指立论方面的著作。纂，同"撰"。钩其玄，探求它深微的道理。钩，钩取，理解为探求。玄，幽深，理之深奥者为玄。④贪多务得，贪图多学，务求得益。⑤细，小。捐，弃。⑥焚膏油，燃烛点灯。晷（guǐ），日影。⑦兀兀（wù），勤勉不懈的样子。穷，尽。

本段是弟子对韩愈读书治学的评价，也是韩愈自己的评价。

【译】先生的口不断地吟诵六经中的文章，手不停地翻阅诸子百家的著作；对记事的文章，一定要摘出它的要点，对说理的著作，一定要穷尽其精深微妙的道理。贪图多学，务求得益，大的小的一点也不放过。点灯燃烛，夜以继日，一年到头都是这样勤勉不懈。

柳宗元（1则）

柳宗元（773-819），唐代河东解（今山西运城西）人，世称柳河东，以善写散文名垂后世。

1.柳宗元《师友箴》 不师如之何①，吾何以成？不友如之何，吾何以增？

【注】①如之何，固定结构，怎么办。

【译】不请教老师怎么行，我怎么能成功？不交朋友怎么行，我靠什么提高自己？

胡瑗（1则）

胡瑗（993-1059），字翼之，泰州人。因其祖先世居安定，后世称为安定先生。《安定言行录》由丁宝书辑录而成。

1.《安定言行录》 胡先生翼之尝谓滕公①曰："学者只守一乡，则滞于一曲，隘吝卑陋②。必游四方，尽见人情物态，南北风俗，山川气象，以广其闻见，则为有益于学者矣。"

【注】①滕公，滕宗谅。②隘，狭小。吝，鄙啬。隘吝卑陋，言其见闻不广。

【译】胡翼之先生曾对滕公说："治学的人只守住一个乡村，那么就被一个角落限止，狭隘、鄙啬、卑微、简陋。一定要游学四方，充分地见识人情物态、南北不同的风俗习惯、不同的山川风景，来扩大他的见闻，则对学习的长进有帮助。"

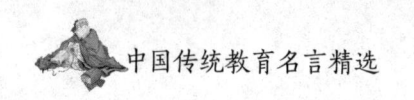

张载（7则）

1.张载《经学理窟》 于不贤者尤有所取者，观己所问何事。欲问耕，则君子不如农夫；问织，则君子不如妇人；问制器，不如问工人；问财利，不如问商贾。

【译】对于不贤的人尚且还有可学习的地方，看自己要问的是什么事。想问耕种，那么君子比不上农夫；问织布，那么君子比不上妇女；问制作器皿，不如去问工匠；问发财获利，不如去问商人。

2.张载《经学理窟》 学贵心悟，守旧无功。

【译】读书学习最重要的是用心感悟其中的道理，如果一味抱着原来的想法去读书将没有什么收获。

3.张载《经学理窟》 书须成诵，精思在夜中或静坐得之。不记则思不起，但通贯得大原后，书亦易记。所以观书者，释己之疑，明己之未达。每见每知所益，则学进矣。于不疑处有疑，方是进矣。

【译】书必须熟读成诵，精深的思考在夜间或静坐的时候进行。如果不记诵，那么思考就无从谈起，只要彻底理解了根本宗旨，书也容易记得。人们读书的原因，一要消除自己的疑问，二要明白自己不理解的事理。每次阅读都能有所获益，那么学问就长进了。在过去无疑问的地方有疑问了，这才是真正的进步啊。

4.张载《经学理窟》 常人①教小童，亦可取益。绊己不出入②，一益也；授人数次，已亦明此文义，二益也；对之必正衣冠③，尊瞻视④，三益也；尝以因己而坏人之才为之忧，则不敢惰，四益也。

【注】①常人：普通的人。②绊己：使自己行动受限制。出入：偏义复词，重在"出"字，"外出游荡"义。③正衣冠：使衣服整齐、帽子端正。④尊瞻视：使人看起来庄重。

【译】普通人教小孩，也可以获得益处：使自己的行为受到限制，不外出游荡，是第一种益处；多次教授别人，自己也明白了文章的意思，是第二种益处；面对小孩，自己一定要衣帽整洁，让人看起来庄重，是第三种益处；如果能把因为自己的过错而毁坏了他人的才智看作忧患的事，就不敢懒惰，这是第四种益处。

5.张载《经学理窟·义理》 经籍亦须记得，虽有舜禹之智，吟而不言①，不如聋盲之指麾②。故记得便说得，说得便行得。故始学亦不可无诵记。

【注】①吟而不言，有节奏地诵读诗文，但不能背诵出来。②指麾，即"指挥"，指失聪失语人的手语和失明人探路的竹（木）杆子。它们虽不会说话，却能表达出一定意思。

【译】学习经典也需要记忆，即使有舜和禹那样的智力，如果只吟咏而不能说，还不如失聪失明人的手语和手杖呢。因此，记住了就说得出，说得出就容易做得到。所以，开始学习时，也不可以无背诵。

6.张载《经学理窟》 今之于学，加工数年，自是享之无穷。人多是耻于问人，假使今日问于人，明日胜于人，有何不可？如是，则孔子问于老聃、苌弘、郯子、宾牟贾，有甚不得？聚天下众人之善者，是圣人也。岂有得其一端，而便胜于圣人也？

【译】现在对于学习，用功几年，自然是享用无穷。人们大多是以向人请教为耻，假如今天向别人请教，明天胜过了别人，有什么不可以呢？像这样，孔子向老聃、苌弘、郯子、宾牟贾

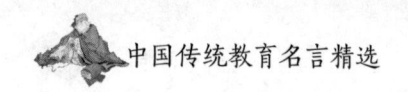

请教过，有什么不好呢？能够汇聚众人之长的人，这就是圣人。哪有只学得其中的一点，就能胜过圣人的？

7.张载《经学理窟》 义理有疑，则濯去旧见以来新意。心中苟有所开，即便劄记①。不思，则还塞之矣。更须得朋友之助。

【注】①劄记，札记。

【译】读书遇到道理上有不理解的地方，就要抛弃成见重新思考。心中如果有所领悟，就记载下来。如果不思考，就还堵在那里。更要得到朋友的帮助。

程颐（7则）

程颐（1033-1107），字正叔，为程颢胞弟。因他家居伊阳，世人称他为伊川先生。

1.《宋元学案·伊川学案》 不深思则不能造①之于道，不深思而行者，其得易失。然学者有无思无虑而得者，何也？以无思无虑而得者，乃所以深思而得之也。以无思无虑为不思而自以为得者，未之有也。

【注】①造，达到。

【译】不深思就不能掌握道理，不经过深思而得到的东西，即使得到了也容易失掉。然而有些学者没有思虑就有收获了，什么原因呢？没有临时思虑而有所收获的人，实际上是通过深思熟虑才有收获的。认为临时无思虑是不深思而自己认为又有收获，这种人是没有的。

2.《宋元学案·伊川学案》 今之学者,如登山麓,方其迤逦①,莫不阔步,及到峻②处,便逡巡③。

【注】①迤(yǐ)逦,一路曲折行去。②峻,山高。③逡巡,退却。

【译】现在学习的人如同登山,当道路曲折平顺时,没有不能大步前行的,当到达高峻之处时,便退却下来了。

3.《宋元学案·伊川学案》 懈心一生,便是自暴自弃。

【译】懈怠的心理一产生,自然就自暴自弃了。

4.《二程语录》 士之于学也,犹农夫之耕。农夫不耕,则无所食,无所食,则不得生。士之于学也,其可一日舍①哉?

【注】①舍,停止。

【译】士人对于学习,就好像农夫对于耕种。农夫不耕种,就没有吃的,没有吃的,就无法活命。士人对于学习,难道可以停一天吗?

5.《二程语录》 学欲速不得,然亦不可怠①。才有欲速之心,便不是学。学是至广大的事,岂可以迫切之心为之?

【注】①怠,懈怠,懒惰。

【译】学习想要速成是办不到的,然而也不可以懒惰。刚有速成之心,便不是学习。学习是非常长远的事,难道可以用迫切的心情来做吗?

6.《二程语录》 君子之学必日新。日新者,日进也。不日新者必日退,未有不进而不退者。惟圣人之道无所进退,以其所造者极也①。

【注】①以其所造者极也,因为他达到的境界是极点。

【译】君子的学习必须每天有新面貌。每天有新面貌,就是每天有进步。没有每天进步就必定每天退步,没有不进步也不退步的。只有圣人之道没有进和退,那是因为他达到的境界是极点。

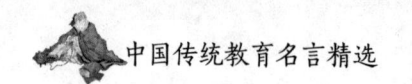

7.《二程语录》 学者患心虑纷乱，不能宁静，此则天下公病。学者只要立个心，此上头尽有商量。

【译】学者怕的是心思杂乱，不能平静，这是天下公病。学者只要有个专心学习的心，在这个基础上什么都好商量。

苏轼（1则）

苏轼（1037-1101），北宋文学家。

1.苏轼《送安惇秀才失解西归》 旧书①不厌百回读，熟读深思子自知。

【注】①旧书，已读过的书。

【译】好书不厌百回读，读得多了意思自然明白了。

朱熹（56则）

朱熹（1130-1200），字元晦，号晦庵，徽州婺源（今属江西）人，侨居建阳（今属福建），有《四书集注》《朱子语类》等多种著作留世。

1. 朱熹《童蒙须知》 凡读书，须整顿几案①，令洁静端正。将书册整齐顿放，正身体，对书册详缓②，看字仔细分明。读之，须要读得字字响亮，不可误一字，不可少一字，不可多一字，不可倒一字，不可牵强暗记，只是要多诵遍数，自然上口，久远不忘。古人云："读书千遍，其义自见。"谓读得熟，则不待解说自晓其义。余尝谓读书有三到：心到、眼到、口到。心不在此，则眼不看仔细。心眼既不专一，却又漫浪③诵读，决不能记，记亦不能久也。三到之中心到最急④，心既到矣，眼口岂不到乎？凡书册要爱护，不可损污皱折。

【注】①几案，书桌。②详缓，详细缓慢。③漫浪，漫无目的。④急，紧要。

【译】大凡读书，必须整理书桌，面对书本详细缓慢地读，看字要仔细清楚。读的时候，必须读得字字响亮，不能错一字，不能少一字，不能多一字，不能颠倒一字，不能勉勉强强记住就算了，最要紧的是要多读遍数，自然而然地顺口就背出来了，这样才能长久不忘记。古人说："读书一千遍，意思自己就出现了。"是说读得很熟了，就不用解释阐说自然能懂得它的意思。我曾经说读书要三到：心到、眼到和口到。心没有在这里，那么眼睛就看不仔细。心和眼不能专注，只是有口无心地诵读，这是绝对记不住的，即使记住了也不能长久。三到之中心到最重要，心已经到了，难道眼和口不到？大凡书本要爱护，不能污损折皱。

2. 朱熹《总论为学之方》 学者须是熟。熟时，一唤便在目前；不熟时，须著①旋思索。到思索得来，意思已不如初了。

【注】①著，"着"的本字。

【译】读书必须熟。熟时，一想就在眼前；不熟时，必须临时来回忆。等到想出来的时候，意思已不如当初了。

3. 朱熹《朱子语类》 大凡看书，要看了又看，逐段、逐句、逐字理会，仍参诸解、传①，说教通透，使道理与自家心相肯②，方得。

107

【注】①传，对经典的解释。②肯，许可，愿意。

【译】大凡看书，要看了又看，逐段、逐句、逐字理解，仍然要参考各种解说、注释，要理解透彻，使书中道理和自己已有的知识体系完全融合，才肯放手。

4. 朱熹《朱子语类》　圣贤之言，须常将来①眼头过，口头转，心头运。

【注】①将来，拿来。

【译】圣贤的话，必须常拿来眼睛看一看，口头说一说，心头想一想。

5. 朱熹《朱子语类》　读书之法，先要熟读。须是正看背看，左看右看。看得是了，未可便说道是，更须反复玩味。

【译】读书的方法，先是要熟读。必须是正面看了背面看，左面看了右面看。看得懂了，还不可马上就说完全懂了，还必须反复玩味。

6. 朱熹《朱子语类》　大凡看文字：少看熟读，一也；不要钻研立说，但要反复体验，二也；埋头理会，不要求效①，三也。三者，学者当守此。

【注】①求效，指求速效，急于求成。

【译】凡是研究文字，要讲究方法：看的字数要少，读的程度要熟，这是第一个；不要赶急赶忙自立一个说法，只是要反复体验，这是第二个；埋头仔细体会，不要求速效，这是第三个。这三条原则，真正求学的人应该守住。

7. 朱熹《朱子语类》　小儿读书记得，大人多记不得者，只为小儿心专。一日授一百字，则只是一百字；二百字，则只是二百字。大人一日或看百板，不恁①精专。人多看一分之十，今宜看十分之一。宽着期限，紧着课程②。

【注】①恁（rèn），如此，这样。②宽着期限，紧着课程：学习时间要宽松一点，不要太紧，把自己弄得太累，但学习内容要集中，不要东看西看。

【译】小孩子读书记得住，大人多记不住，只是因为小孩子读书时专心。一天学一百字，就是那一百字；学两百字，就是那两百字。成年人一天有时看两百页，没有小孩子那样专注。人看书大多追求多，超过自己能力的十倍，现在应该追求少，只看自己能力的十分之一。学习时间要宽松一点，学习的内容可以少一点，但要学得好，用功用到家。

8.朱熹《朱子语类》 读书，小作课程①，大施功力②。如会读得二百字，只读得一百字，却于百字中猛施工夫，理会子细，读诵教熟。如此，不会记性人自记得，无识性人亦理会得。若泛泛然③念多，只是皆无益耳。读书，不可以兼看未读者，却当兼看已读者。

【注】①小作课程，指学的内容要少。②大施功力，指下的功夫要大。③泛泛然，浮浅的样子。

【译】读书，学的内容要少，但下的功夫要大。如就能力而言能读二百字，现在只读一百字，在这一百字中下足功夫，用足气力，理会仔细，朗读、诵记到非常熟的程度。这样，记性不好的人自然也记得，悟性不好的人也能理解。如果学得很肤浅，只是追求多，都是没用的。读书，不可以在学新知识的同时去读未曾读过的书，却应该同时温习已经读过的书。

9.朱熹《朱子语类》 读书不要贪多。向见州郡纳税，数万钞总作一结。忽错其数，更无推寻处。其后有一某官乃立法，三二十钞作一结。观此，则读书之法可见。

【译】读书不要贪数量多。从前州郡交税，数万钱作一捆。忽然错了一个数，就不容易找到错误的源头。后来有某一位官吏就立了一个法则，三十二十钱作一小捆。这样，如有错误，便容易找到源头。看到这里，读书的方法可见了。

10. 朱熹《朱子语类》 正淳①云:"欲将诸书循环看②。"曰:"不可如此,须看得一书彻了,方再看一书。若杂然并进,却反为所困。如射弓,有五斗力,且用四斗弓,便可拽③满,己力欺得他过。今举者不忖④自己力量去观书,恐自家照管他不过。"

【注】①正淳,朱熹弟子。②循环看,交叉阅读。③拽(yè),用力拉。④忖(cǔn),思量。

【译】正淳说:"想要将各种书交叉来看。"朱子说:"不能如此,必须把一本书彻底看完了,才可以看另一本书。如果杂乱地同时看几本书,会因为难度大而学不好。就如拉弓射箭,自己有五斗的力,就只用四斗大的弓,容易把它拉满,因为自己的力量压得住它。现在读书的人不考虑自己的力量去看书,恐怕自己吃不消。"

11. 朱熹《朱子语类》 读书,只恁逐段子细①看,积累去,则一生读多少书!若务贪多,则反不曾读得。

【注】①子细,即仔细。

【译】读书,只要逐段仔细看,慢慢积累,那么一生能读多少书!如果追求读得多,因为没吸收,读了如同没读一般。

12. 朱熹《朱子语类》 读书,只看一个册子,每日只读一段,方始是自家底。若看此又看彼,虽从眼边过得一遍,终是不熟。

【译】读书,先只看一本,每天只读一段,这样读才是自己的。如果既看这本,又看那本,既看这段,又看那段,虽然从眼前过了一遍,最终还是不熟。

13. 朱熹《朱子语类》 大凡读书,须是熟读。熟读了,自精熟;精熟后,理自见得。如吃果子一般,劈头方咬开,未见滋味,便吃了。须是细嚼教烂,则滋味自出,方始识得这个是甜是苦是甘是辛,始为知味。又云:"园夫灌园,善灌之夫,随其蔬果,株株而灌之。少间灌溉既足,则泥水相和,而物得其润,自然生长。不善灌者,忙急而治之,担一担之水,浇满园之蔬。人见其治园矣,而物未尝沾足也。"又云:"读书之道,用力愈多,收功愈远。先难而后获,先事而后得,皆是此理。"又云:"读书之法,须是用工去看。先一书费许多工夫,后则无许多矣。始初一书费十分工夫,后一书费八九分,后则费六七分,又后则费四五分矣。"

【译】大凡读书,必须熟读。读熟了,自然精熟;精熟后,道理自然看得出来。就如吃果子一般,刚咬开,还没有尝到味道就吞下去了。必须细嚼慢咽,让它碎烂,那么味道自然出来了,知道这个果子是甜、是苦、是甘、是辣,这才叫作知道味道。又说:"园丁浇园,优秀的园丁随着蔬菜果树的不同,一株一株浇。不久浇水充足了,那么泥土和水相融合,蔬果得到滋润,自然能够生长。不善灌溉的园丁,慌慌张张浇园,担一担水去浇满园的蔬果。别人看见他是在浇园,但是蔬菜、苗木还没被浇到。"又说:"读书的方法,必须用功夫去看。前一本书要用去很多时间,后面则不要那么多了。前面一本用去十分功夫,后一本只要八九分了,再后则只要六七分了,更后则是四五分。"

14. 朱熹《朱子语类》 读书须是专一。读这一句,且理会这一句;读这一章,且理会这一章。须是见得此一章彻了,方可看别章。只是平心定气在这边看,亦不可用心思索太过,少间却损了精神。前辈云:"读书不可不敬。"敬便精专,不走了这心。其始也,自谓百事能;其终也,一事不能!言人读书不专一,而贪多广阅之弊。

【译】读书必须专一。读这一句,只理会这一句;读这一章,只理会这一章。必须把这一章看透彻了,才可以看别的章。要心平气和地看,但也不能用心思索太苦,免得过于伤神。前辈说:"读书不能不敬。"敬便能专注,不会把心跑掉。开始时,自己觉得什么事都能做;到最后,自己一件事也做不了。这是说读书不专一、贪多的毛病。

15.朱熹《朱子语类》 凡人若读十遍不会，则读二十遍；又不会，则读三十遍至五十遍，必有见到处。五十遍瞑然①不晓，便是气质②不好。今人未尝读得十遍，便道不可晓。

【注】①瞑然，昏暗。②气质，指天生智力。

【译】大凡人们如果读十遍不会，就读二十遍；还不会，就读三十遍到五十遍，一定能有自己的见解。如果读五十遍还糊里糊涂什么都不知道，那就是智力有问题了。现在的人还没有读十遍，就说书中的道理我理解不了。

16.朱熹《朱子语类》 大率学者喜博，而常病不精。泛滥百书，不若精于一也。有余力，然后及诸书，则涉猎诸篇亦得其精。

【译】大凡学习的人喜欢博览，常常出现的毛病是不精专。泛泛地浏览一百本书，不如精读一本书。有余力，再读别的书，那么多看一些也会有收获。

17.朱熹《朱子语类》 书只贵读，读多自然晓。读来读去，少间晓不得底，自然晓得；已晓得者，越有滋味。若是读不熟，都没这般滋味。而今未说读得注①，且只熟读正经②，行住坐卧，心常在此，自然晓得。

【注】①注，经典的注解。②正经，经典的原文。

【译】书只贵读，读多了自然能懂。读来读去，原来不懂的，自然能懂；原来已懂的，理解更深。如果没读熟，就没有这种感觉。现在还没说要读注解，暂且只读经典原文，行、住、坐、睡，心常在书上，自然能懂。

18.朱熹《朱子语类》 某①旧苦记文字不得，后来只是读。今之记得者，皆读之功也。

【注】①某，古时学者自称。

【译】我过去很痛苦记不住文字，后来只是一味地读。现在记得了，都是读的功劳。

19.朱熹《朱子语类》 读书之法：读一遍了，又思量一遍；思量一遍，又读一遍。读诵者，所以助其思量，常教此心在上面流转。若只是口里读，心里不思量，看如何也记不子细。

【译】读书的方法：读一遍了，又要思考一遍；思考一遍了，又要读一遍。朗读和吟诵，是帮助思考的方法，要让心常在书上面转。如果只是口里读，心里不想，不管怎么看也记得不仔细。

20.朱熹《朱子语类》 莫说道见得了便休。而今看一千遍，见得又别①；看一万遍，看得又别。须是无这册子时，许多节目次第都恁地历历落落，在自家肚里，方好。

【注】①见得又别，指自己因为看的次数多了，认识又提高了。与后面的"看得又别"意思相同。

【译】不要说看懂了便停下。如今看一千遍，见得又不同；看一万遍，见得又不同。必须达到这种境界：书不在手上，书上的章节都能依顺序清清楚楚地在自己的肚子里，这样才好。

21.朱熹《朱子语类》 今人读书，看未到这里，心已在后面；才看到这里，便欲舍去。如此，只是不求自家晓解。须是徘徊顾恋，如不欲舍去，方能体认得。又曰："读书者譬如观此屋，若在外面见有此屋，便谓见了，即无缘识得。须是入去里面，逐一看过，是几多间架，几多窗棂①。看了一遍，又重重看过，一齐记得，方是。"

【注】①棂(líng)，同"櫺"，门、窗或栏杆上雕有花纹的格子。

【译】现在人们读书，还没看到这里，心已想到后面去了；刚看到这里，便想丢下。这样，只是不想自己理解。必须徘徊留恋，好像不想离开，这样才能读得进。又说："读书如同观看屋子一般，如果在外面看到有这间屋子，便说看到了，那就无缘进一步了解这间屋子。必须进到里面去，逐一地看，有几个房间，有几个窗格。看了一遍，又重复地

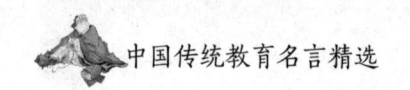

看几遍，全部记在心上了，才对。"

22. 朱熹《朱子语类》 人读书，如人饮酒相似。若是爱饮酒人，一盏了，又要一盏①吃。若不爱吃，勉强一盏便休。

【注】①盏（zhǎn），浅而小的杯子。

【译】人读书如同喝酒一般，如果是喝酒的人，喝了一杯，还要一杯。如果是不喝酒的人，勉强喝一杯就不再喝了。

23. 朱熹《朱子语类》 中年以后之人，读书不要多，只少少①玩索，自见道理。

【注】①少，稍，略微。

【译】中年以后的人，读书遍数不要多，只要稍稍想一想，自然能看出道理来。

24. 朱熹《朱子语类》 读书须将心贴在书册上，逐句逐字，各有着落，方始好商量。大凡学者须是收拾此心，令专静纯一，日用动静间都无驰走散乱，方始看得文字精审。如此，方是有本领。

【译】读书必须将心贴在书上，逐字逐句都能解释清楚，这样才说得上进步。大凡学习的人必须收拾好心情，让它专注、安静、纯洁，在平日活动和静处的时候都不会跑动、散开，这样才能把文字看得精确、深入。这样读书，才叫作有本领。

25. 朱熹《朱子语类》 昔陈烈先生苦无记性。一日，读孟子"学问之道无他，求其放心①而已矣"，忽悟曰："我心不曾收得，如何记得书！"遂闭门静坐，不读书百余日，以收放心；却去读书，遂②一览无遗。

【注】①放心，散漫了的心。②遂，就。

【译】过去陈烈先生苦于没有记性。一天，读到孟子的"治学没有别的方法，找到散漫的心罢了"时，忽然醒悟说："我的心都没有收拢来，怎么记得住书！"于是关门静坐，一百多天不读书，为的是收回散漫的心；然后再去读书，于是一览无余。

26.朱熹《朱子语类》 不可终日思量文字，恐成硬将心去驰逐了。亦须空闲少顷，养精神，又来看。

【译】不可以整日读书，恐怕生硬地将心放逐了。也必须休息一会儿，养养精神，然后再来看。

27.朱熹《朱子语类》 看人文字，不可随声迁就。我见得是处，方可信。须沉潜玩绎，方有见处。不然，人说沙可做饭，我也说沙可做饭，如何可吃！

【译】看别人的书，不能随声附和。我自己看得是对的，才可相信。必须沉下心来潜心玩味，才会有独到的见解。不然，别人说沙可做饭，我也说沙可做饭，怎么能吃！

28.朱熹《朱子语类》 读书无疑者，须教有疑；有疑者，却要无疑，到这里方是长进。

【译】读书没有疑问的地方，必须产生疑问；有疑问的地方，却要解决疑问，读到这种地步才会进步。

29.朱熹《朱子语类》 人有欲速之病。旧尝与一人读诗集，每略过题一行。不看题目，却成甚读诗也！又尝见龚实之轿中只着一册文字看，此其专静也。

【译】人有想要求快速成的毛病。过去曾经和一个人读诗集，他每每略过了题目这一行。不看题目，叫什么读诗！我又曾见到龚实之的轿子中只有一本书，这就叫专注。

30.朱熹《朱子语类》 人做功课若不专一，东看西看，则此心先已散漫了，如何看得道理出。须是看论语，专只看论语；看孟子，专只看孟子。读这一章，更不看后章；读这一句，更不得看后句；这一字理

115

会未得,更不得看下字。如此,则专一而功可成。若所看不一,泛滥无统,虽卒岁穷年,无有透彻之期。某旧时看文字,只是守此拙法,以至于今思之,只有此法,更无他法。

【译】人们读书如果不专一,东看西看,那么他的心先就散漫了,怎么看得道理出。必须是看论语,就只看论语;看孟子,就只看孟子。读这一章,更不看后一章;读这一句,更不能看后面一句;这一字没有理会,更不能看下面一字。这样,就算专注,能够成功。如果所看的不专注,泛泛杂乱,没有统属,即使年头忙到年尾,也没有透彻理解的时候。我过去看文字,只是守着这个笨拙的方法,现在想想,读书只有这个方法,没有别的方法。

31. 朱熹《朱子语类》 向时有一截学者,贪多务得,要读周礼、诸史、本朝典故,一向尽要理会得许多没紧要底工夫[①],少刻身己都自恁地颠颠倒倒没顿放处。如吃物事相似:将甚么杂物事,不是时节,一顿都吃了,便被他撑肠挂肚,没奈何他。

【注】①没紧要底工夫,不重要的知识。

【译】从前有一些做学问的人,追求读得多,要读《周礼》、诸史、本朝典故,耗费很多精力去理会许多不重要的书籍,不久就把自己弄得头昏脑涨、颠三倒四。这和吃东西相似:将很多杂七杂八的东西,不管是否合时节,也不管是否有营养,统统吃掉,肚肠便饱胀难耐,消化不了。

32. 朱熹《朱子语类》 须是将本文熟读,字字咀嚼教有味。若有理会不得处,深之之;又不得,然后却将注解看,方有意味。如人饥而后食,渴而后饮,方有味。不饥不渴而强饮食之,终无益也。

【译】必须将文本读熟,字字咀嚼,读出味道来。如有不能理会的地方,就要深入思考;深思还不能理解,就看注解,这样才有用。好像人饿了然后吃,渴了然后饮,才有味。没有饥饿没有口渴,勉强去吃喝,最终没有用。

33.朱熹《朱子语类》 读书，第一莫要先立个意去看他底①；莫要才领略些大意，不耐烦，便休了。

【注】①底，后世一般写作"的"。

【译】读书，第一不能先带着成见去看，也不要才领会了大致意思就不耐烦了，便停止了。

34.朱熹《朱子语类》 学者观书，先须读得正文，记得注解，成诵精熟。注中训释文意、事物、名义、发明经指，相穿纽处，一一认得，如自己做出来底一般，方能玩味反复，向上有透处。若不如此，只是虚设议论，如举业一般，非为己之学也。曾见有人说诗，问他关雎篇，于其训诂名物全未晓，便说："乐而不淫，哀而不伤。"某因说与他道："公而今说诗，只消这八字，更添'思无邪'三字，共成十一字，便是一部毛诗了。其它三百篇，皆成渣滓矣！"

【译】学者读书，先必须读好正文，还要记得注解，并且要精熟能背。注解中的文义解释、牵涉的名物概念、典故史实，对经典要义的阐释，引用的相关知识，要一一懂得，好像自己做出来的一样，才能理解得透彻，并且能向更深处研究。如果不是这样，只是空洞地理解，如同应举一般，不是为自己的学习。曾见有人解说《诗经》，问他《关雎》这一首，他对其中的词语解释和名物典故完全不懂，就说："乐而不淫，哀而不伤。"我因而对他说道："你如今解说《诗经》，只用这八个字，再加上'思无邪'三个字，共十一字，便是一部毛诗了。其他三百首，都成垃圾了！"

35.朱熹《朱子语类》 凡看文字，诸家说有异同处，最可观。谓如甲说如此，且挦扯①住甲，穷尽其词；乙说如此，且挦扯住乙，穷尽其词。两家之说既尽，又参考而穷究之，必有一真是者②出矣。

【注】①挦扯，这里意为抓住进行盘问。②真是者，确实对的。

【译】凡读经典，各家解释各有不同，最值得看。比如甲说是这样，就抓住甲，透彻研究他的说法；乙说那样，就抓住乙，深入研究他的解释。两家的学说都搞透了，又参考其他的观点进行一番研究，一定有一个正确的说法出来。

36.朱熹《朱子语类》 经书有不可解处，只得阙①。若一向②去解，便有不通而谬③处。

【注】①阙，存疑。②一向，执意、勉强。③谬（miù），错误。

【译】经典有暂时不能解释的地方，只有存疑。如果勉强去解释，就会有错误。

37.朱熹《朱子语类》 今之谈经者，往往有四者之病：本卑也，而抗之使高；本浅也，而凿之使深；本近也，而推之使远；本明也，而必使至于晦①。此今日谈经之大患也。

【注】①晦，不明显。

【译】现在解释经典的人，往往有四种毛病：经典本来卑微，但解释却硬要把它抬高；经典本来浅显，但解释却硬要把它变得深奥；经典本来浅近，但解释却硬要把它推向遥远；经典本来明白，但解释却硬要把它弄得不明。这些是今天解释经典的大毛病。

38.朱熹《朱子语类》 今人读书未多，义理未至融会处，若便去看史书，考古今治乱，理会制度典章，譬如作陂①塘以溉田，须是陂塘中水已满，然后决之，则可以流注滋殖田中禾稼。若是陂塘中水方有一勺之多，遽②决之以溉田，则非徒无益于田，而一勺之水亦复无有矣。读书既多，义理已融会，胸中尺度一一已分明，而不看史书，考治乱，理会制度典章，则是犹陂塘之水已满，而不决以溉田。

【注】①陂（bēi），山坡。②遽（jù），急。

【译】现在人们读书，道理还没有达到融会贯通的程度，如果就去看历史著作，研究古今社会的治乱原因，分析典章制度，就好比用山坡上的水塘来灌溉田地，前提是山塘中的水已满了，然后打开闸口，这样就可以注入田地里，滋润庄稼。如果山塘里只有一勺水，急忙打开闸口来灌溉田地，那么不但对田地没有好处，并且那一勺水也不再有了。读书已经很多，义理也早已能够融会贯通，自己心里的是非标准也已清楚确立了，如果不看历史著作，研究古今社会的治乱原因、考察典章制度的成功得失，就好像是山塘中的水已满了，但就是不开闸口去灌溉田地。

39.朱熹《朱子语类》 凡读书，须有次序。且如一章三句，先理会上一句，待通透；次理会第二句，第三句，待分晓；然后将全章反复紬绎①玩味。如未通透，却看前辈讲解，更第二番读过。须见得身分上有长进处，方为有益。

【注】①紬绎：阐述。

【译】大凡读书，必须有次序。如一个段落三个句子，先理会第一句，要透彻；其次理会第二句，第三句，要明白；然后将全段反复琢磨玩味。如果没有理解透彻，再去看前人的注解，再读一遍。必须确保自身有进步，才有益。

40.朱熹《朱子语类》 先看《语》《孟》《中庸》，更看一经，却看史，方易看。先读《史记》，《史记》与《左传》相包。次看《左传》，次看《通鉴》，有余力则看全史。

【注】本段谈读书的先后次序。

【译】先读《论语》《孟子》《大学》《中庸》，再看一部儒家经书，然后读史，才容易读。读史先读《史记》，因为《史记》和《左传》有交叉的内容。其次读《左传》，再次读《资治通鉴》，如果还有余力就读全部的历史著作。

41.朱熹《朱子语类》 凡读书，先读《语》《孟》，然后观史，则如明鉴在此，而妍①丑不可逃。若未读彻《语》《孟》《中庸》《大学》便去看史，胸中无一个权衡，多为所惑。

【注】①妍（yán），美。

【译】大凡读书，要先读《论语》《孟子》，然后读史，这样就好像有明亮的镜子在此照耀，美丑逃不掉。如果还没有完全弄懂《论语》《孟子》《大学》《中庸》就去看历史著作，心中没有一个标准，大多会被迷惑。

42.朱熹《朱子语类》 问读史之法。曰："先读《史记》及左氏，却看西汉东汉及《三国志》。次看《通鉴》。"

【译】（有人）请教读历史的方法。朱子说："先读《史记》和《左传》，再读《汉书》《后汉书》和《三国志》。再其次读《资治通鉴》。

43.朱熹《朱子语类》 某要人先读《大学》，以定其规模；次读《论语》，以立其根本；次读《孟子》，以观其发越；次读《中庸》，以求古人之微妙处。

【译】我要人先读《大学》以定规模，次读《论语》以立根本，再读《孟子》以看发展，然后读《中庸》以求古人的微妙之处。

44.朱熹《读书之要》 曰："然则其用力也，奈何？"曰："循序而渐进，熟读而精思可也。"

曰："然则请问循序渐进之说。"曰："以二书言之，则先《论》而后《孟》，通一书而后及一书；以一书言之，则其篇、章、文句首尾次第亦各有序而不可乱也。量力所至，约其课程而谨守之，字求其训，句索其旨，未得乎前则不敢求其后，未通乎此则不敢志乎彼，如是循序而渐进焉，则意定理明，而无疏易凌躐①之患矣。是不惟读书之法，是亦乃操心之要，尤始学者之不可不知也。"

曰："其熟读精思者，何耶？"曰："《论语》一章，不过数句矣，以成诵，成诵之后，反复玩味于燕②间静一之中，以顺其浃洽③可也。《孟子》每章或千百言，反复论辩，虽若不可涯④者，然其条理疏通，语意明洁，徐读而以意随之出入往来，以十百数，则其不可涯者，将可有以得之于指掌之间矣。大抵观书，先须熟读，使其言若出于吾之口。继以精思，使其意皆若出于吾之心，然后可以有得尔。至于文义有疑，众说纷错，则亦虚心静虑，勿遽⑤取舍于其间。先使一说自为一说，而随其意之所以验其通塞，则其尤无义理者不待观于他说而先自屈矣；复以众说互相诘难，而求其理之所安，以考其是非，则似是而非者，亦将夺于公论而无以立矣。大抵徐行却⑥立，处静观动，如攻坚木⑦，先其易者，而后其节目⑧；如解乱绳，有所不通，则姑置⑨之而徐理之，此读书之法也。"

【注】①疏易凌躐，粗疏不严密、只学容易的、凌乱无秩序，这是学习的人常易犯的三种毛病。②燕，通"宴"休息，安闲。③浃洽，融洽。④涯（yá），边际。不可涯，不可找到边际。⑤遽，马上。⑥却，退。⑦攻，劈。坚木，很硬的木头。⑧节目，木头上有节疤的地方。⑨置，放下。

【译】问："读书用功有什么方法呢？"朱子答："循序渐进、熟读精思就可以了。"

问："请问循序渐进应该怎么做？"朱子说："就二书来说，先《论语》后《孟子》，弄通了第一本书然后再学另一本。就一本书来说，它有几篇、一篇有几段、一段有几句都各有次序而不能乱。根据自己的能力，订一个自己吃得消的学习计划并且要严格遵守，字要理解它的意思，句子要懂它的含义，前面的没弄懂就不要学后面的，这里没弄懂就不要去看那里，就这样按顺序前进，那么意义就能确定、道理就能明白，而没有粗疏不严密、只学容易的、凌乱无秩序的毛病。这不只是读书的方法，也是用心的方法，尤其是刚开始学习的人不能不知道。"

问："熟读精思怎么做呢？"朱子说："《论语》一章，不过几句话，先要能背诵，背诵之后，在休息静处的时候要反复玩味，以便和自己原来的知识顺畅融洽。《孟子》每段动辄千字百字，反复论理争辩，虽然好像找不到边际，然而它的条理清晰，语意明白，慢慢地读，意思就逐渐出来了，从十字到百字，那些原来摸不清头绪的，就有可能掌握在自己的指掌之间。大致说来看书先要熟读，使书上的话都像从我的口里说出来的一样；接着精细思考，使书上的意思都像从我的心里发出来的一样，这样才能有收获。至于文句有疑义，不同的说法纷纷呈现，那么也应该虚心，静下心来考虑，不要急忙在其中作取舍。先假设那些说法都是成立的，根据它的意思检验它的语言表达是通顺还是阻塞，那么，那些最无道理的不用和其他说法比较就先倒下了；再用各种说法相互辩驳，求得推理的确定无疑，来考察谁对谁错，那么那些似是而非的观点，也将被公认的理论驳倒而无法立足。大致应该这样，慢慢地分析，有时需要停下，处静观动，如同劈很硬的木头，先从容易的开刀，后劈有节疤的地方；如同解乱绳，有些不通的地方就先放下，慢慢地来处理，这就是读书的方法。

45.朱熹《朱子语类》 问："读《通鉴》与正史如何？"曰："好且看正史①，盖正史每一事关涉处多，只如高祖鸿门一事，本纪与张良灌婴诸传互载，又却意思详尽，读之使人心地欢洽，便记得起。《通鉴》则一处说便休，直是无法，有记性人方看得。"

【注】①正史，宋以前以纪传体史书为正史，明以纪传、编年二体为正史，清代诏定二十四史为正史。1921年北洋政府又增《新元史》，全称二十五史。

【译】问："应该怎样看待读《资治通鉴》和纪传的各部正史？"朱子说："最好先看正史，因为在正史里每一件重大的事情多处会牵涉到，如汉高祖鸿门宴这件事，高祖本纪和张良灌婴各传记相互都有记载，意思详尽，读了使人内心喜悦，容易记得住。《资治通鉴》在一处叙述了就没有了，没办法在别处找到相关信息，只有记性好的人可以看。"

46.朱熹《朱子语类》 读史当观大伦理、大机会、大治乱得失。

【译】读史应当着重关注大的伦理、大的事件、大的治乱得失。

47.朱熹《朱子语类》 读史有不可晓处,札①出待去问人,便且读过。有时读别处,撞着有文义与此相关,便自晓得。

【注】①札,古时书写时用的小木片,这里指抄下。

【译】读史书碰到不懂的地方,记录下来去问别人,就可以接着往下读。有时读到别的地方,碰到文字和先前自己不懂的内容有关联,就自己知道了。

48.朱熹《朱子语类》 人读史书,节目处须要背得,始得。如读《汉书》,高祖辞沛公处,义帝遣沛公入关处,韩信初说汉王处,与史赞过秦论之类,皆用背得,方是。若只是略绰看过,心下似有似无,济得甚事!读一件书,须心心念念只在这书上,令彻头彻尾,读教精熟,这说是如何,那说是如何,这说同处是如何,不同处是如何,安①有不长进!

【注】①安,疑问代词,怎么,哪里。

【译】人们读史书,重要的地方要背下来,才有收获。如读《汉书》,高祖辞别沛公的地方、义帝派遣沛公入关的地方,韩信开始劝说汉王的地方,和赞语过秦论等这一类,都要背下来,才好。如果只是匆匆看过,心里若有若无,有什么用!读一本书,必须把心思都放在书上,从头到尾读得精熟,这个说法是怎样,那个说法是怎样,两种说法哪里相同,哪里不同,怎么会不长进!

49.朱熹《朱子语类》 人做事,须是专一。且如张旭学草书,见公孙大娘舞剑器而悟。若不是他专心致志,如何会悟!

【译】人们做事必须专注。就如张旭学草书,看到公孙大娘舞剑竟然悟到了草书的奥妙。如果不是他专心致志,怎么会有这种顿悟!

50.朱熹《朱子语类》 只是一遍读时,须用功,作相别计,止此更不再读,便记得。有一士人,读周礼疏①,读第一板讫②,则焚了;读第二板，则又焚了；便作焚舟计。若初且草读一遍，准拟三四遍读，便记不牢。

【注】①疏，对古书的解释。②板，书籍的版本。讫（qì），终了，完毕。

【译】第一遍读时，必须真正用功，作告别的打算，读过这一遍后不会再读，这样就能记住。有一个读书人，读《周礼疏》，第一版读完，便烧了；读第二版，读完又烧了；作破釜沉舟的计划。如果当初只是草草地读一遍，心里想着后面还要读三四遍，这样便记不牢。

51.朱熹《朱子语类》 博学，谓天地万物之理，修己治人之方，皆可当学。然亦各有次序，当以其大而急者为先，不可杂而无统也。

【译】广泛地学习，认为天地万物的道理，修养身心治理国家的方法，都可以学习。然而也各有次序，应当把那些重大而且急切的内容放在前面，不能杂乱而没有统属。

52.朱熹《朱子语类》 凡读书须先晓得他底言词了，然后看其说于理当否，当于理则是，背于理则非①。今人多是心下先有一个意思了，却将他人说话来，说自家的意思，其有不合者，则硬穿凿使之合。

【注】①当于理则是，背于理则非：合理就认为它是对的，不合理就认定它是错的。

【译】大凡读书先要懂得书里的语言，然后看它说的道理对于真理而言是否正确，合理的就认为它是对的，不合理的就认定它是错的。现在人读书，心里原来就有一个观点了，往往是用书上的语言来证明自己的意思，如果书上的语言有不合自己意思的，就生硬穿凿让它符合自己的观点。

53.朱熹《朱子语类》 读书不可只专就纸上求理义，须反来就自家身上推究。秦汉以后，无人说到此，亦只是一向去书册上求，不就自家身上理会，自家见未到。圣人先说在那里，自家只借他言语，来就身上推究，始得。

【译】读书不能专门从书上来寻求真理，必须反过来从自己身上进行推论。秦汉以后，没有人说到这一点，也只是一味地从书上寻求，不从自己身上理会，自己没有真正见解。圣人先说在那里，自己只借他的话，从自身上实践，这样才会有收获。

54. 朱熹《朱子语类》 为学正如撑上水船，方平稳处，尽行不妨，及到滩脊急流之中，舟人来这上，一篙不可放缓，直须着力撑上，不得一步不紧，放退一步，则此船不得上矣。

【译】学习如同撑逆流而上的船，在平稳的水域，畅行没有妨碍，等到到了岛礁和急流之处时，船夫在这时一篙也不能放松，必须用力撑上，不能一步不紧，放退一步，那么这船就上不去了。

55. 朱熹《朱子语类》 敬非是块然兀坐①，耳无所闻，目无所见，心无所思，而后谓之敬；只是有所畏谨，不敢放纵。如此，则身心收敛，如有所畏；常常如此，气象自别。存得此心，乃可为学。

【注】①兀（wù）坐，独自端坐。

【译】读书上的"居敬"并不是独自坐在那里，耳不听，目不看，心不想，这样才叫"敬"；只要有所敬畏，不敢放纵。这样，身心就可收敛，好像有所畏惧；常常这样，气质自然与众不同。存了敬畏之心，才可向学。

56. 朱熹《朱子语类》 某此间讲说时少，践履时多，事事都用你自去理会，自去体察，自去涵养。书用你自去读，道理用你自去究索，某只是做得个引路底人，做得个证明底人，有疑难处，同商量而已。

【译】我现在讲解少，要你自己实践的多，事事都要你自己去理会，自己去体察，自己去涵养。书要你自己去读，道理要你自己去探索，我只是做一个引路的人，做一个证明的人，你有疑难时，和你共同商量罢了。

陆九渊（5则）

陆九渊（1139－1193），南宋抚州金溪（今属江西）人，曾结茅讲学于象山（在今江西贵溪西南），学者称象山先生，"心学"创始人。

1.陆九渊《语录上》 先生居象山，多告学者云："汝耳自聪，目自明，事父自能孝，事兄自能弟①，本无少缺，不必他求，在乎自立而已！"

【注】①弟，通"悌"，尊敬兄长，引申为顺从长上。

【译】先生住象山时，常对学习者说："你的耳朵能听，眼睛能看，侍奉父母自能孝顺，侍奉兄长自能尊重，本来不缺什么，没有必要向别人求取，在于自立。"

2.陆九渊《语录下》 凡欲为学，当先识义利公私之辨。今所学果为何事？人生天地间，为人自当尽人道。学者所以为学，学为人而已，非有为①也。

【注】①有为，这里指刻意追求有大成就。

【译】大凡想要求学，应当首先辨明道义和利益、公家和私人的区别。现在学习的目的到底是为了什么事？人在天地间生存，做人自然应当尽人道。求学者学习的目的，学习做人而已，并不是追求要有作为。

3.《象山全集·语录》 学者须先立志。志既立，却要遇明师。

【译】求学的人必须先立下远大的志向。志向已立，遇到高明的老师就很重要了。

4.《象山全集·语录》 读书之法,须是平平淡淡去看,子细玩味,不可草草。所谓优而柔之,厌而饫①之,自然有涣然冰释②、怡然③理顺底道理。

【注】①厌,饱,满足,引申为心服、满意。饫(yù),饱食。
②涣,消散。涣然冰释,像冰遇到热一下子消融。多指疑虑、困难或误会得到解除而言。③怡然,形容喜悦。

【译】读书的方法,就是平平淡淡看书,仔细玩味,不能草草了事。应该怀着从容宽舒的心态,满足地饱食着书中的知识,自然就会出现疑虑、困难涣然冰释、怡然明白书中道理的境界。

5.《宋元学案·象山学案》 涓涓①之流,积成江河。泉源方动,虽只有涓涓之微,去江河尚远,却有成江河之理。若能混混②,不舍昼夜,如今虽未盈科③,将来自盈科,如今虽未放乎四海,将来自放乎四海;如今虽未会其有极、归其有极,将来自会其有极、归其有极。然学者不能自信,见夫标末④之盛者,便自荒(慌)忙,舍其涓涓而趋之,却自坏了。曾不知我之涓涓虽微,却是真,彼之标末虽多,却是伪,恰似檐水⑤来相似,其涸⑥可立而待也。

【注】①涓涓,细水慢流的样子。②混混,同"滚滚",水流不绝的样子。③科,通"窠",坑坎。④标末,树梢。⑤檐水,下雨时屋檐上流下的水。⑥涸,干。

【译】慢流的细水,能够积成江河。泉水从泉源刚流出,虽然只是微小的涓涓细流,离汇成江河还很远,却有成为江河的趋势。如果能不停地流,不分昼夜,现在虽然没有注满坑坎,将来自然会注满,现在虽然没有流入大海,将来自然会流入大海;现在虽未能汇聚各种细流到极点、流到最后的归宿地,将来自然会汇聚各种细流到极点、注入最后的归宿地。然而学习的人不能自信,看到茂盛的树梢,便自己首先慌了,抛弃自己的涓涓细流去归附它,这就自己毁灭了自己。竟然不知道我的涓涓细流虽小,却是真实的,别人的树梢虽多,却是假的,这与屋檐水非常相似,它马上干涸是肯定的。

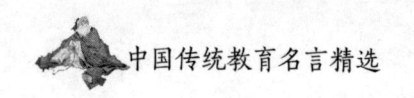

陈善（1则）

陈善，生卒年不祥，约南宋高宗绍兴前后在世，字子兼，一字敬甫，号秋塘，罗源人。有《扪虱新话》十五卷。

1.陈善《扪虱新语》 读书须知出入①法：始当求所以入，终当求所以出。见得亲切，此是入书法，用得透脱，此是出书法。盖不能入得书，则不知古人用心处；不能出得书，则又死在言下。

【注】①入，指记住、学会书中道理。出，指能够运用所学知识。

【译】读书必须知道出入的方法：开始应当追求进到书中去，最终应当追求从书中出来。书的内容很熟，很亲切，这是入书法；用得透彻灵活、洒脱自如，这是出书法。如果不能进到书中去，就不知道古人用心的地方；不能从书中出来，那么又成了书的奴隶了。

《程氏家塾读书分年日程》（12则）

程端礼（1271－1345），元代庆元路鄞县（今浙江宁波）人，著作有《程氏家塾读书分年日程》等。

1.日止①读一书，自幼至长皆然。此朱子苦口教人之语。随日力、性资，自一二百字，渐增至六七百字。日永年长，可近千字而已。每大段内，必分作细段，每细段，必看读百遍，倍②读百遍，又通倍读二三十遍。

【注】①止，只。②倍，通"背"。

【译】每天只读一本书，从小到大都要是这样。这是朱熹老先生苦口婆心教人的话。根据学习时间的多少、自己的个性和天资，每天学一二百字，渐渐增加到六七百字。随着学习经验的丰富，每天可学习将近一千字。每大段，一定要分成小段，每小段，一定要看读百遍，背读百遍，还要每个大段贯通起来背诵二三十遍。

2.凡倍读熟书，逐字逐句，要读之缓而又缓，思而又思，使理与心浃①。

【注】①浃，湿透，可理解为融洽。

【译】大凡要精读的书，要逐字逐句地读，要读得慢点再慢点，要想了又想，使书中道理和自己的心融会贯通。

3.句句字字要分明，不可太快，读须声实，如讲说然。句尽字重道则句完，不可添虚声，致句读不明，且难足遍数。他日信口难举，须用数珠或记数板子记数。每细段二百遍足，即以墨销朱点，即换读如前。

宁省段数，不可省遍数。

【译】字字句句要分明，不能太快，朗读必须声实，如同说话一样。句尽字重道则句完，不能添虚声，致使停顿不清楚，并且很难读足遍数。来日要用的时候很难随口说出，必须用数珠或者记数的板子来记读书的遍数。每小段读足了二百遍，就用墨迹销掉红色的标记点，再换读另外的内容，还用前面的方法。

宁可少读段数，不可省去读的遍数。

4.凡玩索一字一句一章，分看合看，要析①之极其精，合之无不贯②。

去了本子，信口分说得出，合说得出，于身心体认得出，方为烂熟。

【注】①析，分析。②贯，贯通。

【译】大凡玩味经典的一字一句一个段落，既要分开来看，又要整合起来读，分析解释要极其精确，整合起来理解无不贯通、流畅。丢开书，随口选一部分说也可以，整合起来说也可以，并且自己有独特的体会，这才叫作烂熟。

5.不必多，《论语》止看得一章二章三章足矣，只要自得。凡先说者，要极其精通，其后未说者，一节易一节①，工夫不难矣。只要记得《大学》毕，次《论语》，次《孟子》，次《中庸》。

【注】①一节易一节，一节学完了才换另一节。

【译】一段时间的学习内容不要太多，如《论语》只要学一章二章最多三章就够了，重要的是有自己的体会。大凡先学的，要极其精通，然后再学后面的，一节一节来，不会难的。重要的是要记得顺序，先学《大学》，其次是《论语》，然后是《孟子》《中庸》。

6.倍①读熟书时，必须先倍读本章正文，毕，以目视本章正文，倍读尽本章注文。就思玩涵泳本章理趣。凡倍读训诂②时，视此字正文。凡倍读通解时，视此节正文。此法不惟得所以释此章之深意，且免经文注文混记无别之患。如倍读忘处，急用遍数补之。凡已读书，一一整放在案，周而复始，以日程③并书目揭之于壁④。夏夜浴后，露坐无灯，自可倍读。

【注】①倍，通"背"。②训诂，解释。③日程，每天的读书计划。④揭之于壁，贴在墙壁上。

本段具体指导经典的读法。既要读经典的原文，又要读注解。注解又有单字的解释和整句整段的解释。

【译】背读经典时，必须先背读本段原文，背好了，用眼睛看着本段的原文，背诵本段的注解。思索玩味涵泳本段所含的道理。凡是背诵解释时，要看到这个字的原文。凡是背诵整句整段的解释时，要看到这一节的原文。这种做法不仅能得到为什么要解释这一段的深意，而且可以免除把原文和注解相混淆的毛病。如果背诵时有忘记的地方，马上要用再读足够的遍数来弥补。大凡已经读好的书，一一整齐地放置在桌上，周而复始，把每天的读书计划和书目贴在墙壁上。夏天洗澡之后，在露天坐着没有灯光，自己可以背诵。

7.至如大学，惟印读经日程。待《四书》本经传注既毕，作次卷工程时，方印分日读看史日程。毕，印分日读看文日程。毕，印分日作文日程。其先后次序，分日轻重，决不可紊①。人若依法②读得十余个薄③，则为大儒也，孰御④？他年亦须自填以自检束⑤，则岁月不虚掷矣。

【注】①紊，乱。②依法，按照这种方法。③薄，记录读书的本子。④孰，谁。御，抵挡，这里可以理解为"比得上"。⑤自填以检束，自己填写读书薄来检查要求自己。

本段谈教学步骤和方法。程端礼主张的读书次序是经—史—文—作文。开始读经时专读经，不能读其他书籍。《大学》是经书的第一部，因此这段时间只印读经日程。日程，每日读书内容的记录本，这是程端礼为学生按日按月制定的学习计划。

【译】至于《大学》，只要印读经日程。等到《四书》的原文和注解都读完了，进行到下一个学习内容时，才印分日的阅读史书的日程。完了之后，再印分日的阅读文章（程端礼的教学以散文为主）的日程。完了之后，印分日的作文日程。这些先后次序，决不能乱。一个人如果按照这个方法读书做了十多个日程薄本，就是大学问家了，谁能比得上他？毕业之后也必须自己填读书日程来做自我检查，那么时间就没白过了。

8.今以其学文不可过迟，遂次读史，次读韩文，次读《离骚》，次学作文。

【注】本段是程端礼的课程安排。

【译】现在因为学习作文以应科举考试不宜太晚，（读经之后）接着就读史书，再读韩愈文章，再读《离骚》，然后学写作文。

9.有意于为文，已落第二义。在我经史熟，析理精，有学有识有才，又能集义以养气，是皆有以为文章之根本矣。不作则已，作则沛然①矣。

【注】①沛然，雨水充盛，这里形容文思泉涌。

【译】故意要写好文章，已经落到第二等境界了。我对经典和史书都很熟了，理解道理也很精确了，有学问、有见识、有才干，又能够汇集圣贤道义培养自己的浩然之气，这都是可以作为文章根本的东西。我不写作文则已，一写一定能文思泉涌不可阻遏。

10.如欲叙事雄深雅健，可以当史笔之任，当直学《史记》《西汉书》。先读真西山①《文章正宗》，及汤东涧②所选者，然后熟看班、马③全史。此乃作纪（记）载垂世之文，不可不学。后生学文，先能展开滂沛④，后欲收敛简古甚易。若一下便学简古，后欲展开作大篇，难矣。

【注】①真西山（1178-1235），真德秀，号西山，南宋理学家。②汤东涧，人名。③班，班固，著有《汉书》。马，司马迁，著有《史记》。④滂沛，气势盛大的样子。

【译】如果想要自己的文章叙事雄深雅健，能够承担撰写史书的大任，应当直接学习《史记》和《汉书》。先读真德秀《文章正宗》所选的《史记》《汉书》里的文章，和汤东涧所选的文章，然后熟看《史记》《汉书》原文。这是写作想流传后世的纪传之文不可不学的。年轻人学写文章，先要能写得洋洋洒洒，然后再收敛简洁就很容易。如果刚一开始就学习简练古朴，今后想要展开写长篇大论，就很难。

11.作文以主意为将军，转换开阖①，如行军之必由将军号令。句则其神将②，字则其兵卒，事料则其器械。当使兵随将转，所以东坡答江阴葛延之万里徒步至儋耳③求作文秘诀曰："意而已。作文事料，散在经史子集，惟意足以摄之。"正此之谓。如通篇主意间架未定，临期逐旋摹拟，用尽心力，不成文矣。切戒！

【注】①阖（hé），关闭。②裨（pí）将，副将。③儋（dān）耳，郡名，即儋州，辖境相当今海南省西部地区。

【译】作文以主意为将军，转换开关，如同行军必须由将军发号施令。句子是副将，字是士兵，事例材料是军械。应当让士兵随着将军转，所以苏轼回答江阴的葛延之徒步万里到儋州向他请教作文秘诀时说："立意罢了。作文的材料，分散在经、史、子、集里，只有立意足够统摄它。"正说的是这个意思。如果整篇文章立意和间架结构都没有确定，临时逐一去描摹想象，用尽心思和力气，也不成文章。

12.读韩文，文法，原于孟子经史，但韩文成幅尺间架耳。先抄读西山《文章正宗》内韩文议论叙事两体华实兼者七十余篇，要认此两体分明后，最得力。正以朱子《考异表》①，以所广谢迭山批点②。篇法、章法、句法、字法备见。日熟读一篇或两篇，亦须百遍成诵，缘一生靠此为作文骨子故也。既读之后，须反复详看。每篇先看主意，以识一篇之纲领；次看其叙述抑扬、轻重、运意、转换、演证、开阖、关键、首腹、结末、详略、浅深、次序。既于大段中看篇法，又于大段中分小段看章法，又于章法中看句法，句法中看字法，则作者之心，不能逃矣。譬之于树，通看则由根至表，干生枝，枝生华叶，大小次第相生而为树。又折一干一枝看，则又皆各自有枝干华叶，犹一树然，未尝毫发杂乱。此可以识文法矣。看他文皆当如此看，久之自会得法。

【注】①《考异表》，今本《朱子大全》卷七十六有《韩文考异序》，大概就是指这个《考异表》。②谢迭山批点，指谢枋得的《文章轨范》，此书七卷，所收以韩文为最多。
本段谈怎样学习韩愈的作文技巧。

【译】韩愈的文章可以这样读：韩文的做法来源于《孟子》、儒家经典和《史记》，只是韩文在幅尺之间自成天地。首先抄读真德秀《文章正宗》里所选韩文文质兼美的70余篇叙事和议论两体文章，这两种文体要掌握得清楚明白，这是作文的坚实基础。用朱子的《考异表》来匡正，来丰富谢枋得的批点。谋篇的方法、写段落的方法、遣词造句的方法无不备见。每天熟读一篇或者两篇，也必须百遍成诵，因为一生靠这个作为写作文的基础。既读之后，必须反复而详细地看。每篇先看立意，以抓住一篇的纲领；其次看叙述的抑扬、轻重、运意、转换、演证、开阖、首腹、结末、详略、深浅、次序。既要从大段中看出谋篇的方法，也要将大段分成小段看出写段的方法，又要从小段中看出造句的方法，从句子中看出运用词语的方法，那么作者的想法就逃不掉了。就好比一棵树，总体上看是从根到华盖外表，树干长树枝，树枝长花叶，大大小小的部分相互组合而成为树。折下一棵树干或一棵树枝看，那么又都各自有自己的更小的干枝花叶，好像一棵完整的树一样，没有任何一个小的部分杂乱无章。由此可以知道作文的方法了。看别的文章都应当这样看，时间久了自然悟得作文方法。

庄元臣（1则）

庄元臣（1560－1609），字忠甫，归安（今浙江湖州）人。

1. 庄元臣《叔苴子·内篇》卷四 善学者穷[①]于一物，不善学者穷于物物[②]。

【注】①穷，探究到底。②物物，各种事物，一切事物。

【译】善于学习的人专门研究一种事物，不善于学习的人什么事物都去研究。

王守仁（12则）

1.王守仁《训蒙大意示教读刘伯颂等》 大抵童子之情，乐嬉游而惮①拘检，如草木之始萌芽，舒畅之则条达，摧挠之则衰痿②。今教童子，必使其趋向鼓舞，中心喜悦，则其进自不能已③；譬之④时雨春风，沾被卉木，莫不萌动发越，自然日长月化。若冰霜剥落，则生意萧索，日就枯槁矣。

【注】①惮，怕。②痿（wěi），中医病名，指身体某部分萎弱或失去功能。③已，停止。④譬之，好比是。

【译】一般孩子的天性是喜欢嬉闹，害怕拘谨严肃，就像草木的萌芽，让它舒舒服服就长得好，摧残折腾它就会衰败萎蔫。今天教育孩子，就要让孩子感受到鼓励，孩子心里高兴了，进步就挡也挡不住了；就像及时雨和春风，滋润在花草树木上，没有不萌芽发生、日新月异地茁壮成长的。如果是冰雪寒霜降临，那么，花草就会变得生机全无，一天天地枯萎了。

2.王守仁《训蒙大意示教读刘伯颂等》 若近世之训蒙稚者，日惟督以句读课仿①，责其检束②，而不知导之以礼；求其聪明，而不知养之以善，鞭挞绳缚，若待拘囚。彼视学舍如囹狱而不肯入，视师长如寇仇而不欲见，窥避掩覆以遂其嬉游，设诈饰诡以肆其顽鄙，偷薄庸劣，日

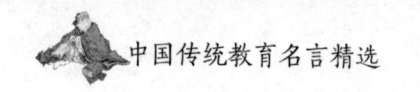

趋下流。是盖驱之于恶,而求其为善也,何可得乎?

【注】①课仿,教摹仿写字和作诗文。②检束,拘束,约束。

【译】像现在的那些老师教育小孩,每天就只知道督促孩子模仿写字和作诗文,要求他们严格约束自己,却不知道用礼仪潜移默化地教育孩子,希望孩子聪明却不知道使用正确的方法引导孩子,动辄用教鞭鞭笞,甚至拿绳子绑缚,就像对待囚犯一样。孩子们把学校看成监狱不愿进去,把老师看成敌人不想见面,用窥视和逃避的方法来掩护自己以达到嬉戏和游乐的目的,用作假掩饰的办法放纵自己的顽劣和浅薄,情况一天比一天差。这是逼着孩子做坏事,却又希望他表现优秀,这怎么可能实现呢?

3. 王守仁《教约》 凡歌诗①,须要整容定气,清朗②其声音,均审其节调③,毋躁而急,毋荡而嚣④,毋馁而慑⑤,久则精神宣畅⑥,心气和平矣。

【注】①歌诗,吟咏诗歌。②清朗,使……清新响亮。③均,均匀,引申为"协调"。审,清楚,明白,这里指歌诗的音节清楚不乱。均审:使……谐和清楚。④荡而嚣:行为放纵,随意叫嚷。⑤馁而慑:气馁畏惧。⑥宣畅:焕发畅快。

【译】大凡吟咏诗歌,必须整肃面容平定气息,使自己的声音清晰响亮,使音节清楚韵调和谐;心情不要焦躁,语速不可太快;不可放纵,不可随意叫嚷;不要气馁,也不要畏惧。时间长了就精神焕发畅快,心平气和了。

4. 王守仁《教约》 凡授书,不在徒多,但贵精熟;量其资禀,能二百字者止可授以一百字,常使精神力量有余,则无厌苦之患,而有自得之美。讽诵之际,务令专心一志,口诵心惟,字字句句,绅绎反覆(复),抑扬其音节,宽虚其心意,久则义礼浃①洽,聪明日开矣。

【注】①浃(jiā)洽,融洽。

【译】大凡给学生教授新书,不在于数量多,只贵精练和熟悉;考虑每个学生的资质,能学两百个字的,只教一百个字,要经常让学生学有余力,那么学生就没有厌倦学习的毛病,而有自己学到了东西的舒畅。吟诵的时候,要让学生专心致志,一心一意学习,嘴里念诵,心里思考,反复理解字字句句,让朗诵的声音抑扬顿挫起来,让学生心情放轻松,这样时间久了,自己的身心和书中的内容与形式就会融为一体,学生也一天天聪明起来了。

5.王守仁《教约》 每日功夫,先考德,次背书诵书,次习礼或作课仿,次复诵书讲书,次歌诗。凡习礼歌诗之类,皆所以常存童子之心:使其乐习不倦,而无暇①及于邪僻。教者知此,则知所施②矣。虽然此其大略也,神而明之,则存乎其人。

【注】①暇,空闲。②施,施教。

【译】每天的功课,先考察学生的德行,其次才是背诵课本,然后是练习礼仪和模仿写字与作文,然后又是吟诵和口述当日学习内容,最后朗诵诗歌。凡是学习诗歌礼仪之类的东西,目的是保存儿童的天性:让他喜欢练习而不感到劳累,这样他就没时间沾染坏习气了。老师知道这些,就算是知道怎么教书了。虽然如此,这里只是一个大概,真要心领神会,就要看老师个人的修炼了。

6.王守仁《答罗整庵书》 夫学贵得之心,求之于心而①非也,虽②其言之出于孔子,不敢以为是也,而况其未及于孔子者乎!求之于心而是也,虽其言之出于庸常,不敢以为非也,而况其出于孔子者乎!

【注】①而,如果。②虽,即使。

【译】学习可贵的是自己心有所得,向自己的心求证如果是错的,即使那些话是孔子说的,也不敢认为它是对的,更何况比不上孔子的人呢!向自己的心求证如果是对的,即使那些话是普通人说的,也不敢认为它是错的,更何况它是孔子说的呢!

7.王守仁《与刘元道书》 夫良医之治病,随其疾之虚实强弱,寒热内外,而斟酌加减,调理补泄之,要在去病而已,初无一定之方,不问证候之如何,而必使人人服之也。君子养心之学,亦何以异于是?

【译】好的医生治病,随着疾病的虚实强弱、寒热而斟酌用药的多少和调理补泄,重要的是把病治好,最初没有一定的药方。良医绝对不会不问病症怎么样而必须让所有的病人服同样的药。君子养心的学习,与良医治病有什么不同?

8.王守仁《教条示龙场诸生》 志不立,天下无可成之事,虽百工技艺,未有不本于志者。……志不立,如无舵之舟,无衔之马,漂荡奔逸,终亦何所底乎?

【译】志没有立下来,天下没有可成功的事,即使是手工技艺,也没有不是以立志为根本的。……志没有立,好像没有舵的小舟,没有衔的马,随流漂荡、放肆奔跑,到底要往哪里去呢?

9.王守仁《教条示龙场诸生》 已立志为君子,自当从事于学。凡学之不勤,必其志之尚未笃①也。

【注】①笃(dǔ),坚定。

【译】已经立志做君子了,自然应当从事学习。大凡学习不勤奋的,一定是他的志向还不坚定。

10.王守仁《教条示龙场诸生》 夫过者自大贤所不免,然不害其卒①为大贤者,为其能改过也。故不贵于无过而贵于能改过。

【注】①卒,最终。

【译】犯错误是大贤人也免不了的,然而不影响他终于成为大贤人,因为他能改正错误。所以可贵的不是没有过错,而是能改正错误。

11.王守仁《传习录》 立志用功如种树然,方其根芽,犹未有干;

及其有干，尚未有枝；枝而后叶，叶而后花实①。初种根时，只管栽培灌溉。勿作枝想，勿作叶想，勿作花想，勿作实想。悬想何益？但不忘栽培之功，怕没有枝叶花实？

【注】①花实，花朵、果实。

【译】立志用功就好像种树一样。刚开始的时候只有根芽，还没有树干；等到有干的时候，还没有树枝；长了枝之后再长叶，长了叶之后再长花和果实。开始种下树根的时候，只管灌溉养护。不去想它的枝会怎么长，叶会怎么长，花会怎么长，果实会怎么长。这样空想有什么用？只要不忘记培育养护的功夫，还怕不会长出枝叶花实？

12.王守仁《传习录》 为学大病在好名。

【译】治学的大毛病在喜好名气。

《菜根谭》（7则）

1.横逆困穷①，是煅炼豪杰的一副炉锤。能受其煅②炼者，则身心交益；不受其煅炼者，则身心交损。

【注】①横逆困穷，即指孟子所说的天降大任的那种艰难环境。②煅，通"锻"。

【译】贫困失意等逆境是锻炼豪杰的熔炉。能通过锻炼的，那么身体和心理都将受益；不能承受锻炼的，那么身体和心理都将受损。

2.纵欲之病可医，而执理①之病难医；事物之障可除，而义理之障②难除。

【注】①执理，固执己见。②义理之障，认识事物方面的障碍，这里指人的欲念会阻碍自己对真理的认识。

【译】纵欲的毛病可以医治，但固执己见的毛病难治；具体的障碍可以除掉，但认识事物方面的障碍难除。

3.绳锯木断，水滴石穿，学道者须要力索①；水到渠成，瓜熟蒂落，得道者一任天机②。

【注】①力索，努力求索。②一任天机，即顺其自然。

【译】绳子锯断木头，水滴洞穿石头，学道的人必须努力求索；水到渠成，瓜熟蒂落，得道的人也是顺其自然。

4.子弟者，大人之胚胎；秀才者，士夫之胚胎。此时若火力不到，陶铸不纯，他日涉世立朝①，终难成个令②器。

【注】①立朝，做官入仕。②令，好。

【译】少年是大人的胚胎；秀才是士大夫的胚胎。前一阶段如果功夫不到，陶冶不纯净，来日步入社会入朝做官，最终难以成就大气候。

5.学者有段兢业的心思，又要有段潇洒的趣味。若一味敛束①清苦，是有秋杀②无春生，何以发育万物？

【注】①敛束，严格管束。②秋杀，秋天的肃杀之气。

【译】治学的人要有一份兢兢业业的心思，又要有一种潇洒无束的趣味。如果一味地压抑清苦，只有秋天的肃杀，没有春天的生机，怎么能够哺育万物？

6.涉世浅，点染①亦浅；历事深，机械②亦深。故君子与其练达，不若朴鲁③；与其曲谨④，不若疏狂⑤。

【注】①点染，国画中在纸上进行渲染的一种笔法，引申为污染。②机械，指城府。③朴鲁，朴实憨厚。④曲谨，曲意逢迎，

谨小慎微。⑤疏狂，狂放不羁，不拘小节。

【译】涉世浅，受污染也浅；历事深，城府也深。所以君子与其练达，还不如朴实憨厚；与其曲意逢迎，谨小慎微，不如狂放不羁，不拘小节。

7.伏久者飞必高，开先者谢独早。知此，可以免蹭蹬①之忧，可以消躁急之念。

【注】①蹭蹬（cèng dèng）比喻失意、潦倒。

【译】积蓄能量很久的鸟一定能飞得很高，最先开的花凋谢也独早。了解了这个道理，就可以免除失意潦倒的忧虑，也可以消除急于求成的念头。

黄宗羲（2则）

黄宗羲（1610-1695），明末清初浙江余姚人，学者称梨洲先生。

1.黄宗羲《明儒学案发凡》 胡季随①从学晦翁②，晦翁使读《孟子》。他日问季随"至于心，独无所同然乎"，季随以所见解，晦翁以为非，且谓其读书卤莽③不思。季随思之既苦，因以致疾，晦翁始言之。

【注】①胡季随，南宋人，朱熹弟子。②晦翁，朱熹。③卤莽：马虎，粗疏，不认真思考。

【译】胡季随跟着朱熹学习，朱子让他读《孟子》。朱子问季随关于"至于心，独无所同然乎"（《孟子·告子上》）的理解，季随讲出了自己的看法，朱子觉得不对，并且认为他读书马虎，粗疏，不认真思考。季随回去苦苦思索，因此而生

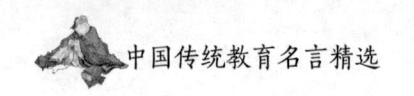

了病，朱子才给他讲。

2.黄宗羲《宋元学案·读书》 立身以力学为先，力学以读书为本……苟能熟读而温习之，使入耳著①心，久不忘失，全在日积之功耳。

【注】①著（zhuó），后世一般写作"着"，附着，附上，可理解为"扎根"。

【译】立身以努力学习为先，努力学习以读书为本……如果能够熟读自己事业领域里的重要书籍并且时常温习，让书中知识进入耳朵、扎根心里，很久都不会忘记丢失，要做到这一点，全靠平日的长期积累。

陆世仪（2则）

陆世仪（1611－1672），明末清初江苏太仓人。著名理学家、文学家，著有《思辨录》《性善图说》《论学酬答》及诗文杂著等四十余种。

1.陆世仪《思辨录》 凡人有记性，有悟性。自十五以前，物欲未染，知识未开，则多记性少悟性；自十五以后，知识既开，物欲渐染，则多悟性少记性。故人凡有所当读书，皆当自十五以前使之熟读，不但四书五经，即如天文、地理、史学、算术之类，皆有歌诀，皆须熟读。若年稍长，不惟不肯诵读，且不能诵读①矣。

【注】①不能诵读，指学得慢，效率低。

【译】人有记忆能力，也有理解能力。在十五岁以前，没有沾染物质欲望，智慧没有充分发展，就多记性少悟性；从十五岁以后，智慧有了比较充分的发展，也渐渐沾染了物欲，就多悟性少记性。所以在一个人的成长过程中凡是应当读的书，都应当在十五岁以前读熟，不只是四书五经，就是像天文、地理、史学、算术这一类，都有歌诀，都必须熟读。如果年龄再大一点，不只是不愿意诵读，并且不能诵读了。

2.陆世仪《思辨录》 晦庵①诗有云："书册埋头何日了，不如抛却去寻春。"此晦庵著述之暇，游衍②之诗也。凡人读书用工（功），或考索名物，或精究义理，至纷赜③难通，或思路俱绝处，且放下书册，至空旷处游衍。一游衍忽地思致触发，砉然④中解，有不期然而然者⑤。此穷理妙法。

【注】①晦庵，朱熹。②游衍，游乐。③赜（zé），深奥，玄妙。④砉（xū，又读huā），象声词，皮骨相离声，物相杂声。砉然，这里应该指突然之间。⑤不期然而然者，没有期望它这样却是这样了。

【译】朱子写诗说："埋头读书什么时候才能结束，不如把书放下去大自然赏春。"这是朱子著述的空闲关于游乐的诗。大凡一个人读书用功过于沉迷，或者考察名物，或者精心研究义理，到了深奥玄妙之处左右难通的时候，或者思路堵住的时候，暂且把书本放下，到空旷的地方放松放松。一游玩起来忽然触发了思绪，突然之间难题解答了，有一种没有期望能在此时解决问题却在此时解决了的意外痛快感。这是穷理的妙法。

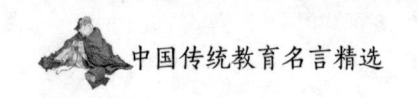

顾炎武（3则）

顾炎武（1613-1682），字宁人，明末清初江苏昆山人。学者称他为亭林先生。

1.顾炎武《日知录·自序》 愚自少读书，有所得辄①记之；其有不合②，时复改定；或古人先我而有者，则遂削③之。

【注】①得，心得。辄，往往，总是。②合，符合。③遂，就。削，删除。

【译】我从小读书，凡是有点心得就记下来；发现有的内容不符合后来的认识，随时修改；或者发现有的观点古人早就有了，就删除掉。

2.顾炎武《日知录》 人之为学，不可自小，又不可自大。

【译】人们治学，不能看小自己，又不可自高自大。

3.顾炎武《日知录》 文之不可绝于天地之间者，曰明道也，纪政事也，察民隐也，乐道人之善也。若此者，有益于天下，有益于将来。多一篇，多一篇之益矣。若夫"怪力乱神"之事，无稽之言，剿袭之说，谀佞①之文，若此者，有损于己，无益于人，多一篇，多一篇之损矣。

【注】①谀（yú），奉承，谄媚。佞（nìng），用花言巧语谄媚人。

【译】不会在人世之间断绝的文章：阐明道理的、记载政事的、考察民情的、乐于记述人们善行的。像这样的文章，对天下有益，对将来有益。多一篇，有多一篇的好处。至于那些专谈

"怪力乱神"、专谈无可考察之言、专门抄袭他人之说、专谈阿谀奉承之事等方面的文章，对己有害，对人无益，多一篇就有多一篇的害处。

王夫之（3则）

王夫之（1619-1692），号薑斋，明末清初湖南衡阳人。

1.王夫之《礼记章句》 教在我而自得在彼。有自修之心则来说①，而因以教之。若未能有自修之志而强往学之，则虽教亡②益。

【注】①来说，来请教。②亡，通"无"。

【译】教不教在于我，能不能有收获在学习者自己。有强烈的求知之心就来请教，我也就教他。如果没有强烈的求知之志，勉强来学，即使教了他，也没有用。

2.王夫之《四书训义》 教者但能示之以所进之善，而进之之功，在人之自悟。

【注】本段谈教育要取得成效，还需学习者自己主动进取。

【译】教师只能告诉学生达到某种境界的好处，而能否达到那种境界，在于学生自己的自悟。

3.王夫之《四书训义》 致知之途有二：曰学，曰思。学则不恃己之聪明，而一唯先觉之是效①；思则不徇古人之陈迹而任吾警悟之灵。……学非有碍于思，而学愈博则思愈远；思正有功于学，而思之困则学必勤。

【注】①一唯先觉之是效：倒装句，表强调，实际意思是"效先觉"，先觉，早先觉悟的人，即早先学成的人。

【译】获得知识有两种途径，一是学习，一是思考。学习不能够自恃自己的聪明，而一定要效法学习成功的先人；思考就不要拘泥于古人已取得的成就，应该充分发挥自己顿悟的灵感。……学习不会妨碍思考，学习越广博则思考越深远；思考对学习也有用，如果思考遇到困惑了，那么学习就要更加勤奋。

颜元（3则）

颜元（1635－1704），明末清初教育家，河北博野县杨村人，字易直，又字浑然，号习斋。著作有《四书正误》《四存编》等。

1.钟錂《习斋先生言行录》 必用①而后学，否则不学，是为利也。学从名利入手，如无基之房，垒砌纵及丈余，一倒莫救。

【注】①用，指对当前有用。

【译】一定要有用才去学，否则不学，这是为了利益。学习如果从名和利入手，如同没有地基的房子，即使砌到一丈多高，一倒下来没办法挽救。

2.钟錂《习斋先生言行录》 人于六艺，但能究心一二端，深之以讨论，重之以体验，使可见之施行，则如禹终身司空，弃终身教稼，皋终身专刑，契①终身专教而已，皆成其圣矣。

【注】①禹、弃、皋、契，古代圣人。

【译】人们对于六艺，只要能潜心研究一二端，深入加以论证，注重实践体验，让它能够在社会中施行，那么就好像禹一辈子做司空，弃一辈子教种庄稼，皋一辈子专管刑律，契一辈子从事教育，都成为圣人了。

3.钟錂《习斋先生言行录》 学须一件做成，便有用，便是圣贤一流。试观虞廷五臣，只各专一事，终身不改，便是圣；孔门诸贤，各专一事，不必多长，便是贤；汉室三杰，各专一事，未尝兼摄①，亦便是豪杰。

【注】①摄，代理，兼职。

【译】学习必须在某一个方面做得很好，才有用，也可以称得上圣贤。试看虞舜的朝廷五位大臣，各人专修一事，终身不改，就是圣人；孔门各位贤人，各专一项，不必多广博，就是贤人；西汉三位杰出人物，各专一事，未曾兼管他事，也是豪杰。

张英（2则）

张英（1637－1708），字敦复，清朝大臣，张廷玉的父亲。

1.清张英《聪训斋语》 凡读书，二十岁以前所读之书，与二十岁以后所读之书，迥①异。幼年智识未开，天真纯固，所读者虽久不温习，偶尔提起，尚可数行成诵。若壮年所读，经月则忘，必不能持久。故六经、秦汉之文，词语古奥②，必须幼年读；长壮后，虽倍蓰③其功，终属影响。自八岁至二十岁，中间岁月无多，安可荒弃，或读不急之书……何如诵得《左》《国》一两篇，及东西汉典贵华腴之文，为终身受用之宝乎?

【注】①迥((jiǒng),形容差别很大。②奥(ào),含义深,不易理解。③蓰(xǐ),五倍。倍蓰,数倍。

本段谈年少时要勇于且善于学习艰深的知识、难懂的文章。

【译】大凡读书,二十岁以前读的书,和二十岁以后读的书,明显不同。幼年时智慧没有充分发展,天真纯粹,所读的书即使很久没有温习,只要偶尔提起,还能够几行几行地背。如果是壮年所读的书,过一个月就忘记了,一定不能保持长久。所以六经、秦汉古文,语言深奥,必须在幼年读;长大后,即使用了几倍的功夫,最终也只能略微留下一点印象。从八岁到二十岁,这中间没有几年,怎么可以荒废,或者读一些不重要的书……怎么比得上诵读《左传》《国语》一两篇,及两汉典雅有华彩的文章,作为自己终身受用的宝贝呢?

2.清张英《聪训斋语》 读文不必多,择其精纯条畅,有气局词华者,多则百篇,少则六十篇,神明与之浑化,始为有益。若贪多务博①,过眼辄②忘,及至作时,则彼此不相涉,落笔仍是故吾。所以思常窒③而不灵,词常窘④而不裕⑤,意常枯而不润,记诵劳神,中无所得,则不熟不化之病也。

【注】①务博,追求多。②辄,就。③窒(zhì),阻塞,不通。④窘(jiǒng),贫困。⑤裕,丰富。

【译】读的文章不要多,选择那些纯粹流畅、气质高雅、语言华美的,多则百篇,少则六十篇,读得极熟,要使自己和所读的书浑然一体,才有用。如果贪多,看过就忘记,等到自己作文时,读过的文章一点也用不上,写的时候自己还是以前的自己,几乎没有提高。所以思路常常堵塞而不灵,语言常常贫乏而不丰富,意思常常枯竭而不顺畅,记诵要费神,最后心中又没有收获,原来都是没有熟悉没有消化造成的毛病。

唐彪（65则）

唐彪（约1644—？），号翼修，浙江瀫水（今属金华）人，生活在明末崇祯至顺治、康熙年间。他曾一度出任武林（今杭州）学官，后退居归田。著有《父师善诱法》《读书作文谱》《身易》等。《父师善诱法》以论教法为主，《读书作文谱》以论学法为主，二书合为《家塾教学法》。

1.《父师善诱法》（上卷）(三)学问成就全赖师传 唐彪曰：师之关系至重也，有孔子而后有七十二贤，有二程①而后有三十高弟，有朱、吕②讲学于丽泽③，而后金华诸贤哲后先相继迭出而不已，非得师成就之明验乎？古人云：得诀④归来好读书。

【注】①二程，宋代理学家程颢、程颐。②朱、吕，南宋理学家朱熹、吕祖谦。③丽泽，宋理宗（1225-1264）年间所建书院。④诀，指读书方法。

【译】唐彪说：老师的作用非常重要，有孔子的教育而后才有七十二贤人，有二程的教育而后才有三十高弟子，有朱熹、吕祖谦在丽泽书院讲学，而后才有金华的人才辈出，这不是有老师教育才能成就的明证吗？古人说：学到了读书方法回来读书的效果才会好。

2.《父师善诱法》（上卷）(四)明师指点之益 唐彪曰：人之为学，第一在得明师。明师不必同处一堂讲解经义、改阅文章者也。或经年一晤，片言数语指点大概，谓某经讲说好，某史评断好，某古文、时文佳选也，不可不读，某古文、时文庸选也，不必著眼，则一日指点，受益已在终身。故明师不必同堂,亦有益也。然宇宙之内,不乏名贤,时加廉访①,必得其人。千里问业,犹嫌其晚。乃人或畏其名高而不敢近,或以地远而惮从游,或吝小费而不欲就正,宁甘学术卑陋,老死而无成。呜呼!此岂天之限人乎哉!

【注】①廉访,考察,查访。

【译】唐彪说:人的学习,最重要的是得到高明的老师的指点。高明的老师没有必要非得和学生同在一个教室讲解经义、批改文章。有时一年一见,片言只语指点大概,告诉你某本经书讲说好,某本史书评断好,某本古文、时文是佳选,不能不读,某本古文、时文是平庸之选,不必在上面浪费时间,那么一次指点,已经终身受益。所以高明的老师不必同堂,也有好处。宇宙之内,不乏有名的贤人,时常注意打听查问,一定能找到。千里求教,还嫌太晚。只是人们或者害怕他名望太高而不敢近,或者因为距离太远而怕从游,或者吝惜小钱而不想就师问正,甘愿使自己的学问浅陋,到老死而无成。唉!这难道是老天限制人的发展吗?

3.《父师善诱法》(上卷)(八)教法要务 唐彪曰:教法严厉,乃至烦苦之事,实先生所不乐为。然先生欲求称职,则必以严为先务,不然,学问虽优,而教法过于宽恕,使弟子课程有缺,终非师道之至①也。

【注】①至,最高境界。

【译】在教法上要求严厉,甚至烦苦,实在不是老师所乐意做的。然而老师想要求得称职,就必须以严为先,不然,学问虽然很好,但教学要求过于宽松,让弟子学业有所欠缺,终究不是做老师的最高境界。

4.《父师善诱法》(上卷)(八)教法要务 唐彪曰:凡书随读随解,则能明晰其理,久久胸中自能有所开悟。若读而不讲,不明其理,虽所读者盈笥①,亦与不读者无异矣。故先生教学工夫,必以勤讲解为第一义也。

【注】①盈，满。笥（sì），盛装衣物的方形竹箱，这里指书箱。

【译】唐彪说：书要一边读一边讲解，这样才能明白其中的道理，时间久了心中自然能有所领悟。如果只让学生读但是老师不讲，学生不能明白其中的道理，学生虽然读了一箱子的书，也与没有读一样。所以老师教学，一定要把勤于讲解放在第一位。

5.《父师善诱法》（上卷）(九)读书分少长又当分月日多寡法 古文法详笔健，远过时文，故读经史古文，则学充识广，文必精佳；不读经史古文，则腹内空虚，文必浅陋。且经史之益，更在身心，读之其用又不止于作文已也。人之不读经与史者，每汩没①于多读时文，若不多读时文，自有余力及诸经史，其理固甚明也。

【注】①汩（gǔ）没，沉沦，埋没。

【译】古文笔法详尽精妙，远远超过时文（即八股文），所以读经史古文，就会学识丰富，文章一定能写得好；不读经史古文，就会肚内空虚，写作文章也一定会浅陋。况且读经史的好处，更重要的是身心得益，它的作用不只是有益于作文。人们不读经和史，是因为常被多读时文占去了时间，如果不多读时文，自然有时间读经史，其中的道理很明白。

6.《父师善诱法》（上卷）(九)读书分少长又当分月日多寡法 唐彪曰：子弟七八岁时，正课之余，宜令读判①。其读之法，一判日读十遍，期以十日之后始背，必能成诵，数年诸判可读毕矣。继此又当读表②，一表日读三遍，期以一月后始背，必能成诵，数年诸表可苟③完矣。至于温法，则三日一判，十日一表，循环温习，未有不记者。凡事刻期求熟则难，纡缓④渐习则易。且幼时记性优，能永记，乘时早读，至为良法。况读此则平仄明，音调熟，诗赋之理半在其中矣。策论读法，亦当推此行之。

【注】①判，古代一种文体。②表，古代一种文体。③苟，苟且，聊且。④纡缓，纡徐，从容缓慢。

【译】唐彪说：学生七八岁时，学正课的余暇，适宜让他读判。读的方法是，一篇判，每天读十遍，希望能在十天之后能背，一定能成诵，几年工夫那些重要的判可以读完了。之后又应当读表，一篇表每天读三遍，希望在一个月之后能背，一定能成诵，几年之后各种重要的表也可姑且完成。至于复习的方法，一般采取三天复习一次判、十天复习一次表的方法，循环温习，没有记不住的。大凡读书的事如果规定期限要求熟悉就比较难，如果从容舒缓则比较容易。并且幼年时记忆力好，能永远记住，趁着有时间早一点读，这是最好的方法。何况读了判、表之后能够弄明平仄，熟悉韵律，诗赋的规律有一半在其中了。读策论的方法，也应当以此而行。

7.《父师善诱法》（上卷）(十一)损友宜远 唐彪曰：一堂之中偶有一极不肖弟子，或博奕①纵饮，或暗坏书籍，或离间同堂，或己不肯读书，而更多方阻人致功，一堂之中皆为其扰乱。子曰："毋友不如己者"，不如己者尚宜远之，况如此之甚者乎！为父兄者，当时加觉察，如有此，必宜求先生辞之。父兄或不知，同堂之士宜会同上白②父兄，转求先生辞之。不然，宁避之而他学，盖所害不止一端，不得不远之矣。

【注】①博，游戏。奕，似应作"弈"，围棋。②上白，向上禀告。

【译】唐彪说：一个学堂之中偶尔有一个极其不肖的学生，或者赌博酗酒，或者暗中破坏书籍，或者离间同学，或者自己不愿读书而多方阻挠他人用功，整个学堂都被他扰乱了。孔子说："不要交不如自己的朋友。"不如自己的人尚且适宜远离他，何况恶劣到这种地步的人呢！作为父兄，应当时常加以留心，如果有这种情况，一定要请求先生把这个学生辞掉。父兄或者不知道，同一学堂的人应该一起告诉父兄，转求老师辞去这个学生。不然，宁愿避开他到其他学堂求学，因为这样所受的害处不止一端，不得不远离他。

8.《父师善诱法》（上卷）(十二)劝学 柳屯田①《劝学文》云：

"父母爱其子而不教，是不爱其子也；虽教而不严，是亦不爱其子也。父母教而不学，是子不爱其身也；学而不勤，是亦不爱其身也。是故养子必教，教则必严，严则必勤，勤则必成。学则庶人之子为公卿，不学则公卿之子为庶人。"

【注】①柳屯田，柳永，北宋词人，官至屯田员外郎，世称柳屯田。

【译】柳永《劝学文》说："父母爱自己的儿女却不教育他，这是不爱他们；虽有教育但不严格，这也是不爱儿女。父母教育了但儿女不学，是儿女自己不爱自己；虽然学习了但是不勤奋，这也是儿女不爱自己。所以生养儿女一定要教育，教育就一定要严，严厉了儿女一定会勤奋，儿女勤奋了一定会成功。勤奋学习，那么普通人的儿子可以作公卿；不勤奋学习，公卿的儿子则会成为普通人。"

9.《父师善诱法》（上卷）(十二)劝学　徐白谷曰：骐骥①天下之疾走也，一日而千里，若伏枥②而不驰，则蝼蚁过之矣。鹍鹏天下之捷飞也，瞬息而千里，若戢翼③而不奋，则鹪鹩④过之矣。士之当学，何以异是？

【注】①骐骥，骏马。②枥（lì），马槽。③戢（jí）翼，收敛翅膀停止飞翔。④鹪鹩（jiāo liáo），捕食昆虫的小鸟。

【译】徐白谷说：骐骥是天下善于奔跑的马，一日能走千里，如果待在马厩里不动，那么蚂蚁可以超过它。鹍鹏是天下飞得很快的鸟，收敛翅膀停止飞翔，那么鹪鹩可以超过它。士人应当学习，与这种情况哪有不同？

10.《父师善诱法》（下卷）(四)童子读书温书法　唐彪曰：古人读书，必细记遍数，虽已成诵，必须满遍数方已。

【译】唐彪说：古人读书必须仔细记录读的遍数，虽然已经成诵，必须读满遍数才能停。

11.《父师善诱法》（下卷）(四)童子读书温书法　唐彪曰：欲学生书熟，必当设筹①以记遍数，每读十遍令缴一筹。一者书之遍数得实，不致虚冒；二者按期令缴筹，迟则便可催促督责之；三者筹不容不缴，则学生不得不勤读，以早完课程。殆②一举而三善备矣。

【注】①筹（chóu），计数和计算的用具。②殆（dài），仅，只。

【译】唐彪说：想要学生的书读得熟，一定要用筹来记录遍数，学生每读十遍交一个筹。这样做，一是读书的遍数变实了，不致于假冒；二是按时间交筹，慢的可以催促他；三是筹不能不交，那么学生不得不勤于朗读，以便早点完成功课。只一举而三大好处都有了。

12.《父师善诱法》（下卷）(四)童子读书温书法 唐彪曰：学生读过之书，资钝者以三十行为一首，资颖①者以四十行为一首，俱于其行下划断，以为每日温习之定额。三十四十行之下画一小画，三百四百行之下画一曲尺画。书头之上，以"理、温、习、熟"四字为纲，加圈以记其温过之次数。如第一次书头上记"理"字，二次"理"字上加一圈，三次又加一圈，四次加尖角圈，第五次记"温"字，六次七次八次加圈如前。九次记"习"字，十次与十一、十二次加圈如前。十三次记"熟"字，十四、十五、十六次加圈如前。此温书标记之法也。以上温书，虽也三十、四十行为率②，若资性悬绝，犹当因资增减，不宜执定其数也。

【注】①资颖，天资聪明。②率，通常，即"标准"的意思。

本段谈复习的具体做法。古人非常注重读书的遍数，只有遍数充分，才能记得牢。对于非常重要的诗文，今天也可以直接用这种方法。

【译】唐彪说：学生读过的书要进行复习，天资愚钝者以三十行作为一首，天资聪颖者以四十行作为一首，都在行下划断做记号，作为每天温习的定额。三十行或四十行之下画一小画，三百行或四百行之下画一曲画。在每首的书头之上，用"理、温、习、熟"四字作为记录遍数的字，在这四字上加圈来记录温习的次数。如第一次在书头上记"理"字，第二次在"理"字上加一圈，第三次又加一圈,第四次则加尖角圈,第五次记"温"字,第六,第七,第八次加圈如前。第九次记"习"字,第十,第十一,第十二次加圈如前。第十三次记"熟"字,第十四,第十五,第十六次加圈如前。这是温习所读之书做标记的方法。以上温书,虽然提到三十行或四十行的任务标准,如果天资差别很大,还应当根据天资增加或减少任务量,不应当将任务定得太死板。

13.《父师善诱法》（下卷）(四)童子读书温书法 唐彪曰：凡学生背书,必使其声高而缓,先生用心细听,则脱落讹①误之处了然于耳,然后可以记其脱误,而令其改正。若声轻而且速,则不及察矣。又有书不能背,倩②同堂之人哄然读书,以乱师之听闻者；又有书不能背,将所读之书或书之掌中,或书于片纸,偷视而背者。凡此诸弊,为师者亦当时时觉察也。

【注】①讹（é）,错误。②倩（qìng）,请,央求。

【译】唐彪说：大凡学生背书,一定要他做到声音清晰而且缓慢,老师要用心仔细听,那么漏字、错字的地方就能听得很清楚,之后可以记下错误之处,让学生改正。如果声音小而且快,那么就来不及考察清楚。又有一些同学书背不得,请同学在旁边哄然读书,来扰乱老师的听闻；还有不能背书的同学,将所要背的书或者写在手掌之中,或者写在纸片之上,在背的时候偷看。这种种弊端,当老师的也应当时时觉察。

14.《父师善诱法》（下卷）(四)童子读书温书法 唐彪曰：温过之书宜作标记。不作标记,或多温或少温,淆乱无稽①,书之不熟,皆由于此。且有不肖弟子避难就易,反温其熟者,置其生②者,故标记不可少也。更宜置课程簿③,五日一记,如初一至初五日读某书起至某书止,温某书起至某书止。童蒙不能记者,先生代为记之,庶免混乱无稽之弊。

【注】①稽,考核,考察。②置其生者,将不熟的书置之不理。

③置课程簿，设置记录读书数量和质量的本子，即程端礼的日程簿。

【译】唐彪说：温习过的书应当作上标记。不作标记，有的温习遍数多一些，有的温习遍数少一些，混乱无考，书没有读熟，都由于这个原因。况且还有不肖弟子，避难就易，反而温习那些已经熟悉的书，将不熟的书置之不理，所以做标记是不可少的。更好的做法是设置课程簿，以记录读书数量和质量，五天作一个基本单位，如初一到初五从某本书的第几页起读到某本书的第几页止，温习某本书的第几页起到某本书的第几页止。童蒙不能自己记录的，老师代为记录，这样能够避免混乱无考的毛病。

15.《父师善诱法》（下卷）(六)童子读注法 唐彪曰：余每闲游诸乡塾，塾师每言资钝者苦于读注，余意于经书读毕之后，将注另自读之。有一友极非余言，谓本文与注必宜连读，始能贯合①，不然恐彼此不能无误。余不能决，及观欧阳永叔读经法、程端礼先生分年课程，九经皆先读正文，后读传②注；又观金正希③本文与注分读法，乃信余非偏见，盖有先我行之者矣。可惜者浅人不知此理，于学生本文既熟之后再读注者，不将注另读，又将大文连注读之，承接之间，处处皆非熟境，乌④能使成诵也。又有弟子，大文与注原分读，而师又令之合温者，尤失计矣。

【注】①贯合，融会贯通。②传，对经典作的解释。③金正希（1598-1645），金声，字正希，安徽休宁人。④乌，何。

【译】唐彪说：我常在空闲时去各乡塾走一走，塾师常常说到天资愚钝者读注解很苦，我的意思是在经书读完之后，注解另外自己阅读。有一位朋友极力否定我的观点，认为正文和注解应该连着读，才能融会贯通，不然恐怕正文和注解不能保证一一对应。余不能裁决，等到看了欧阳修读经的方法、程端礼的课程安排之后，发现他们对于九部经典，都是先读正文，后读注解；又看到金正希正文和注解分开来读的方法,才相信并不是我的偏见,原来在我前面有这样做的。可惜浅薄之人不知道这个道理,在学生熟悉正文之后再要求学生读注解,而不是将注另外读。将正文和注解连读,承接之间,正文和注解都不熟,怎能使他们成诵呢?又有弟子,正文和注解原来都是分开读的,而老师又让他连起来读,尤其不当。

16.《父师善诱法》(下卷)(七)附古人大文与注分读法 程端礼曰:童蒙入学,先读《小学》《大学》《论语》《孟子》,次读《中庸》《孝经》,次读《羲易》①《尚书》《毛诗》《仪礼》《礼记》《周礼》《春秋》并三传。以上诸书,先读正文。自六岁入学,约用八九年之功,至十五岁诸经正文皆可读毕。自此当读《四书》之注,次读诸经之注,读毕讲解之后,自此宜看史鉴,读各项古文。

【注】①《羲易》,即《易经》。

【译】程端礼说:童蒙入学,先读《小学》《大学》《论语》《孟子》,其次读《中庸》《孝经》,再次读《羲易》《尚书》《毛诗》《仪礼》《礼记》《周礼》《春秋》及《公羊传》《谷梁传》《左传》。以上各书,先读正文。从六岁入学,约用八九年的工夫,至十五岁各经典正文都可读完。从此当读《四书》注解,其次读各经书的注解,读完讲解之后,从此应当看《史记》《资治通鉴》,再读各种古文。

17.《父师善诱法》(下卷)(七)附古人大文与注分读法 欧阳修曰:立身以力学为先,力学以读书为本。今取《孝经》《论语》《孟子》《六经》,以字计之,《孝经》一千九百三字,《论语》一万一千七百五字,《孟子》三万四千六百八十五字,《周易》二万四千一百七字,《尚书》二万五千七百字,《诗》三万九千二百三十四字,《礼记》九万九千一十字,《周礼》四万五千八百六字,《春秋左传》一十九万六千八百四十五字。止①以中才为准,若日诵三百字②,不过四年半可毕。或资钝减中人之半,亦九年可毕。其余触类而长之,虽书卷浩繁,第③能加日积之功,何患不至。

【注】①止,只。②日诵三百字,指将这三百字的文章读熟读透。③第,但,且。

本段谈读书要持之以恒。

【译】欧阳修说:立身要以致力于学习为先,治学以读书为本。《孝经》《论语》《孟子》《六经》用字来计数,《孝经》1903字,《论语》11705字,《孟子》34685字,《周易》24107字,《尚书》25700字,《诗经》39234字,《礼记》99010字,《周礼》45806字,《春秋左传》196845字。只以中等智力为标准,如果能够每天背诵300字,不过四年半就可完成。有的天资愚钝,减掉普通人任务的一半,也是九年可以完成。其余的书可以触类旁通,虽然书卷浩繁,但是只要日积月累,担心什么完不成呢?

18.《父师善诱法》(下卷)(九)觅书宜请教高明 唐彪曰:天下书虽至多,而好者极少。朱子《读书歌》云:"好书最难逢,好书真难置。"即如《四书》讲章,何止数百家,其好者能有几家。故人欲读一书,宜问有学者何为善本,得其指点书名,方可购求。不然,误觅庸陋之书,卤莽诵读,我之学问反为其所卑隘矣。

【译】唐彪说:天下的书虽然很多,但是好的很少。朱子《读书歌》说:"好书最难碰到,好书真的很难买。"就如解说《四书》的书,何止几百家,那好的能有几家?所以人们如果想要读一书,应当请教有学问的人哪本是善本,得到他指点书名,才可购买或谋求。不然,错误地找到了庸俗浅陋的书,随便一读,自己的学问反而被它搞低级狭隘了。

19.《父师善诱法》(下卷)(十一)读书总要 唐彪曰:"有当读之书,有当熟读之书;有当看之书,有当再三细看之书;有必当备以资查考之书。书既有正有闲,而正经之中,有精粗高下,有急需不急需之异，故有五等分别也。学者苟不分别当读者何书，当熟读者何书，当看者何书，当熟看者何书，则工夫缓急、先后俱误矣。至于当备考究之书，不备则无以查考，学问知识何从而长哉？"

> 【译】唐彪说："有应当读的书，有应当熟读的书；有应当看的书，有应当再三仔细看的书；有一定要准备以备查考的书。书既然有正有闲，而正书之中，又有精粗高下、急需不急需的不同，所以有五等分别。学习的人如果不区别应当读的是什么书，应当熟读的是什么书，应当看的是什么书，应当熟看的是什么书，那么所用功夫的缓急、先后都错了。至于应当准备以资查考的书，不准备就无法查阅，学问怎么增长呢？"

20.《父师善诱法》（下卷）(十四)童子讲书复书法　唐彪曰：童蒙七八岁时，父师即当与之解释其书中字义。但解释宜有法，须极粗浅，不当文雅深晦[①]。年虽幼稚，讲解日久，胸中亦能渐渐开明矣。

> 【注】①晦（huì），不明显，晦涩。

> 【译】唐彪说：童蒙七八岁时，父亲或老师就应当给他讲解书中的字义。只是解释要讲究方法，必须非常浅显地讲，不应当讲得太文雅、深奥、晦涩。孩子年龄虽小，听讲解的时间一长，心中也能慢慢有所领悟了。

21.《父师善诱法》（下卷）(十四)童子讲书复书法　唐彪曰：先生止与学生讲书，而不令其复书[①]，最为无益。然每日既讲书，而又令复书，则工夫过烦，先生之精力亦不能副。惟将前十日所讲书于后五日令复完，复书之日不必讲书。人或嫌其工夫稀少，而不知其得益良多。其间错解者可以改正，不解者可以再解，不用心听，全不能复者，可以惩儆[②]之，开导之，功莫善于此。

> 【注】①复书，将老师讲解过的内容复述出来。②惩儆（chéng jǐng），惩罚，警诫。

> 【译】唐彪说：老师只给学生讲书，但不让他自己复书，最为无

用。然而每天老师既要讲书，又要让学生复书，那么事情太多，老师的精力也应付不过来。只有将前十天所讲的书让学生于后五天复习完，学生复书的日子老师就不必讲书了。人们或者觉得时间不够用，不知道这样做得益很多。原来理解错的可以改正，原来不理解的可以请老师再讲解，不用心听、完全不能复书的学生，可以惩罚他，开导他，功劳没有比这更大的。

22.《父师善诱法》（下卷）(十五)童子读古文法 唐彪曰：初学，先读唐宋古文，随读随解，则能扩充才思，流畅笔机，较之时艺为益更多。若读而不解，不明其义，将焉用之？其周、秦、汉古文神骨高隽①，初学未能跂及②，宜姑后之。虽然，秦汉古文少时亦可诵读，惟讲解取法，则宜先以唐宋古文，为易于领略耳。然读不必多，留其余力以读周、秦、汉古文可也。

【注】①隽，高雅。隽（jùn），通"俊"，俊秀。②跂（qǐ），通"企"，踮起脚跟。跂及，比喻难以达到。

【译】唐彪说：童子初学古文，要先读唐宋古文，一边阅读一边理解，就能扩充才思，下笔为文更为流畅，比时艺获益更大。如果只读不理解，不明白它的意思，怎么能用？周、秦、汉三个朝代的古文风骨高俊，初学不能学会，适宜暂时放到后面。虽然这样说，但是秦汉时的古文少年时也可诵读，只是讲解学习写作方法，就应当先学唐宋古文，因为它易于领略。然而读唐宋古文不要太多，多留点时间来读周、秦、汉三个朝代的古文。

23.《父师善诱法》（下卷）(十九)教学杂条 唐彪曰：子弟聪明有志者，可以责扑骂詈①愧耻之，使之激励精进；愚玩无志者，督责之则彼益自弃，而安于下流，无上进之机矣。惟故加奖誉，并立赏格鼓舞之，或踊跃②向往之心生，未可知也。观古人为政，必赏罚并行，乃能致治。则知父兄教子弟，神机妙用，亦在奖励鼓舞与督责兼行也。

【注】①詈（lì），责骂。②踊跃，热烈积极、争先恐后的样子。

【译】唐彪说：子弟聪明又有远大志向的，可以责备、扑打、骂詈他，使他感觉羞愧、可耻，从而激励精进；愚蠢、贪玩没有志向的人，督促责骂他，可能使他更加自暴自弃，而安于下流，没有上进之心了。只有故意加以奖励和赞誉，并设立奖赏鼓舞他，或者产生奋勇向上的心理也未可知。观察一下古人为政，一定是奖赏和惩罚并行，才能达到治理的目标。由此可以推知父兄教子弟，神机妙用，也在奖励、鼓舞和督促责备并行。

24.《读书作文谱》卷一（一）学基 心非静不能明，性非静不能养，静之为功大矣哉！灯动则不能照物，水动则不能鉴物，静则万物毕见①矣。惟心亦然，动则万理皆昏，静则万理皆彻。古人云：静生明。《大学》曰："静而后能安，安而后能虑。"颜子②未三十而闻道，盖静之至也。伊川③见其徒有闭户澄心静坐者，则极口称赞。或问于朱子曰：程子每喜人静坐何如？朱子曰：静是学者总要路头也。

【注】①见，同"现"。毕见，即"毕现"。②颜子，孔子学生颜回。③伊川，程颐，北宋理学奠基者。

这是谈学习的总方法，要静得下来，注意力才能集中，什么内容都学得好。

【译】心不静不能明，性不静不能养，静的作用是很大的。灯动则不能照物，水动则不能显影，一旦平静则万物皆现。对于心也是这样，内心躁动则万理俱不清晰，内心平静则万理都明白。古人说：平静能产生明朗。《大学》说："平静之后才能安宁，安宁之后才能思虑。"孔子的学生颜回没有三十就闻道了，那是静到了极点的缘故。程颐看见他的学生有关门静坐的，就极口称赞。有人问朱子说：程颐常常喜欢学生静坐，如何评价？朱子说：平静是学习的人的总要领。

26.《读书作文谱》卷一（二）文源　　武叔卿①曰：石韫②玉而山辉，水怀珠而川媚③。文字俗浅，皆因蕴藉不深；蕴藉不深，皆因涵养未到。涵养之文，气味自然深厚，丰采自然朗润，理有余趣，神有余闲，词尽而意不穷，音绝而韵未尽，所谓渊然之光、苍然之色者是也。程明道④谓子长⑤著作微情妙旨，寄之笔墨蹊径之外。此无他，惟其涵养到，蕴藉深，故其情致疏远若此。

【注】①武叔卿，明代医学家。②韫，蕴藏，包含。③媚，美。④程明道，即程颢，学者称之明道先生。⑤子长，司马迁，字子长。

【译】武叔卿说：岩石中蕴藏美玉，那么山自然有光辉，河里蕴含珍珠河流自然秀美。文章写得俗浅，都是因为蕴藏不深。蕴藏不深，都是因为修养还未到。有涵养的文章，韵味自然深厚，丰采自然明朗润泽，理有余趣，神有余闲，言词已尽意味无穷，音乐停止了，韵律仍然绕梁不绝，这就是所说的渊然之光、苍然之色。程颢先生认为司马迁的文章隐微的情感、精妙的旨趣，寄托在笔墨之外。这没有别的原因，只是因为他的涵养全面，蕴藏深刻，所以他的情致才能这样高远。

27.《读书作文谱》卷一（三）读书总要　　钱懋修问："学者看《史》《鉴》①当在何时？"余曰："此当因人资力。资胜力优者，年十三四时便可致功；其次则十四五；又其次，或十五六必当披阅。但其初必父师讲解一周，然后令彼自阅，始能因文解义，识其成败是非。或父师不能多解，得解一二百张，略知大意，亦庶几②焉。不然，史鉴文义高，叙事古，初学何能自阅也。"

【注】①《史》《鉴》，《史记》和《资治通鉴》。②庶几，差不多。

【译】钱懋修问："学习的人看《史记》《资治通鉴》应当在什么时候？"我说："这应当根据各人的资质和能力来定。天资聪明能力优秀的，十三四岁时便可看了；其次是十四五岁；再次，到十五六岁一定要看了。只是起初一定要老师或父兄讲解一通，然后让学生自己看，才能根据文字理解意思，懂得书中所写的是非成败。或者父兄师长不能讲解很多，能讲一二百张，让弟子略知大意，也差不多了。不然，《史记》《资治通鉴》文义高深，叙事古朴，初学怎么能自己看呢？"

28.《读书作文谱》卷一（三）读书总要 从古未有止读四书一经之贤士，亦未有止读四书一经之名臣。故欲知天下之事理，识古今之典故，欲作经世名文，欲为国家建大功业，则诸子中有不可不阅之书，诸语录中，有不可不阅之书，典制、志记中，有不可不阅之书，九流杂技中，有不可不阅之书。即如制艺，小技耳，唐荆川①、归震川②、金正希③辈，皆读许多书，而后能作此可传之制艺也。虽然，此数项中，书甚繁多，其当阅者，岂浅学所自知哉，非请教于高明不能辨也。

【注】①唐荆川，明代文学家，原名唐顺之，因爱好荆溪山川，故号荆川。②归震川，归有光，字震川，明代文学家。③金正希，金声，字正希，明崇祯时进士。

本段谈在精读的基础上，要适当拓宽，否则未免狭窄。

【译】自古以来没有只读《四书》加一经的贤士，也没有只读《四书》加一经的名臣。所以想要知道天下的事理，懂得古今的典故，想作对社会有用的名文，想为国家建大功业，那么，诸子中有不可不看的书，各语录中有不可不看的书，典制、志记中有不可不看的书，九流杂技中也有不可不看的书。就是像制艺（八股时文），这是雕虫小技，唐荆川、归震川、金正希等，都饱读诗书，然后才能写出这样的可以流传的制艺。虽然这样说，但是这几样中，书很多，哪些是应当看的，岂是知识浅薄的人自己知道的，不请教高明的人不能辨别。

29.《读书作文谱》卷二（一）看书总论 人之看书，先当分可已不可已[1]。其可已之书，虽易解，不必披阅；其不可已之书，虽极难，必宜反复求通。如初看时，竟茫然一无所知，不可生畏难心也；逾时再看，或十中晓其一二，不可生怠倦心也；逾时再看，或十中解其五六，更不可萌可已之心也；逾时复看，工夫既到，不期解而自明矣。《大学》所谓用力久而一旦豁然贯通者，岂虚语欤！人安可一阅未能领会，即置之[2]也？

【注】①已，停止。②置之，放弃它。

本段谈把书分为必读和非必读两种。

【译】人们看书，首先应当区分是不是非看不可的书。那些不是非看不可的书，虽然容易理解，不必看；那些非看不可的书，虽然很难理解，必须反复看以求理解。比如初看的时候，竟茫茫然一点也不懂，不能产生畏难的心理；过一段时间再看，这时也许能懂十分之一二了，不能够产生懈怠的心理；过一段时间再看，这时也许能懂十分之五六了，更加不能萌生可以停止的心理；过一段时间再看，功夫已到，没有期望理解而自然能够理解。《大学》所说的"持久用功可以一旦豁然开朗"的话，难道是虚语吗？人们怎么可以对初看不能领会的书轻易放弃呢？

30. 《读书作文谱》卷二（六）读书、作文当阙所疑　孔子云："多闻阙[1]疑。"又曰："君子于其所不知，盖阙如也。"又曰："不知为不知，是知也。"然则学者必不能无疑，惟在于有疑而能阙。苟不阙而轻发之于言，或妄笔之于书，既贻有学者之非笑，而又误天下后世无学之人。贻有学者之非笑，犹可言也，误天下后世无学之人，过[2]何如矣！

【注】①阙，缺。阙疑，存疑。②过，过错。

【译】孔子说："要多听，不懂的应该存疑。"又说："君子对于他所不知道的东西，都是存疑的。"又说："不知道就是不知道，这才是明智的。"学习的人一定不可能没有疑问，只是在于有疑问而能阙如。如果不存疑而是轻率地发言，或者用笔随意地写出，既给有学问的人留下笑柄，又耽误后世初学的人。给有学问的人留下笑柄，还说得过去，耽误天下后学之人，这种过错该如何说啊！

31.《读书作文谱》卷二（十三）论古人读书同异之故　朱子云，读书之法，要先熟读；熟读之后，又当正看、背看、左看、右看；看得是了，未可便说是，更须反复玩味。乃①吴主②教吕蒙③读书与诸葛孔明读书，皆止观大意，则又何也？彪尝以意推之，大凡书有必宜熟读者，有止宜看而会其大意者；至于读书之人，亦有不同，或年长而且禄仕，事机繁杂，读书止取记其理，不取记其词，所以有观大意之说也；少壮未仕者，记性既优，事复稀少，读书既欲精其理，又欲习其词，所以有熟读、熟看之说也。二者各有所指，学者既知其异，又不可不求其同，盖大意所在，即书之纲领，一篇之中，不过数句，加功记之，乃读书至简捷之法。吴主、孔明致功如此，即朱子于但当看之书，亦何尝不如此也？故曰，求其异，又不可不知其同。

【注】①乃，然而。②吴主，孙权。③吕蒙，孙权大将，因忙于军务，孙权教其读书"但当涉猎见往事耳"。

本段谈读书方法因人因书而异。学生是专门读书的人，所以对重要书籍要精熟；政治家、军事家是以读书为用的人，获得有益于己的东西就行了，所以有时是略读。

【译】朱子说，读书之法，要先熟读，之后又应当正看、背看、左看、右看，看得是了，未可便说是，还要反复玩味。然而孙权教吕蒙读书与诸葛亮读书，都是只观大意，这又该如何理解呢？我曾这样推想：大凡书有应当熟读的，有只适宜看看而了解大意的；至于读书的人也有不同，有的年龄大且有职位有俸禄，事务繁忙，读书只要获取它基本的内容信息，不关心它的语言表达，所以有观大意之说；年少没有入仕的，记性很好，事情又很少，读书既要精通它的道理，又要学习它的语言表达，所以有熟读、熟看的说法。两者各有所指，学习的人既要知道它们的不同，又不可不寻求相同的一面，原来书的大意即书的纲领，一篇之中不过几句话，用功把它记下来，是读书最简单快捷的方法。孙权、孔明这样用功,即使朱子对于只用看看的书也何尝不是这样呢?所以说,寻找它们的差异,又不能不了解它们的相同点。

32.《读书作文谱》卷二(十四)成人讲书之法及问难之理 学生复讲①书时,全要先生驳回问,层层辩驳,如剥物相似,去尽皮,方见肉,去尽肉,方见骨,去尽骨,方见髓,书理始能透彻。不可略见大意,即谓已是也。虽然,凡书不特弟子复讲时,师宜驳难,即先生讲解时,弟子亦宜驳问。先生所讲未彻处,弟子不妨以己见证之。或弟子所问,先生不能答,先生即宜细思,思之不得,当取书考究,学问之相长,正在此也。切勿掩饰己短,支离②其说,并恶③学生辨难。盖天下事理无穷,圣贤尚有不知,何况后学?不能解者,不妨明白语学生:我于此犹未曾见到。如此则见地高旷,弟子必愈加敬之;不如此,反不为弟子所重矣。

【注】①复讲,让学生讲解老师所教过的书。②支离,散乱没有条理。③恶,厌恶。

本段谈非常重要的书的教法和读法,师生、同学反复讨论辩驳,就可以把书读透。

【译】学生在复讲时,老师要全面驳问,层层辩驳,和剥离物体相似,去尽外皮,才看见肉,去尽肉,才看见骨头,去尽骨头,才看见骨髓,这样辩驳,书中的道理才能透彻理解。不能略微看到大致意思,就认为是这样了。虽然这样,但是如果想要把书学得很透彻,不只是学生在复讲时老师应当驳难,就是老师在讲解时学生也应该驳问。老师讲解没有透彻的地方,学生不妨用自己的见解来证明它是错的。也许弟子所问的,老师不能回答,老师就应当仔细思考,思考不出来,应当拿书来研究,学和问相互提高,正在这里。老师千万不能掩饰自己的短处,含糊地进行解说,并且厌恶学生辩难。天下事理无穷无尽,圣人贤人尚且还有不知道的,何况是我们后学?老师自己不能解释的,不妨明白地告诉学生:我对于这个问题还没有见到。

这样就显得见识风度旷达，学生一定会更加尊敬他；不这样，反而不被学生重视了。

33.《读书作文谱》卷三 (一)读书作文总期于熟　凡经史之书，惟熟则能透彻其底蕴，时文、古文，熟则听我取材，不熟，安能得力也？然熟亦难言矣，但能背，未必即熟也。故书文于能背之后，量吾资加读几多遍，可以极熟不忘，则必如其数加之，而遍数尤宜记也。最忌者，书读至半熟而置，久而始温。既已遗忘，虽两倍其遍数，亦不熟矣！

　　【注】本段谈很重要的书光能背还不够，一定要读足遍数才能牢记于心！

　　【译】凡是经典和史书，只有熟才能透彻理解它的意思，时文、古文，熟了就能够随便从其中取材，如果不熟，到需要用时哪里用得上？然而熟也很难说，只是能背，未必就是熟。所以书籍和文章在能背之后，根据自己的天资再多读几遍，就可以达到极熟不忘的程度。想要这样，就必须确保遍数到位，遍数应当记下来。最忌讳的是，读书到半熟的时候就放弃了，过了很久才来温习。既然已经忘记了，虽然用两倍的遍数，也不能熟了。

34.《读书作文谱》卷三（二）课程量力始能永久　学者用心太紧，工夫无节，则疾病生焉（惟立课程[①]，则工夫有节[②]）。余亲见读书过劳而夭[③]者五六人。故父师于子弟，懒于读书者，则督责之，勿[④]令嬉游；其过于读书者，当阻抑之，勿令穷日继夜，此因材立教之法也。

　　【注】①立课程，建立严格的读书计划，把学习内容具体地分配到学习时间中去。②工夫，学习时间。节，节制，控制。③夭，短命。④勿，通"毋"，不要。

　　这是谈读书要看自己的智力、体力，不要太累。

　　【译】学生用心学习过了头，学习时间没有控制，会生出病来（只有订立学习计划，那么学习时间才有节制）。我亲眼见到读书过于劳累而夭折的有五六人。所以父兄和老师对

167

于子弟，懒于读书的要督促责备，不要让他一味嬉闹；读书用时间过多的，应当适当阻止，不要让他没日没夜地用功，这是因材施教的法则。

35.《读书作文谱》卷三（二）课程量力始能永久 唐彪曰：有恒是学人彻始彻终工夫，惟有恒，学业始能成就。然人谁不欲有恒，而每不能实践者，以课程不立，学无定规，初时欠缺，久即废弛。惟立简约课程，易于遵守，不使一日有缺，以致怠惰因循，方能有恒。大概十五以内，每日间宜取四五时读书，余可听其散步（少年之人，血气流动，乐于嬉戏，亦须少适其性，太劳苦拘束之，则厌弃之心生矣）；三十以内，或有事，或无事，读书之外，静坐最要，散步次之；三十以外，事有繁简，应事读书之外，或静坐，或散步，各随其意。作文之日，专意为文，不在斯例。此昔贤课程常式也。至于读书一项，以资有敏钝[1]，不能为一定之式，故又另设日记课程以为准则。吕东莱[2]曰：读书最当准立课程，某时读某书、温某书，某时写某字，如家常茶饭，不先不后，应时而供，自然日计不足，月计有余矣。

【注】[1]以资有敏钝，因为天资有快慢高低。[2]吕东莱，即吕祖谦，字伯恭，学者称东莱先生，南宋哲学家，与朱熹、张栻齐名。

本段谈订立具体学习计划的重要性，最好细到每个小时都有明确安排。

【译】唐彪说：有恒心是学习的人很重要的操守，只有有恒心，学业才能成就。然而谁不想有恒心，但常常不能做到，是因为没有订立具体的课程学习计划，学习没有定下适合自己的常量，开始时有所欠缺，时间久了就荒废了。只有订立简约的学习计划，容易遵守，不能让一天有空缺，以致懈怠懒惰，才有恒。大致说来十五岁以内，每天适宜用四五个小时读书，其余时间可听任他散步（少年之人，血气流动，喜欢嬉戏，也必须稍微适应他的天性，他如果太劳苦，受拘束太多，就会产生厌恶放弃的心理）；三十以内，有时有事，有时无事，读书之外，静坐最重要，散步在其次；三十以外，各人的事情有繁有简，根据需要读书之外，或者静坐，或者散步，各随其意。作文之日，专意为文，不在这个条例之内。这是过去贤人订立课程的基本格式。至于读书一项，因为天资有聪敏和愚钝之分，不能规定僵化的模式，所以又要设立每天要记的课程学习计划。吕东莱说，读书最应当准确设立课程，某个时间读哪本书、温习哪本书，某个时间写哪些字，就如日常喝茶吃饭，不提前不推后，时间一到就做，这样用天来计算也许不是很可观，用月来计算那就不错了。

36.《读书作文谱》卷三（二）课程量力始能永久　附：记课程式　以年为纲领，另记一行。次行记某月，初一日至初五日，读某书某章起，至某章止，温某书某章起，至某章止。读某文，某文已解，未解；已复①，未复。读某判某表，已背未背。此五日一记法也。

　　此月共读书多少章，温书多少卷，共读文、温文多少篇。解某书某章起，至某章止。共读几表，共读几判，此一月总记法也（或脱落一旬半月不补亦可，仍当断续记去，不可竟置②。积丝成寸，积寸成尺，自有进益）。

　　【注】①复，复讲。②置，放弃。

　　这里介绍了怎样具体订立读书学习的计划。

　　【译】用年作标题，专门记一行。次行记某月，初一日到初五日，读某本书某章起到某章止，温习某本书某章起到某章止。读某篇文章，某篇文章已理解、未理解；已复讲、未复讲。读某篇判某篇表，已背没背。这是五天一记的方法。

　　这个月共读书多少章，温书多少卷，共读文、温文多少篇。理解某书某章起到某章止。共读几篇表，共读几篇判，这是一个月总记录的方法（或许脱落了一旬半月没有记载，不补也可以，仍然应当继续往下记，不能就此废弃。积丝成寸，积寸成尺，自有收获）。

37.《读书作文谱》卷三（三）为学有优游渐积一法　　读书有计日程功之法，又有优游渐积①之法。盖计日程功之法，固为学之准绳，若夫质弱羸病之人，欲计日程功，每日读几行，背几行，此必不得之数，不如将全书每日读一遍，或二三遍，优游渐积，不求速背，反能记矣！彪十七岁以后，羸病凡十五年，濒死者数回，不可多用心，然心欲读《大宗师》《齐物》②二篇，于是将二文分日读之。一日读《大宗师》，一日读《齐物》，每日止读一遍，读至二月余，二书皆探喉能背③矣。于此知优游渐积之法之妙。

【注】①优游渐积，根据自己的身体智力情况慢慢地读，积少成多，总有收获。②《大宗师》《齐物》，《庄子》中篇名。③探喉能背，比喻背得很熟，像伸手从喉中取出一样。

【译】读书有按天计算收获的方法，也有按月舒缓积累的方法。按天规定学习日程，本来是治学的基本准则，至于那些身体羸弱或生病的人，想要按天督促验收，每天读几行，背几行，这一定办不到，还不如将全书每天读一遍，或者读二三遍，舒缓宽松地慢慢地积累，不要求迅速背诵，反而能记下了！我十七岁以后，身体羸弱生病达十五年，濒临死亡好几次，不能够多用心，然而心里想读《大宗师》《齐物》两篇文章，于是将这两篇文章分日来读。一日读《大宗师》，一日读《齐物》，每天只读一遍，读到两个多月，这两篇文章都能熟练背诵。从这里可知优游渐积这种方法的巧妙。

38.《读书作文谱》卷三（五）深思　　微言①精义，古人难以明言，而待人自悟者，要将其书熟读成诵，取而思之。今日不彻，明日更思，今岁不彻，明岁复思，数年之后，或得于他书，或触于他物，或通于他事，忽然心窍顿开，从前疑义，透底了彻，有不期解而自解者。故孔子曰："未之思也，夫何远之有②？"管子云："思之，思之，又重思之，思之不得，鬼神将告之③。"余谓鬼神非他，即吾心之灵也。

【注】①微言，含义深远的言辞。②何远之有，《论语·子

罕》："子曰：未之思也，夫何远之有？" ③鬼神将告之，《管子·心术下》："能毋问于人而自得之于己乎？故曰，思之。思之不得，鬼神教之。非鬼神之力也，其精气之极也。"

本段谈怎样对待"微言精义"，假以时日，自有奇迹出现。

【译】含蓄的语言，深奥的哲理，古人不容易明白说出，而靠读者自悟，要将古人的书熟读成诵，又拿来思考。今天想不透彻，明天再想，今年想不透彻，明年再想，几年之后，或者从其他书上得到解释，或者从其他事物上受到启发，或者从其他事情上得以弄通，忽然茅塞顿开，从前的疑问，获得透彻理解，有一种没有期望解决但自然而然地解决了的感觉。所以孔子说："那是没有思考的缘故，怎么会遥远？"管子说："思考，思考，再思考，这样想了之后还得不到答案，鬼神会告诉你的。"我说鬼神不是别的什么神灵，就是我们自己的心。

39.《读书作文谱》卷三（五）深思

凡欲了彻难解之书，须将其书读之至熟，一举想间，全书首尾历历如见。然后取其疑者反复研究，自然有得。若读得不熟，记得此段，忘却彼段，脉络不能贯通，纵令强思，乌①能得解？惟读之至熟，时时取来思索，始易得力也。

【注】①乌，何。

【译】凡是想要彻底理解有难度的书，必须将书读到极熟的程度，一旦要回想，全书从头到尾的内容都历历在目。再找出有疑问的地方反复进行研究，自然能有所得。如果读得不熟，记得这一段，忘记那一段，在整体上不能贯通，即使让他勉强思考，怎么能得到解答？只有读得非常熟，时时拿来想一想，才有可能有顿悟。

40.《读书作文谱》卷三（五）深思

一人学《曹娥碑》数年，而

毫发不能相肖①，因欲学他书。余曰：他书亦未必易学也。凡学艺者，舍手用目，舍目用心，方称善学。今子所用，不但非心，且非目也，徒任手耳，安能得字之神乎？子何不通体将诸字之上下左右而深思其结构之何若也，通体将其点、钩、直、画而深思其笔法之何若也？其人大悟，曰：善。吾昔未闻此言也，徒劳苦吾之手矣。于是反复思维，半月后，而字已肖其七八。噫！学艺且非深思不能得也，而况于读书与处事之大焉者乎？

【注】①肖，像。

本段谈学艺、读书，要眼、耳、口、手、脑并用，全神贯注，才能学有所成。做其他事又何尝不是这样的呢？

【译】有一个人学写《曹娥碑》的书法多年，写得一点也不像，因此想学其他的书帖。我说：其他的书帖也不一定容易啊。凡是学习手艺，不能只用手而且要用眼睛，不只用眼睛而且要用头脑，才称得上善学。现在你所用的，不但不是头脑，而且也不是眼睛，只是在用手罢了，怎么能得到书法的精神呢？你何不从头到尾将各字上下左右的结构深思一番，它们到底像什么；从头到尾将那些点、钩、直、曲的笔画深思一番，它们的笔法到底像什么？那人大悟，说：好。我从前没听说过这话，徒然让我的手在辛苦。于是反复思考，半月之后，他写的字有七八分像。唉！学艺这小事尚且不深思就不能有所得，更何况读书和处事这些大事呢？

41.《读书作文谱》卷三(六)下问　凡圣人，生来不过十倍人之聪明才智，必无百倍于人者，及至后而百倍于人者，因其好问，能并多人之聪明才智，而聪明才智始大也。此理显然也。无如①愚鲁之甚者，腹中一无所有，而自谓才与学已能过人，诩诩②然自负而不屑③下问，噫！诚可叹可惜也。

【注】①无如，不像。②诩，夸耀。③不屑，认为不值得。

本段谈读书不仅要勤学，还要好问。

【译】大凡圣人，生来不过普通人聪明才智的十倍，一定不会有百倍的，等到后来却百倍于人，因为他喜欢问，能够合并多人的聪明才智，因而自己的聪明才智才大起来。这个道理很明显。不像那些非常愚笨的人，肚子里什么也没有，但是自认为自己的才能和学问已经超过别人，骄傲自大，不屑于向地位低下的人请教。唉！确实让人感叹让人觉得可惜啊。

42.《读书作文谱》卷三(六)下问 浅学之人，虽有未知未能，恐有学者笑己，甘心不知，不肯下问，不知天下事理无穷，舜、禹、周公、孔子、颜子尚有不知，尚有疑惑，尚且孜孜下问，何况于我？若以问为屈己尊人，则禹之拜，何其屈辱矣！若谓恐人笑我所问之浅近，则孔子尝问官、问太庙之祭器品物矣，非浅近者乎？若恐人笑我所问之人之庸俗，则舜尝问陶渔耕稼①之人矣，非庸俗者乎？凡一切屈己下问之事，皆圣人所不讳②。圣人且不讳己之短，我何必畏人之笑而讳己短乎！况高人贤士，必不笑人，其笑人者，必无才、无学、无识之庸人也。

【注】①陶，做瓦器。渔，捕鱼。耕稼，种庄稼。②讳，隐讳。

【译】浅学之人，虽然有不知道的学问，有不能做的事情，恐怕有学者讥笑自己，甘心永远无知，不愿意向地位低下的人请教，他们不知道天下的事理没有穷尽，舜、禹、周公、孔子、颜渊尚且有不知道的，尚且有疑惑，尚且孜孜不倦向地位低下的人请教，何况我们呢？如果把请教别人看成看低自己，看高别人，那么，大禹下拜，多么屈辱啊！如果怕别人讥笑自己所问的问题浅近，那么，孔子曾经问官职、问太庙的祭器物品，不是浅近的东西吗？如果怕别人讥笑自己所问的人庸俗，那么，舜曾问陶者、渔民、农夫，不是庸俗的人吗？凡是一切放低身段向地位低下的人请教之事，都是圣人不回避的事。圣人尚且不避讳自己的短处，我又何必害怕别人讥笑而避讳自己的短处呢！何况高人贤士，一定不会讥笑别人，那些讥笑别人的人，一定是没有才能、没有学问、没有识见的人。

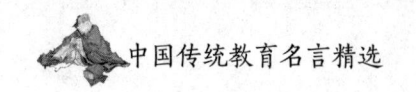

43.《读书作文谱》卷三(六)下问　　凡书中有疑,苟不专置①一册子记之,久而遗忘,不及请问高贤,生平学问,因此欠缺者不少矣!

【注】①置,设置,备办。

【译】读书的时候碰到有疑问,如果不专门准备一个本子把它记下来,时间久了就忘记了,就不便向高人贤士请教了。这样,自己的学问就会欠缺不少!

44.《读书作文谱》卷三(七)请问大儒有法　　学人当问之事理无穷,获遇有大学识者当前,细琐之事不必问及也。最要之大端,莫如问其当读者何书、何文,当阅者何书、何文,当置备以资考核者,何书、何文也。尤切要者,在问当读、阅、备考之书、文,何刻为善本。

【译】读书人应当请教的事情没有穷尽,碰到大学者在面前,琐细的事情就不必问了。最重要的事情,莫如问他应当读的是什么书、什么文章,应当看的是什么书、什么文章,应当准备以资查考的书和文章。尤其重要的是,要问应当读、看、备考的书和文章,哪种版本最好。

45.《读书作文谱》卷三(八)良师友切磋之法　　联会①背文,最为佳法,从事于此而成名者极多。如先达②凌子文联十人会,而发③者大半,张心友亦联十人会,而七人中式④。其法读文篇数贵多,背时生涩、讹⑤误字句必标记之,使知改正,兼以志罚。昔者江南几社⑥诸公,背时艺之外,更背诸经古文,故不惟科甲⑦多,而名士亦多也(按,背书会每月一举,各背书文十首,逐月递加,一字误,亦有罚,资贮公所,以行善事。遇乡荐⑧之年,背表一篇,策一篇,各出酒肴,背毕聚饮,过奢亦罚)。

【注】①联会,集会。②先达,前辈。③发,扬名。④中(zhòng)式,科举考中。⑤讹(é),错误。⑥江南几社,明末政治、文学社团。⑦科甲,指由科举而入仕。⑧乡荐,唐制,由州县地方官员推荐参加礼部进士考试谓之乡荐。

本段介绍一种同学之间相互学习的联会背文的方法。若干朋友在一起相互切磋讨论、督促提醒，取长补短，共同提高。

【译】几个人结成集会背诵文章是很好的方法。这样做而成名的很多。比如，前辈凌子文找十人聚会，扬名的有一多半；张心友也是十人为一会，有七人科举考中。他们的方法是读的文章篇数追求多，背的时候生涩、错误的地方一定要标记下来，让当事人知道改正，同时拿这个标志作为处罚的依据。从前江南几社各位学人，除了背诵时艺之外，还背诵各经典和古文，所以不只是科举考中的多，而且名士也多（按，背书会每月举行一次，各人背文章十篇，逐月增加，一字错，要罚，罚资贮存在公家，用来做善事。碰到乡荐之年，背诵表一篇，策一篇，各人准备酒肴，背诵完毕聚在一起饮酒，过于奢侈也要罚）。

46.《读书作文谱》卷三（八）良师友切磋之法　余闻三吴①之士，联会讲书，或十人，或二十人，每月一会，人与书皆以签定，得签者讲，亦有驳难，诚盛举也。

【注】①三吴，指江南一带。《名义考》："苏州，东吴也；润州，中吴也；湖州，西吴也。"另有不同说法。

【译】我听说三吴学人，结成集会讲书，成员或者十人，或者二十人，每月举行一次集会，谁讲、讲什么书都由抽签决定，抽中的讲，也有辩驳问难，确实是盛举。

47.《读书作文谱》卷三（八）良师友切磋之法　学者少壮之后，不可不与品学兼善之友讲书、背书、课文，不然，则记诵不熟，书史不明，文艺不进。

【译】读书的人到了少壮之后，不能不和品学兼优的朋友讲书、背书、作文，不然，记诵不熟练，书史不明白，写作不进步。

48.《读书作文谱》卷五（一）文章宜分类读　余欲学者分类读

文……分类可将一类之文聚于一处，其理其法亦聚于一处，则易于探讨，易于明晰；且分类则知每类至要紧者某题，至难做者是某题，拣择而熟诵之，所读诸题，便可该括他题。此皆分类之益也。

【注】本段谈分类对阅读的效果。其实，学写作，分类学习效果也一样。

【译】我希望学习的人分类读文章，分类可以将一类文章放在一起，这类文章的规律和方法也集中表现出来了，那么就容易探讨、容易明白；并且分类就能知道每一类最重要的是某题，最难做的是某题，选择出来读熟，读了各种类的代表作，便可以概括这几类的其他文章了。这都是分类阅读的好处。

49.《读书作文谱》卷五（一）文章宜分类读 学者苟能分类读文，不使此类重叠过多，以至彼类有所欠缺，则三百篇无乎不备矣！然尽美尽善之文不可多得，非多购传文，广亲有学，集众选而加采择，取数百年精粹之文，皆入我腹，则约非真约也。

【译】读书人如果真的能够分类阅读文章，不让这类文章重叠过多，以致他类文章有所欠缺，那么三百篇就很完备了！然而尽善尽美的文章不可多得，如果没有多买传世佳作，广泛求教有学问的人，从众多选本中加以选择，拿几百年的精粹文章都读进自己的肚子里，那么简约就不是真正有力的简约。

50.《读书作文谱》卷五（二）读文贵极佳 凡以所作之文，请教于人，未尝无益，然其为益无多也。一则阅者未必直言，一则我之所学果浅，彼虽直言，吾亦不能因一二文之指点而即变拙为巧，故无甚益也。惟以吾已读之文与欲读之文请问之，求其去取，更问其当读者何文，或得其指点，则获益无尽。何也？所作之文之工拙，必本于所读之文之工拙，用不离乎体也。譬如颜色之美恶由于靛①，未有靛残而色能鲜者，茶之高下系乎地，未有地劣而茶能优者。故以所作之文请教于人，必不如以欲读、已读与当读之文请教于人之为愈也。

【注】①靛（diàn），青蓝色染料，这里泛指一般染料。

【译】凡是拿所写的文章向别人请教，不是没有好处，然而那益处不多。一则别人未必直说，一则自己学得如果真的浅薄，别人即使直言，自己也不能因为一两篇文章的指点而由拙变巧，所以说没有大的好处。只有拿自己已读的文章和想要读的文章去请教，请求他给予决定取舍，更进一步问他应当读哪些文章，如果能得到他的指点，那么就会获益无尽。为什么呢？自己所写文章的好坏，一定根源于自己所读文章的好坏，运用离不开源头。譬如颜色的美丑由原料决定，没有原料残破但颜色鲜艳的，茶品的好坏由土壤决定，没有土壤低劣但是茶品优秀的。所以拿所写的文章向别人请教，一定不如拿想要读、已经读和应当读的文章向人请教更有用。

51.《读书作文谱》卷五（三）读文贵极熟　或问云："先达每言读文篇数欲少，而遍数欲多，亦有说乎？"余曰：文章读之极熟，则与我为化，不知是人之文、我之文也。作文时，吾意所欲言，无不随吾所欲，应笔而出，如泉之涌，滔滔不竭。

【译】有人问道："前辈常说读文章篇数要少，但遍数要多，也有说法吗？"我说：文章读得非常熟，就和自己融为一体了，已经不知道是别人的文章还是自己的文章了。作文的时候，我想说什么话，没有不随我的想法的，应笔而出，好像泉水涌出来，滔滔不绝。

52.《读书作文谱》卷五（三）读文贵极熟　凡古文、时艺，读之至熟，阅之至细，则彼之气机，皆我之气机，彼之句调，皆我之句调，笔一举而皆趋赴矣。苟读之不熟，阅之不细，气机不与我浃洽①，句调不与我镕②化，临文时，不来笔下为我驱使，虽多读何益乎？

【注】①浃（jiā）洽，融洽、和洽的意思。②镕，"熔"的异体字。

【译】凡是古文、时艺，读到非常熟的程度，看到非常仔细的程度，那么文章的气机就成了我的气机，文章的句调就成了我的句调，笔一拿起来，需要的词句材料都会跑过来。如果读得不熟，看得不仔细，气机没有和自己融洽，句调没有和自己贯通，临到作文时，就不会跑到我的笔下供驱使，即使读了很多，有什么用呢？

53.《读书作文谱》卷五（七）读书贵深造，不可贪多 凡读文贪多者，必不能深造，能深造者，必不贪多。此理当深悟也。盖读一篇，能求名人指点，剖悉精微，从而细加审玩，则读十可以当百；若不求名人指点，更不精研细阅，虽平浅之文，尚不能窥其所以，何况精深者，虽读百，不如十也。无如浅人不知深造之益，只务贪多，此篇尚读未竟①，又欲更读他篇，究之读过之文，窍妙精微了无所得。

【注】①未竟，未完。

【译】凡是读文章贪多的人一定不能理解透彻，能理解透彻的人一定不会贪多。这个道理应当深刻领悟。阅读一篇文章，如果能找到名人指点，剖析全面、深刻、细微，自己可以仔细地加以玩味，那么读十篇可以抵百篇；如果不能找到名人指点，也不精深研究、仔细阅读，即使是平易浅显的文章，尚且不能看出它的门道来，何况是精深的文章呢？这样读，即使读了百篇，还不如读十篇。无奈浅薄之人不知道理解透彻的好处，只追求多，这篇还没有读完，又想读另一篇，问他读过的文章，巧妙精微一无所知。

54.《读书作文谱》卷五（十）文章全藉改窜 文章最难落笔便佳。如欧阳永叔为文，既成，书而粘之于壁，朝夕观览，有改而仅存其半者，有改而复改，与原本无一字存者。

【译】文章很难一次写好。像欧阳修写文章，写成之后，贴在墙壁上，早上和晚上都看一看，有的修改之后只保留了原来的一半，有的改了又改，初稿没有保留一个字。

55.《读书作文谱》卷五（十一）作文精研一法　古称大家名家者，轶群之作，不过数十篇，至多不越百篇，外此则多寻常者也。彼其轶①群之作，或系一时而就，或系数日锤炼而就，或系他年改窜而就，非拘定一日所作也。人于一日之间，文或不佳，必不可生退怠心，更不可将所作毁弃，迟数月，仍以其题再作，有一篇未是之文，反触其机，即有一佳文出焉。此中妙境，惟亲阅历者，乃能知也。

【注】①轶，本指后车超越前车，引申为超越。

【译】古代称为大家名家的人，他们超群的文章不过几十篇，最多不超过百篇，此外多是普通的文章。他们那些超群之作，有的是一挥而就的，有的是经过很长时间酝酿而成就的，有的是他多年修改而成的，并不是限定在哪一天做的。学习者某一天的作文或者不够好，一定不能产生后退懈怠的心理，更不能拿所写文章销毁，过几个月，仍旧拿这个题再写，因为前面有一篇写得不好的文章，反而触发了他的灵感，就会有一篇好的文章产生。这中间的奥妙，只有亲历者才能知道。

56.《读书作文谱》卷五（十四）补遗：改窜法　文章初脱稿时，弊病多不自觉，过数月后，始能改窜。其故何也？凡人作文，心思一时多不能遍到，过数月后，遗漏之义始能见及，故易改也。又，当其时，执着此意即不能转改他意，异时心意虚平，无所执着，前日所作，有未是①处，俱能辨之，所以易改。故欲文之佳者，脱稿时固宜推敲，后此尤不可不修饰润色也。

【注】①是，对。

【译】文章刚写成时，毛病自己大多看不出来，过几个月后，才能修改。那是什么原因呢？大凡人们写文章，思虑一时想得不会那么周到，过了几个月后，漏掉的意思才能发现，所以容易改正。另外，当时写作时执着于这个意思，就不能转改其他的意思，过了些时日，心意谦虚平和了，不再执着，前些日子所写文章有不对的地方，都能辨别出来，所以容易改正。所以想要文章写得好，刚写成时固然适宜推敲，写成之后尤其不能不修改润色。

57.《读书作文谱》卷六（五）论文疏密、长短、奇正 文章长短，不可拘一律，如司马迁《项羽本纪》长八千八百一十九字，《赵世家》长一万一千一百一十三字，《颜渊列传》仅有二百四十字，《仲弓列传》止六十三字，此司马迁文章长短不拘一律也。又如《左传·韩之战》一篇，长二千六百六十三字，《郑人侵卫》一篇，仅有八十字，《考仲子之宫》一篇，仅有六十二字，此《左传》之文长短不拘一律也。故知文章原有不得不长，不得不短之妙。如题无可阐发者，不可强使之长，长则敷衍支蔓矣；题应重阐发者，不可疏率令短，短则意不周详，词不畅达矣。

【译】文章的长短不能拘于一律，司马迁《项羽本纪》长8819字，《赵世家》长11113字，《颜渊列传》只有240字，《仲弓列传》只有63字，这是司马迁的文章长短不拘。又如《左传·韩之战》2663字，《郑人侵卫》只有80字，《考仲子之宫》只有62字，这是《左传》文章的长短不拘。由此可知文章原来有不得不长、不得不短的奥妙。如果题目没有什么可以阐发的，不能勉强长，如果长就会空话虚无且多细枝末节的东西；题目应该重视阐述发挥的，不能粗疏草率让它短，太短就会意思不周详，语言不畅达。

58.《读书作文谱》卷十（八）总评 古今来佳文虽多，至如《左传》《国策》《孟子》《南华》①《史记》《汉书》，相如②、昌黎③、永叔④、子瞻⑤诸公之文，则可谓之登峰造极，无以复加者也。学者能熟读精思，则文章已探骊得珠⑥矣。至于永叔、子瞻之文，初学尤宜先读，以为造就之阶，则工夫易于入手。即或资钝，不及再读他文，然亦足以扩充才思，流畅笔机矣。

【注】①《南华》，即《庄子》。②相如，汉代文学家司马相

如。③昌黎，唐代散文作家韩愈。④永叔，宋代文学家欧阳修。⑤子瞻，宋代文学家苏轼。⑥探骊得珠，在骊龙的颔下取得宝珠，原指冒大险得大利，后常比喻文章含义深刻，措辞扼要，得到要领，语出《庄子·列御寇》。

【译】从古到今好文章虽然很多，如《左传》《国策》《孟子》《南华》《史记》《汉书》等书，司马相如、韩昌黎、欧阳永叔、苏子瞻等人的文章，可以称得上登峰造极，不能再好了。学习的人能够熟读精思，那么文章就能写得含义深刻，简明扼要了。至于欧阳修、苏轼的文章，初学的人尤其应当先读，作为深造的阶梯，就容易入写作之门。就是有人天资愚钝，不能再读其他的文章了，也足够丰富才思，使文笔流畅了。

59.《读书作文谱》卷十一（一）论读古文

学人宗大家之文者，反轻视周、秦，史、汉，岂知昌黎之文，出于六经、《庄》《孟》；柳州之文，出于《左》《国》①《离骚》；永叔②出于司马；昌黎、老泉、东坡、颖滨③出于《国策》《南华》、晁、贾④；南丰⑤出于班固、刘向。大家之文，既有所自出，而后之读其文者，反轻视其所自出，可乎哉？且作文之理，取法乎上，仅得乎中，读其文，执笔为之，便去其文远甚，安有读八家而即能为八家之文者？故尊八家而忘周、秦、史、汉者，非也。然登高者必自卑⑥，苟⑦躐等⑧为之，不读八家而竟骤希乎周、秦、史、汉，恐不能学其高隽，而且有画虎不成之弊矣。故学古宜以渐入也。

【注】①《左》，《左传》。《国》，《国语》。②永叔，欧阳修。③老泉，苏洵。东坡，苏轼。颖滨，苏辙晚年号颖滨遗老。④贾，贾谊。⑤南丰，曾巩。⑥自卑，从较低的地方。⑦苟，如果。⑧躐等，不按次序，逾越等级。

【译】学习的人尊崇八大家的文章，反而轻视周文、秦文、《史记》《汉书》，哪里知道韩愈的文章，技巧来源于六经、《庄子》《孟子》；柳宗元的文章，技巧来源于《左传》

《国语》《离骚》；欧阳修的文章来源于司马迁；韩愈、苏洵、苏轼、苏辙来源于《战国策》《庄子》、晁错、贾谊；曾巩出于班固、刘向。名家的文章，既然有所来源，但后代读他们文章的人，反而轻视他们文章的出处，可以吗？况且作文的道理，取法上等，只有做到中等，阅读学习那些文章，拿笔来写，就会离那些文章的水平很远，怎么会有读八大家的文章就能写出他们那样的文章呢？所以尊崇八大家的文章，但忘记周文、秦文、《史记》《汉书》的人是不对的。然而要登高，一定要从低处开始，如果跨越等级去做，不读八大家的文章竟然突然希望自己的文章达到周文、秦文、《史记》《汉书》的水平，恐怕不仅不能学习它们的高雅，而且会有画虎不成反类犬的毛病。所以学习古代文章应当慢慢进入。

60.《读书作文谱》卷十一（一）论读古文　朱子尝言：合昌黎、柳州、永叔、南丰、明允①、东坡数家之文，精加选择，可读者不及二百篇，此外便不必读，读之能令人手笔低。此不刊之论②也。今人于名人之文，概视为锦绣珠玑，谓可不必选择，乃率意③诵读，岂知平常之文，读之能令人手笔低乎？

【注】①明允，苏洵的字。②刊，削除，修改，古代用竹简写书，有错就削去。不刊之论，比喻不可改动或不可磨灭的言论。③率意，任意。

【译】朱子曾说：汇合韩愈、柳宗元、欧阳修、曾巩、苏洵、苏轼几家的文章，精心选择，可以读的不到二百篇，此外便不必读，读了让人手笔低。这是不刊之论啊。现今的人对于名人的文章，一概视作锦绣珠玉，认为可以不必选择，就任意阅读，哪里知道平常的文章，读了让人手笔低啊？

61.《读书作文谱》卷十一（一）论读古文　文章未有无瑕病者，虽以《左》《史》文中之圣，而或详略欠审，或位置失宜，或字句粗率，往往有之，下此者①可知矣。学者读其文，先存成见，但求其美，而不辨其瑕，非深造自得者也。惟精加玩索，能辨其美玉微瑕，然后己之所为文，瑕疵亦可免矣。

【注】①下此者，比这些差的。

【译】文章没有无瑕疵的，即使拿《左传》《史记》这样的文中圣品来说，有的详略欠审察，有的位置失当，有的语言粗率，往往会有这些情况，比《左传》《史记》更差的文章便可知道了。学习的人读那些文中圣品，首先存了完美的成见，只找它的美，没有注意它的瑕疵，这不是深入学习、自己获得成功的途径。只有自己精心加以玩味、思索，能辨别出它们美中之不足，然后自己写文章，瑕疵也可以少一些了。

62.《读书作文谱》卷十一（二）论选古文 大凡一人所著，有最上之文，有其次之文，有又次之文，三者相较，而高下大悬殊矣。故选古文者，须选最上之文，其次与又次者即可已①也。（学人之资性工夫俱有限，最上之文，且不及多读，焉有余力及其次焉者？今所选者，皆其次之文，则上焉之文，反使人皆不及读矣，岂不误人之甚乎？）

【注】①已，停止，即不选。

【译】大凡一个人的文章，有最好的，有其次的，有再次的，三者相比较，高下相差非常悬殊。所以选古文的人，必须挑选最上乘的文章，其次和再次的文章就可以不要了。（读书人的能力和时间都有限，最好的文章尚且来不及多读，哪有余力读次等的文章呢？假如现在所选的都是次等文章，那么上等文章反而都没有读了，岂不将人耽误得很严重吗？）

63.《读书作文谱》卷十二（一）惜书 昔之圣贤，不宝珠宝①而宝好书，故多方积聚，有借抄者，就其家抄之，不令书出门也。子孙愚鲁者视书如泥沙瓦砾，不但轻弃平常易得之书，即家传不可得之书，并幼时读过好书，亦且轻贱狼藉，至于散失。此无他，其志气污下，识见卑陋，不知书之有益，所以如此。不思己虽不能读书，他日子孙或有能读书者，欲求好书不可得矣，非财求所能觅也，亦思之乎？

好书极难，如得抄刻善本，当极爱惜之，不可即以此书日常诵习至于毁坏，更恐为人盗窃，既失则不可复得，虽痛惜之，无益矣。故须抄副本与子弟诵习，其原本则深藏之，不当听其可有可无也。

【注】①不宝珠宝，不以珠宝为宝贝。

【译】从前的圣人贤人，不看重珠宝而看重好书，所以多方积聚，如有人要借抄，就让他在家里抄，不让书出门。子孙愚蠢得把书看成泥沙瓦砾，不但轻易丢弃平常容易得到的书，即使家传的不易得到的书，和小时读过的好书，也看轻看贱，丢得一片狼藉，甚至散失了。这没有别的原因，他的志向、气节低下，见识低级浅陋，不知道书的作用，才这样。他们就没有想一想虽然自己不能读书，他日子孙也许有能读书的人，到时想要找到好书就不容易了，不是拿钱就能找得到的，他们也想过这个问题吗？

好书非常难得，如果得到了抄写或刻写的善本，应当非常爱惜，不可就用这个善本作日常诵习的教材，以至于毁坏。更要提防被人偷走，失去了就不可再得到了，虽然痛惜，也没用了。所以必须抄一个副本给子弟诵习，原本就深深地藏起来，不应当任其可有可无。

64.《读书作文谱》卷十二（二）杂论　　一技一能，亦足垂名于后世，况士君子著书立言，苟能尽善，安有不可与金石同寿之理？特患贪多务博，而议论不精，欲速成功而瑕瑜相掩，所以不能传也。劳曾三云：著述不患其不博，而患其难传，古今有撰述等身而不足传世者多矣！若精而可传，岂在多乎？然欲精，在不欲速始，张衡十年而赋二，左思一纪①而赋三，故纸贵洛阳②，而后世不能废也。是其不欲速之效矣。

【注】①一纪，十二年。②纸贵洛阳，据《晋书·左思传》载，左思写成《三都赋》后，"豪贵之家，竞相传写，洛阳为

之纸贵"。

【译】一种技术，一种能力，也足够名垂后世，何况读书人著书立说，如果能够尽善尽美，怎么会有不能和金石同寿的道理？只是担心一味追求多，使议论不精，想要速成而使著述瑕瑜互现，这才不能传世。劳曾三说：著述不怕写不多，而怕它难以传世，古往今来著作等身而不足传世的很多！如果精辟而可以传世，岂在乎写得多？然而想要精辟，在于不要想仓促开始，也不要想速成，张衡十年才写两篇文章，左思十二年才写三篇文章，使得洛阳纸贵，后世不能废弃他们的文章。这是他们不想速成的效果。

65.《读书作文谱》卷十二（二）杂论 文思有得之至敏者，或片时成数艺，如袁宏、刘厂、柳公权之俦其人也（桓温北征，唤袁宏倚马前作露布①，不辍笔立成；刘厂在西掖时，一日追封皇子、宫主九人，厂立马却坐，一挥九制，昌明、典雅，各得其体；柳公权从文宗至未央宫，帝驻辇曰："朕有一喜，边城赐衣久不时，今中秋而衣已给。"公权为数十言称贺。帝曰："当贺我以诗。"宫人迫之，公权应声成文，婉切而丽。诏令再赋，复无停思。天子甚悦，曰："子建七步成一诗，尔乃三焉。"）。有得之至迟者，或数月成一艺，如桓谭、王充之俦②其人也（桓谭每数日作一文，文成辄病；王充著《论衡》，闭户二十年始成）。大抵士人应试之作，与词臣承命作文，类皆刻期以需，非敏不足以应急。敏者固胜于迟者，然而文未必工也。其欲自为撰述以垂永久，不嫌于迟，迟则能精，精则可传，迟者又胜于敏也。故二者各有所长，取才者不当以此分轩轾③焉。

【注】①露布，古代称檄文、捷报或其他紧急文书。②俦（chóu），等辈。③轩轾，车子前高后低叫轩，前低后高叫轾，比喻高低优劣。

【译】作文构思有的很快，有时一会儿写成几篇文章，如袁宏、刘厂、柳公权等辈就是这样的人（桓温北伐，叫袁宏靠在马前写军用文书，袁没有停笔立即写成；刘厂在西掖的时候，有一天封皇子、公主九个人，刘厂站在马前，没有坐，一下写了九篇诏书，明朗、典雅，各得其体；柳公权跟随文宗来到未央宫，文宗停车，说："我有一喜事，边城将士的赐衣很久没有及时发放了，今年中秋时边衣已发下去了。"柳公权写了几十字称贺。文宗说："应当用诗来祝贺我。"宫人催促，公权应声成诗，婉丽动人。皇上让再写一篇，柳公权不假思索又写成了。皇上很高兴，说："曹植走七步写成一首诗，你竟然写了三篇。"）作文构思有的很慢，有的几个月才写成一篇文章，如桓谭、王充等辈就是这样的人（桓谭常常要几天才能写成一篇文章，文章写成了，人也生病了；王充写《论衡》，关起门来专注地写，二十年才写成）。大致说来，读书人应试之作，和文臣奉命作文，都是要在规定时间完成，不敏捷不能应急。才思敏捷的人固然胜于反应迟钝的人，然而写成的文章不一定好。那些想自己创作以名垂青史的人，不嫌写得慢，慢就能精，精就可以传之后世，这样说写得慢又有胜于敏捷的一面。所以二者各有所长，取才者不应用这个来分高下。

张伯行（3则）

张伯行（1651—1725），清朝理学家，河南仪封（今河南兰考）人，为官清廉刚直。

1.清张伯行《学规类编》　学者于《庸》《学》《论》《孟》四

书，果然下功夫，句句字字，涵咏切己，看得透彻，一生受用不尽。只怕人不下工，虽多读古人书无益。书只是明得①道理，却要人做出书中所说圣贤工夫来。若果看此数书，他书可一见而决矣。

【注】①明得，指说明，阐说清楚。

【译】读书人对于《大学》《中庸》《论语》《孟子》四书，如果真的下功夫，字字句句，涵咏体会，看得透彻，一生受用不完。只怕人不下功夫，虽然多读古书，得益也不大。书中只是把道理讲明而已，读书人重要的是能按照书中圣贤所说的话去做。如果真的能透彻地看好这四书，其他的书一看就明了。

2.清张伯行《学规类编》 观书但当虚心平气，以徐观义理之所在，如其可取，虽世俗庸人之言，有所不废。如有可疑，虽或传以为圣贤之言，亦须更加审择①，自然意味和平，道理明白，脚踏实地，动有依据，无笼罩自欺之患矣。

【注】①审择，审察、选择。

【译】看书应当虚心平和，慢慢地看出书中义理之所在，如果可取，即使是世俗庸人的话，也不能废弃。如果有可疑的，即使有的相传是圣贤之言，也必须审慎选择，这样就心态平和，道理明白，脚踏实地，行动有依据，没有笼罩自欺的不足。

3.清张伯行《学规类编》 夫学，非读书之谓。然不读书，则无以知为学之方。故读之者贵专而不贵博。盖惟专为能知其意而得其用；徒博则反苦于杂乱浅略而无所得。

【译】学习并不就是指读书。然而不读书，就无法知道学习的方法。所以读书贵在精专而不贵徒然博览。只有精专才能懂透所学知识的含义而且运用到实践中来；徒然博览反而会变得杂乱浅略而无所得。

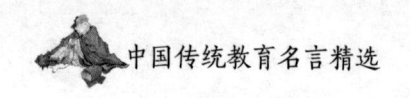

戴震（3则）

戴震（1724－1777），字慎修，又字东原，清代中期安徽休宁人。

1.戴震《古经解钩沈序》 经之至者，道也；所以明道者，其词也，所以成词者，未有能外小学文字者也。由文字以通乎语言，由语言通乎古圣贤之心志；譬之适堂坛之必循其阶①，而不可以躐等。

【注】①适，去。堂，四方高的建筑。坛，土筑的高台。循，沿着。

【译】经书的精粹是道理；用来阐明道理的是语言，构成语言的材料是文字。通过文字来理解语言，通过语言来理解古圣人贤人的心志；就好像要登上位置高的堂坛，一定要顺着阶梯而上，不能不循序列。

2.段玉裁①《戴东原先生年谱》 宋儒讥训诂之学，轻语言文字，是犹渡江河而弃舟楫，欲登高而无阶梯也。

【注】①段玉裁，戴震弟子。

【译】宋代学者讥笑训诂学，轻视研究语言文字，这好像要渡江河但是放弃船只，想要登高但是没有阶梯。

3.段玉裁《戴东原先生年谱》 知得十件而都不到地，不如知得一件却到地也。

【注】本段谈专精的重要性。

【译】十个方面的知识都只是有所了解，不如一个方面的知识掌握得非常全面透彻。

《教童子法》(7则)

王筠(1784-1854),山东安邱人,道光元年举人。著作有《教童子法》《说文句读》《文字蒙求》《四书说略》等。

1.《蒿庵闲话》曰:"历城叶奕绳,尝言强记之法,云:'某性甚钝,每读一书,遇意所喜好,即札录之,录讫①,乃朗诵十余遍,粘之壁间,每日必十余段,少亦六七段;掩卷闲步,即就壁间观所粘录,日三五次以为常,务期精熟,一字不遗;粘壁既满,乃取第一日所粘者收笥②中,俟③再读有录,补粘其处,随收随补,岁无旷日,一年之内,约得三千段,数年之后,腹笥渐富。每见务为泛览者,略得影响而止,稍经时日,便成枵腹④,不如予之约取而实得也。'"

【注】①讫(qì),完毕。②笥(sì),原指盛东西的竹器,这里指书箱。③俟(sì),等待。④枵(xiāo)腹,空腹。

【译】《蒿庵闲话》说:"历城的叶奕绳,曾谈到强记的方法,说:'我天性很愚钝,每次读一本书,碰到自己喜欢的段落,就抄录下来,抄完,就朗诵十多遍,粘贴在墙上,每天一定要完成十多段,少的也有六七段;把书盖上之后无事时在屋中踱步,就站在墙边阅读粘贴段落,每日看上三五次是常事,追求精深熟练,一个字也不遗漏;墙壁粘满之后就把第一天粘贴的段落收入箱中,等到再读有抄录时补粘在那里,随时收摘随时补粘,每年没有空日,一年之中,大约有三千段,几年之后,肚中积累逐渐丰富。每次看到那些追求多读的人,略微有点印象就停下来了,稍过一段时间,腹中

189

便空空如也，不如我取得少而收获实在。'"

2.《蒿庵闲话》又曰："邢懋循尝言：其师教之读书，用'连号法'：初日诵一纸，次日又诵一纸，并初日所诵诵之，三日又并初日次日所诵诵之，如是渐增，引至十一日，乃除去初日所诵，每日皆连诵十号，诵至一周，遂成十周，人即中下，亦无不烂熟矣。"

【译】《蒿庵闲话》又说："邢懋循曾经讲道：他的老师教他们读书，用'连号法'：第一天背一张纸，第二天又背一张纸，同时要背第一天背过的，第三天背一张纸，同时要背前两天背过的，像这样逐渐增加，到第十一天，才除掉第一天的，每天都复习十天的内容，当一个周期结束的时候，每篇文章都背了十次了。这样，即使是中下智力，对所读的书也无不烂熟了。

3.入学后，每科必买《直省乡墨》，篇篇皆使学子圈①之抹②之，乃是切实工夫。工夫有进步，不防圈其所抹，抹其所圈。不是圈他抹他，乃是圈我抹我也。即读经书，一有所见，即写之书眉，以便他日涂改；若所读书，都是干干净净，绝无一字，可知是不用心也。桐城人传其先辈语曰："学生二十岁不狂，没出息；三十岁犹狂，没出息。"

【注】①圈，古人读书时在自己认为重要或精彩的地方做的记号，或在词句的上面整个圈住，或在旁边加小圈或点。②抹（mǒ），擦掉。古人读书先在重要或精彩的地方加圈，后来认识提高了，觉得原来加了圈的地方并没有那么重要或精彩，于是把圈擦掉。

【译】入学后，每科一定要买《直省乡墨》，每篇文章都要让学生做记号，才是切切实实的功夫。如果学习有进步，不妨在原来抹掉的地方又加上肯定的圈，也不妨抹掉在原来加了圈的地方。这不是在删书圈书，而是在圈自己抹自己，因为认识改变了，有了进步。即使是读经书，一碰到自己有了见解，就写在书页的相应的空白处，以便来日再来修改；如果所

190

读的书干干净净，没写一字，可知他根本没用心。桐城人流传着他们的前辈的话说："学生二十岁不狂妄，没有出息；三十岁还在狂妄，没有出息。"

4.孔子善诱。孟子曰，教亦多术。故遇笨拙执拗之弟子，必多方以诱之。既得其机之所在，即从此鼓舞之，蔑①不欢欣而惟命是从矣。若日以夏楚为事，则其弟固苦，其师庸②乐乎？故观其弟子欢欣鼓舞，侈③谈学问者，即知是良师也。若疾首蹙额④，奄奄⑤如死人者，则笨牛也，其师将无同？

【注】①蔑，无。②庸，难道。③侈，夸大而不切实际地谈论，这里作褒义。④疾首蹙额，痛恨忧苦的样子。⑤奄奄（yān），气息微弱的样子。

【译】孔子善于循循善诱，孟子说，教学有很多种方法。所以遇到笨拙固执的弟子，一定要多方诱导他。找到他的兴趣和动机之后，就从此鼓励他，没有不高兴而不唯命是从的。如果每天用棍棒体罚，那么，弟子固然痛苦，老师难道就快乐吗？所以看到他的弟子很高兴，在那里大谈学问，就知道是好老师。如果弟子头痛皱眉，生气萧瑟像死人一样，可知是笨牛，老师难道不相同吗？

5.人之才不一，有小才而锋颖者，可以取悦一时，终无大成就；有大才而汗漫①者，须二十年功，学问既博，收拢起来，方能成就，此时则非常人所及矣，须耐烦。

【注】①汗漫，漫无边际。

【译】人的才华不一样，有小才而锋芒毕露的，可以让人高兴一时，最终没有大成就；有大才而深广无边的，必须二十年的功夫修炼，当学问广博之后，再收拢起来，才能成就，这时就不是普通人所能赶得上的，必须有耐心。

6.学问既深，坐待功名，进固可战，退有可守。不可痴想功名，时文①排律②之外，一切不学。设命中无功名，则所学者无可以自娱，无可以教子，不能使乡里称善人，士友称博学。

【注】①时文，指科举考试必考的八股文。②排律，律诗的一种，就律诗定格加以铺排延长，故名；每首至少十句，有多至百韵以上者；排律也是科举考试必考的内容。

【译】学问深广之后，坐着等待科举功名，向前可以主动谋取，向后有可守的本钱。不能痴想科举功名，考场所要的八股文和排律诗之外，一切不学。假设命中没有科举功名，那么自己所学习的东西不可以自我娱乐，不可以教育儿女，不能使乡里人称你为善人，士人和朋友称你为博学之人。

7.读书一两年，即教以属对①。初两字，三四月后三字，渐而加至四字，再至五字，便成一句诗矣。

【注】①属对，即今天的写对联。

【译】读书一两年后就可以教课对了。开始是两字对，三四个月后就是三字对，逐渐加到四字对，再到五字对，便成一句诗了。

陈宝箴（1则）

陈宝箴（1831-1900），清末维新派，曾任湖南巡抚，戊戌政变时被革职。1898年陈宝箴与儿子陈三立被罢官后，更多地把心血倾注在子孙身上。这是陈宝箴训示孙辈如何读书做人的话。陈宝箴的孙子辈中出了被人称为"三百年才能出一个"的陈寅恪，说明他的家教是有成效的。

1.读书当先正志;志在学为圣贤,则凡所读之书,圣贤言语便当奉①为师法,立心行事俱要依他做法,务求言行无愧为圣贤之徒。经史中所载古人事迹,善者可以为法,恶者可以为戒,勿徒口头读过。

【注】①奉,尊奉。

【译】读书应当先树正志向;志在学习做圣人贤人,那么所读书中的圣贤言语就应当作为自己的老师和法则,所想所行都要照着去做,务必要求自己的言行不愧为圣贤的徒生。经书史书中记载的古人的事迹,好的可以作为法则,恶的可以引以为戒,不能只是口头上读一读。

《增广贤文》(5则)

1.进德修业,要个木石①的念头,若稍涉矜夸,便趋欲境;济世经邦,要段云水的趣味②,若一有贪恋,便堕危机。

【注】①木石,指意志坚定沉稳、不存功名利禄的欲念。②云水的趣味,指超脱自在、不为名利纠缠的情趣。

【译】树立道德追求事业,要有个坚定不移的意志,如果稍有骄傲夸耀,就会走向欲境;济世安邦,要像行云流水一样不为名利纠缠,如果一有贪恋,就会出现危机。

2.勿临渴而掘井,宜未雨而绸缪①。

【注】①绸缪(chóu móu),用绳索紧密缠绕,引申指修补房屋。

【译】不要渴了才挖井,应当未下雨就作准备。

3.务下学而上达①,毋舍近而趋远。

【注】①下学而上达，语出《论语·宪问》，意谓由浅入深地学习。

【译】应该致力于由浅入深地学习，不要舍近求远。

4.读书而寄兴①于吟咏风雅，定不深心；修德而留意于名誉事功，必无实证②。

【注】①兴，兴致。②实证，实在的效验。

【译】如果读书只把兴趣放在吟咏做作、追求风雅上面，那一定不会深入进去；立志修德却又留意功名利禄，必然不会修成正果。

5.学须静，才须学。非学无以广才，非静无以成学。

【译】学习必须静心，才能必须学习。不学习无法增长才能，不静心无法成就学问。

朱自清（1则）

朱自清（1898－1948），字佩弦，江苏扬州人，现代作家。

1.朱自清《朱自清语文教学经验》　学习文学而懒于记诵是不成的，特别是诗。一个高中文科的学生，与其囫囵吞枣或走马看花地读十部诗集，不如仔仔细细地背诵三百首诗。这三百首诗虽少，是你自己的；那十部诗集虽多，看过就还了别人。我不是说他们不应该读十部诗集，我是说他们若不能仔仔细细读这些诗集，读了还不和没读一样！

叶圣陶（1则）

叶圣陶（1894-1988），名绍钧，江苏苏州人，现代作家、教育家。

1.叶圣陶《叶圣陶语文教育论集》 不在读法方面注点儿意，阅读十个选本也是徒然，不用说一个。

夏丏尊（2则）

夏丏尊（1896-1946），浙江上虞人，现代教育家。

1.夏丏尊《夏丏尊教育名篇》 阅读通常可分为两种，一是略读，一是精读。略读的目的在理解，在收得内容；精读的目的在揣摩，在鉴赏。我以为要研究语言文字的法则，该注重于精读。分量不必多，要精细地读，好比临帖，我们临某种帖，目的在笔意相合，写字得它的神气，并不在乎抄录它的文字。假定这部帖里共有1000个字，我们与其每日瞎抄一遍，全体写1000个字，倒不如拣选10个或20个有变化的有趣味的字，每字好好地临几遍，来得有效。

2.夏丏尊《夏丏尊教育名篇》　　读的篇数不必多，材料要精，读的程度要到能背诵。读得熟了，才能发现本篇前后的照应，才能和别篇文字做种种的比较。因为文字读得会背诵以后，离开了书本可随时记起，就随时会有所发现，学习研究的机会也就愈多了。

方法哲理

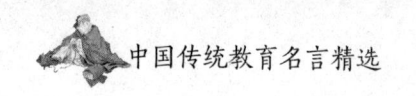

《管子》（3则）

《管子》托名管仲所作，实则出自后人之手，成书于战国秦汉之际。管仲(约前723—前645)，名夷吾，字仲，春秋时法家代表人物，颍上（今安徽颍上）人。

1.**《管子·形势》** 小谨者不大立①，饕食②者不肥体。

【注】①立，建树，成就。②饕（cí）食，嫌食，不爱吃。

【译】谨小慎微的人不能成就大事业，就像不爱吃饭的人身体不会胖起来一样。

2.**《管子·枢言》** 善游者死于梁池①，善射者死于中野②。

【注】①梁池，指沟池。②中野，原野之中。
本段谈不幸往往从自己擅长的方面产生。

【译】善于游泳的人往往死于水中，善于射箭的人往往死于山中。

3.**《管子·明法》** 茅草弗去，则害禾谷；盗贼弗诛①，则伤良民。

【注】①诛，责罚，惩治。

【译】杂草不除，就会影响庄稼的生长；盗贼不除，就会伤害善良的百姓。

《大学》（4则）

1.尧舜帅①天下以仁，而民从之；桀纣率天下以暴，而民从之。其所令，反其所好，而民不从。

【注】①帅，通"率"。

【译】尧舜以仁政治理天下，天下人随着行仁爱。桀纣以暴政治理天下，天下人也随着发生暴乱。统治者的命令与自己的爱好相反，老百姓是不会服从的。

2.上老老而民兴孝，上长长而民兴弟①，上恤孤而民不倍②，是以君子有絜矩之道③也。所恶于上，毋以使下；所恶于下，毋以事上；所恶于前，毋以先后；所恶于后，毋以从前；所恶于右，毋以交于左；所恶于左，毋以交于右，此之谓絜矩之道。

【注】①弟，同"悌"。②倍，通"背"。③絜（xié）矩：指道德上的表率作用。絜，量度。矩，制作方形物件的工具。用自己合乎礼仪准则的言行规范别人的言行，这叫作"絜矩之道"。

【译】在上位的人尊敬老人，老百姓就会兴起孝顺的风气；在上位的人尊重长辈，老百姓就会尊重兄长；在上位的人关怀孤独无依的人，老百姓也不会背此而做相反的事。所以统治者在道德上应有表率作用。厌恶我的上级这样对待我，我就不去这样对待我的下级；厌恶我的下属这样对待我，我就不去这样对待我的上级；厌恶我前面的人这样对待我，我就不去这样对待我后面的人；厌恶我后面的人这样对待我，我就不去这样对待我前面的人；厌恶我右面的人这样对待我，我就不去这样对待我左面的人。这就叫道德上的表率作用。

3.好而知其恶,恶而知其美者,天下鲜矣。

【译】喜欢他而能知道他的缺点,厌恶他而能知道他的优点,普天之下这种情况很少。

4.言悖而出者,亦悖①而入;货悖而入者,亦悖而出。

【注】①悖,悖逆,不合正理。

【译】对别人说出无理的话,也会得到无理的回敬;用不正当的手段取得的财货,也会以不正当的方式失去。

《中庸》(1则)

1.凡事,预则立①,不预则废②。言前定,则不跲③。事前定,则不困。行前定,则不疚④。

【注】①预,事先做好准备。立,成功。②废,失败。③跲(jiá),跌跤,这里指说不通。④疚(jiù),忧虑,因过失而内心不安。

【译】无论做什么事情,事先有准备就会成功,没有准备就会失败。说话,事先想好了就不会说错;做事,事前想好了就不会陷入困境;行动,事先想好了就不会抱愧。

《孟子》（42则）

1.孟子·梁惠王上　孟子曰："文王以民力为台为沼，而民欢乐之，谓其台曰灵台，谓其沼曰灵沼。乐其有麋鹿鱼鳖。古之人与民偕乐，故能乐也。"

【译】孟子说："周文王用民众的力量修建高台，挖掘池沼，但老百姓很快乐，把他的台叫作灵台，把他的沼叫作灵沼，他们高兴这里有麋鹿鱼鳖。古代圣王与民同乐，所以他能够得到真正的快乐。"

2.孟子·梁惠王上　孟子曰："仁者无敌。"

【译】孟子说："施行仁政的人是无敌于天下的。"

3.孟子·公孙丑上　出于其类，拔乎其萃①。自生民以来，未有盛于孔子也。

【注】①拔，超出。萃（cuì），聚在一起的人或物。

【译】超过他的同类，高出他的群体，自从有了人类社会，没有比孔子更伟大的人物啊。

4.孟子·公孙丑上　以力服人者，非心服也，力不赡①也。以德服人者，中心悦而诚服也。如七十子之服孔子也。

【注】①赡（shàn），充裕，足够。

【译】凭着武力让人屈服，并非内心真的佩服，只是自己力量不够，无可奈何。靠着道德让人信服，是内心愿意并实实在在地佩服，孔子弟子敬佩孔子就是这样。

5. 孟子·公孙丑上　孟子曰："仁则荣，不仁则辱。"

【译】孟子说："国君行仁政就会得到尊荣，不行仁政肯定会招致屈辱。"

6. 孟子·公孙丑上　太甲曰：天作孽①，犹可违②，自作孽，不可活③。

【注】①孽，祸。②违，逃避。③活，生。此语出自《尚书·太甲》。

【译】太甲说：上天降下的灾害还可以躲避，自作的罪孽，逃也逃不了。

7. 孟子·公孙丑下　孟子曰："域民不以封疆之界，固国不以山溪之险，威天下不以兵革之利，得道者多助，失道者寡助。寡助之至，亲戚畔①之；多助之至，天下顺之。"

【注】①畔，通"叛"。

【译】孟子说："控制老百姓不是靠边疆的界墙，巩固国家不是靠山谷的险峻，威震天下也不是靠武器的锋利和铠甲的坚固。实行仁政就有很多人来帮助他，不实行仁政帮助他的人就少。帮助他的人少到极点时，甚至连亲戚都会背叛他。帮助他的人多到极点时，天下的人都会归顺他。"

8. 孟子·公孙丑下　将大有为之君，必有所不召之臣①。欲有谋焉则就之，其尊德乐道，不如是不足与有为也。

【注】①不召之臣，召不来的人才。

【译】将建立大功业的君王，一定有他召见不去的大臣；想有什么和他商量，就应主动前去。他对道德的尊重、对大道的喜爱，如果不到这种程度，就不可能有大的作为。

9. 孟子·滕文公上　上有好者，下必有甚焉者矣。君子之德风，小人之德草也。草尚①之风必偃②。

【注】①尚，通"上"。②偃，倒伏。

【译】在上位的喜欢什么，到了下边必定喜欢得更厉害。君子的德性就像是风，小人的德性就像是草。风吹向哪边，草就倒向哪边。

10.孟子·滕文公上 人之有道①也，饱食暖衣，逸居而无教，则近于禽兽。

【注】①道，规律。

【译】人类往往有这种现象：吃得饱，穿得暖，住得安逸，若不受教育，跟禽兽的区别不大。

11.孟子·滕文公上 尧以不得舜为己忧，舜以不得禹、皋陶为己忧。夫以百亩之不易①为己忧者，农夫也。

【注】①易，指田地耕种得好。

【译】尧把不能得到舜这样的贤人作为自己的心病，舜把不能得到禹、皋陶这样的贤人当成自己的心病。担心自己的一百亩农田耕种不好的，是农民。

12.孟子·滕文公上 吾闻用夏变①夷者，未闻变于②夷者也。

【注】①变，改变。②变于，被改变。

【译】我只听说过用中原较高的文化去同化边疆落后部族的，没听说被落后部族所同化的。

13.孟子·滕文公上 今也南蛮鴃①舌之人，非先王之道，子倍②子之师而学之，亦异于曾子矣。吾闻出于幽谷，迁于乔木③者，未闻下乔木而入于幽谷④者。

【注】①鴃（jué），伯劳鸟。②倍，通"背"。③乔木，高大的树木，喻高尚。④幽谷，深幽的山谷，喻低洼、下流。

【译】现在，许行从落后地区出来，说着听不懂的鸟语，批评先王的政治；你却背叛自己的老师向他学习，跟曾子也太不同了。我听说从深谷出来迁到高处乔木上的，没听说下了高处的乔木而到幽深的山谷去的。

14.滕文公上　夫物之不齐，物之情也。

【译】事物间存在差别，这是自然的。

15.孟子·滕文公下　孔子曰，志士不忘在沟壑，勇士不忘丧其元①。

【注】①元，头。

【译】孔子说：志士不怕因坚持正义落到死无葬身之地的处境，勇士不怕因为坚持正义而被杀头。

16.孟子·滕文公下　御者羞与射者比①，比而得禽兽，虽若丘陵，弗为也。如枉道②而从彼，何也？且子过矣。枉己者，未有能直人者也。

【注】①比，协调，配合一致。②枉道，背离正道。

【译】驾车的人尚且羞于与坏的射手合作，这种合作得到的猎物即使堆得像山丘一样多，也不干。如果要委屈自己的理想而追随诸侯，那又为什么呢？并且你也弄错了，弯曲自己的人，是不能矫正别人的。

17.孟子·离娄上　孟子曰："离娄①之明，公输子②之巧，不以规矩，不能成方圆。师旷③之聪，不以六律④，不能正五音⑤。尧舜之道，不以仁政，不能平治⑥天下。"

【注】①离娄，古代视力很好的人。②公输子，名班，鲁国人，又称鲁班，著名工匠。③师旷，古代音乐家。④六律，确定音的高低、清浊的乐器。⑤五音，五种音阶，即宫、商、角、徵、羽。⑥平治，治理。

【译】孟子说："即使有离娄那样的视力，鲁班那样的技巧，不用圆规和曲尺，也画不成方形和圆形。即使有师旷那样的听力，不用六律，也不能校正五音。即使有尧、舜那样的圣明，不用仁政，也不能治理天下。"

18.孟子·离娄上　孔子曰：夫人必自侮，然后人侮之；家必自毁，而后人毁之；国必自伐，而后人伐之。

【译】孔子说：一个人一定是先自己侮辱自己，然后别人才侮辱他；一个家一定是先自己毁坏自己，然后别人才毁坏它。一个国家一定是先自毁长城，然后别人才来讨伐它。

19. 孟子·离娄上　孟子曰："道在迩而求诸远，事在易而求之难。人人亲①其亲，长②其长，而天下平。"

【注】①亲，亲近，关爱。②长，尊重。

【译】孟子说："路在近处却去远方找路，事情很容易却硬去找困难的解决办法。其实，只要人人都关爱自己的父母，尊敬自己的长辈，天下也就太平了。"

20. 孟子·离娄上　孟子曰："存①乎人者莫良于眸子。眸子不能掩其恶，胸中正，则眸子瞭②焉；胸中不正，则眸子眊③焉。听其言也，观其眸子，人焉廋④哉！"

【注】①存，观察。②瞭，明亮。③眊（mào），眼睛失神。④廋（sōu），隐藏。

【译】孟子说："观察一个人，最好的莫过于观察他的眼睛。因为眼睛掩饰不了人的丑恶。内心光明正大，眼睛就明亮；内心不纯正，眼睛就昏暗。听一个人说话的时候，观察他的眼睛，这个人的善恶怎能隐藏呢？"

21. 孟子·离娄上　孟子曰："恭者不侮人，俭者不夺人。"

【译】孟子说："真正谦恭的人不会侮辱别人，真正俭朴的人不会掠夺别人。"

22. 孟子·离娄上　孟子曰："君仁莫不仁，君义莫不义，君正莫不正。一正君而国定矣。"

【译】孟子说："君王仁，没有人不仁；君王义，没有人不义；君王正，没有人不正。一旦君王端正了，国家也就安定了。"

23.**孟子·离娄上**　孟子曰:"有不虞①之誉,有求全之毁。"

【注】①虞,预料。

【译】孟子说:"有预料不到的赞誉,也有过于苛求的诋毁。"

24.**孟子·离娄下**　子产听①郑国之政,以其乘舆②济人于溱洧③。孟子曰:"惠④,而不知为政。岁,十一月徒杠⑤成,十二月舆梁⑥成,民未病⑦涉也。君子平其政,行辟⑧人可也,焉得人人而济之?故为政者,每人而悦之,日亦不足矣。"

【注】①听,处理。②乘舆,乘坐的车子。③溱(zhēn)洧(wěi),郑国境内的两条河流,在今河南省。④惠,施予小恩小惠。⑤徒杠,可步行的小桥。⑥舆梁,可通车马的大桥。⑦病,苦于。⑧辟,通"避",使人回避。

【译】子产执掌郑国政权,用他自己的车子帮助别人渡过溱水和洧水。孟子评论说:"这只是小恩小惠,他并不懂得政治。如果能在十一月修成可以走人的小桥,十二月修成可以走车马的大桥,百姓就不会再为过河而发愁了。君子只要能把政务处理好,他外出时,鸣锣开道都可以,哪能一个一个帮助别人渡河呢?所以,如果执政的人,要去讨每一个人的欢心,时间也是不够用的。"

25.**孟子·离娄下**　孟子曰:"人有不为也,而后可以有为。"

【注】本段谈人要懂得选择,人的精力有限,不可能事事都做好。

【译】孟子说:"人要有所不为,然后才能有所为。"

26.**孟子·离娄下**　逄蒙①学射于羿②,尽羿之道,思天下惟羿为愈己,于是杀羿。孟子曰:"是亦羿有罪焉。"公明仪曰:"宜若无罪焉。"曰:"薄乎云尔③,恶得无罪?"

【注】①逄(páng)蒙,羿的家臣,曾向羿学习箭法。②羿,古代善射者。③薄乎云尔,罪小罢了。

【译】逄蒙向羿学习箭法,把羿的射箭术都学到了手,想想天下只有羿本人的箭术超过自己，就杀了羿。谈到这件事，孟子说："羿本人也要承担责任啊。"公明仪说："好像羿没有什么过错啊。"孟子说："只是过错小些，怎能说没过错呢？"

27.孟子·离娄下　孟子曰："西子①蒙不洁，则人皆掩鼻而过之。虽有恶人②，齐③戒沐浴，则可以祀上帝。"

【注】①西子，西施，春秋时楚国美人。②恶人，相貌丑陋的人。③齐，通"斋"，斋戒。

【译】孟子说："如果西施身上沾上脏东西，别人从她身边走过时，也会捂着鼻子；即使是相貌丑陋的人，如果斋戒沐浴，也可以祭祀上帝。"

28.孟子·离娄下　君之视臣如手足，则臣视君如腹心；君之视臣如犬马，则臣视君如国人；君之视臣如土芥，则臣视君如寇仇。

【译】国君把臣下当成自己的手足那样爱护，那么臣下就把国君当成自己的心脏看待。国君把臣下当成狗马等玩物一样，臣下就会把国君当成普通的路人。国君把臣下当成泥土和草芥，臣下就会把国君当成强盗和仇敌。

29.孟子·万章下　孟子曰："伯夷，圣之清者也。伊尹，圣之任者也。柳下惠，圣之和者也。孔子，圣之时者也。孔子之谓集大成。"

【译】孟子说："伯夷，是圣人中的清高者。伊尹，是圣人中有责任感的人。柳下惠，是圣人中的随和者。孔子，是圣人中能够随情况变化而变化的人。孔子可说集中了前代圣人的优点。"

30.孟子·告子上　孟子曰："富岁子弟多赖①，凶岁子弟多暴，非天之降才尔②殊也，其所以陷溺其心者③然也。"

【注】①赖，通"懒"。②尔，这样。③所以陷溺其心者，指

环境。

【译】孟子说:"丰收的岁月里,子弟大多懒惰;灾荒的年岁里,子弟大多暴虐,这不是上天赋予他们的资质不同,而是由于外在环境使他们内心的美德陷落了而造成的。"

31.孟子·告子上 孟子曰:"苟得其养,无物不长,苟失其养,无物不消。"

【注】本段谈山上的树木会因砍伐而消失,人的善性会因外界环境的摧残而消亡。

【译】孟子说:"如果得到应有的养分,没有东西会不生长;如果失去了应有的养分,也没有东西会不消亡。"

32.孟子·告子上 孟子曰:"虽有天下易生之物也,一日曝之,十日寒之,未有能生者也。"

【译】孟子说:"天下即使有容易生长的植物,暴晒它一天,再冷冻它十天,也没有能够活下去的。"

33.孟子·告子上 孟子曰:"羿之教人射,必志于彀①,学者亦必志于彀。大匠诲人,必以规矩,学者亦必以规矩。"

【注】①彀(gòu),拉满弓。

【译】孟子说:"羿教人射箭,一定要拉满弓;学习的人也一定要努力拉满弓。高明的木匠教人,一定要用规矩,求学的人也一定要学习遵循规矩。"

34.孟子·告子下 孟子曰:"舜发于畎亩之中,傅说①举于版筑②之间,胶鬲③举于鱼盐之中,管夷吾举于士,孙叔敖④举于海,百里奚举于市。故天将降大任于斯人也,必先苦其心志,劳其筋骨,饿其体肤,空乏其身,行拂乱其所为,所以动心忍性,曾⑤益其所不能……然后知生于忧患,而死于安乐也。"

【注】①傅说(yuè),殷高宗大臣,名说,在傅岩筑城,故称

为傅说。②版筑，古代修筑城墙的方法。③胶鬲（gé），周文王大臣。④孙叔敖，楚庄王令尹，原先隐居在海边。⑤曾，通"增"。

【译】孟子说："舜从田间被举荐出来，傅说在筑城的奴隶中被提拔出来，胶鬲从贩卖鱼盐的商人中被提拔上来，管仲从监狱中被提拔上来，孙叔敖从海边隐居的地方被楚庄王提拔上来，百里奚从奴隶市场上被提拔上来。所以说，上天要让某个人担当重任，一定会让某人的意志受折磨，使他的筋骨劳累，使他的肚子饥饿，使他全身困乏，使他的一切行为总是不能如意，这样就可以震撼他的心灵，磨炼他的耐心，增加他的才干，弥补不足。……从这里我们知道人的生存在于有忧患，而死亡则是因为太安逸了。"

35. 孟子·告子下　孟子曰："教亦多术矣。予不屑之教诲也者，是亦教诲之而已矣。"

【译】孟子说："教育人的方法也是很多的。我不屑于教导他，这也是在教导他了。"

36. 孟子·尽心上　孟子曰："莫非命也，顺受其正。是故知命者不立乎岩墙之下。尽其道而死者，正命也。桎梏①死者，非正命也。"

【注】①桎，脚镣。梏，手铐。

【译】孟子说："没有什么不是由天命决定的，顺理而行所接受的便是真正的天命。因此，了解天命的人不会站在将要倒塌的墙壁下面。尽力按正道来做人而最后死去的人，承担的是真正的天命；犯法而被处死的人，就没有承担真正的天命。"

37. 孟子·尽心上　孟子曰："求则得之，舍则失之，是求有益于得也，求在我者也。求之有道，得之有命，是求无益于得也，求在外者也。"

【译】孟子说："（有些东西）探求便会得到，放弃便会失去，这是有益于收获的探求，这种探求在于我本身的努力（如修仁行义）。按照一定方法去探求，得不得到却由命运安排，这是无益于收获的探求，这种探求的成败由我本身之外的因素决定。"

38.孟子·尽心上 孟子曰："以佚道使民，虽劳不怨。以生道杀民，虽死不怨杀者。"

【译】孟子说："在老百姓安居乐业、不违农时的原则下出些劳力，百姓虽然辛苦，也不怨恨；在老百姓生存权利得到保护的原则下，把危害人民的人杀掉，人虽被杀死，也不会怨恨杀他的人。"

39.孟子·尽心上 孟子曰："霸者之民，欢虞①如也。王者之民，皞皞②如也。杀之而不怨，利之而不庸③，民日迁善而不知为之者。夫君子所过者化，所存者神④，上下与天地同流，岂曰小补之哉？"

【注】①欢虞，同"欢娱"。②皞皞（hào），通"浩浩"，广大自得的样子。③庸，酬谢。④所存者神，心所停留的地方便神妙莫测。

【译】孟子说："霸王的人民欢天喜地，仁君的人民悠然自得。犯罪被处死了也不怨恨，得到了恩惠也不酬谢，人民的生活一天天好起来，也并不知道是谁造成的。圣人所到过的地方，人们受到感化；停留之处，所起的作用，更神秘莫测；（他的功德）上与天、下与地同时运转，难道仅仅是小小的补益吗？"

40.孟子·尽心上 孟子曰："孔子，登东山而小鲁，登泰山而小天下。故观于海者难为水，游于圣人之门者难为言。"

【译】孟子说："孔子登上东山就觉得鲁国小了，登上泰山就觉得天下小了。所以，观看过大海的人就难以被水吸引，在圣人门下学习过的人就难于被一般的言论所吸引。"

41.孟子·尽心上　孟子曰："饥者甘食,渴者甘饮,是未得饮食之正也,饥渴害之也。岂惟口腹有饥渴之害?人心亦皆有害。人能无以饥渴之害为心害,则不及人不为忧矣。"

【译】孟子说："饥饿者吃什么都甜,口渴的人喝什么都甜,这是没能尝到饮食的真正味道,没受饥渴之苦的缘故。难道仅仅是口舌和肠胃有饥渴的损害吗?人心也有这种损害。如果人能够不让这种饥渴之害发展为心害,就不用担心自己比不上别人了。"

42.孟子·尽心上　孟子曰："君子之所以教者五:有如时雨化之者,有成德者,有达财①者,有答问者,有私淑艾②者。此五者,君子之所以教也。"

【注】①财,通"材"。②私淑艾,私下喜欢而去学习研究。

【译】孟子说："君子教育人的方法有五种。有的像及时雨让人不知不觉间起变化,有的能够提高道德修养,有的能发挥学生的才能,有的是回答学生的疑问,也有的并没亲自受教,但喜欢这人的学问,而自己研究。这五种情况,就是君子教育人的方法。"

《老子》(18则)

1.老子第二　有无相生①,难易相成②,长短相形③,高下相倾④,音声相和⑤,前后相随。

【注】①生,存。②成,成就。③形,比较,体现。④倾,向,对照。⑤音,单音。声,和声。

【译】有与无互相依存,难与易相反相成,长与短互相比较,高与下互相对照,音与声互相和谐,前与后互相跟随。

2.老子第五　天地之间,其犹橐龠①乎?虚而不屈②,动而愈出。多言数穷,不如守中。

【注】①橐(tuó)龠(yuè),风箱。②屈,尽。

【译】天地之间,不正像个大风箱吗?空虚而不会穷尽,越鼓动就越发出风来。言语太多,就会困窘,不如坚守虚静无为。

3.老子第十七　太上,不知有之;其次,亲而誉之;其次,畏之;其次,侮之。信不足焉,有不信焉。悠兮其贵言。功成事遂,百姓皆谓:"我自然。"

【译】最好的统治者,百姓感觉不到他的存在;其次的,百姓赞誉他;再次的,百姓怕他;再次的,百姓侮辱他。上面的诚信不足,百姓就不会信任他。最高明的统治者悠闲自得,很难得发号施令。大功告成,事业办妥,老百姓都说:"我们本来就是如此。"

4.老子第二十三　希①言自然。故飘风不终朝,骤雨不终日。孰为此者?天地。天地尚不能久,而况于人乎?

【注】①希,通"稀",少。

【译】少说话才符合自然。所以,狂风不会刮一早晨,暴雨不会下一整天。谁造成狂风暴雨?是天地。天地尚不能使他们长久,何况人呢?

5.老子第二十四　企①者不立,跨②者不行;自见者不明,自是者不彰;自伐者无功,自矜者不长。其在道也,曰:余食赘③形。物④或恶之,故有道者不处。

【注】①企，踮起脚跟。②跨，跨越。③赘，多余。④物，特指一般人。

【译】踮起脚跟的人难以久立，跨越走路的人难以远行。自我表现的人不聪明；自以为是的人不彰显；自我炫耀的人没有功劳；骄傲的人不长久。从道的观点来看，可以说是多余的饮食和行为，一般人都会厌弃它，所以有道的人不会以此自居。

6.老子三十三 知人者智，自知者明。胜人者有力，自胜者强。知足者富，强行者有志。不失其所者久，死而不亡者寿。

【译】了解别人的人可算智慧，认识自己的人才是高明；战胜别人的人有力量，战胜自己的人才叫坚强；知道满足的人永远富有，坚持力行的人定会实现志向；不迷失本性的就能持久，死而不被人遗忘的人才是真正的长寿。

7.老子第三十六 将欲歙①之，必固②张之；将欲弱之，必固强之；将欲废之，必固兴之；将欲夺之，必固与之；是谓微明。柔弱胜刚强。鱼不可脱于渊，国之利器③不可以示人。

【注】①歙（xī），合。②固，通"姑"，暂且。③利器，最有效的武器。

【译】想让它合拢，一定先暂且让它张开；想让它变弱，一定先暂且让它加强；想让它衰老，一定先暂且让它兴旺；想要把它夺取过来，一定先暂且给予：这就叫作"微明"。柔能克刚，弱可胜强。鱼不能脱离深渊，国家最有效的武器不可出示给人看。

8.老子第四十一 上士闻道，勤而行之；中士闻道，若存若亡；下士闻道，大笑之；不笑，不足以为道。故建言①有之：明道若昧，进道若退，夷道若颣②；上德若谷，广德若不足，建③德若偷④，质真若渝，大白若辱，大方若隅，大器晚成，大音希声，大象无形。道隐无名。夫唯道善贷⑤且成。

213

【注】①建言，立言，即古代留存的格言。②颣（lèi），崎岖不平。③建，通"健"。④偷，苟且。⑤贷，施与。

【译】上等之士听说了"道"，便努力去遵行；中等之士听说了"道"，半信半疑；下等之士听说了"道"，哈哈大笑。如果他不嘲笑，那"道"就不够资格成为"道"。所以古代留存了这样的格言：光明的"道"倒像很暗昧，前进的"道"倒像在倒退，平坦的"道"倒像很崎岖；崇高的"德"倒像卑下的溪谷，宽广的"德"倒像不充足；强盛的"德"倒像很怯弱，朴实的"德"倒像很浮虚，最洁白的好像污黑，最大的方正倒像没有棱角；最大的器物总是最后完成，最美妙的音乐没有声音，最大的形象没有踪影。所以"道"很隐微而没有名称。但只有这"道"，对万物善于施与，而且成就他们。

9. 老子第四十三 天下之至柔，驰骋天下之至坚。无有入于无间，吾是以知无为之有益。不言之教，无为之益，天下希及之。

【译】天下最柔弱的东西，可以驱使天下最坚硬的东西；没有形体的东西能进入没有间隙的物体；我因此认识到无为的好处。无言的教化，无为的好处，天下没有什么能比得上它。

10. 老子第四十五 大成①若缺，其用不弊②。大盈若冲③，其用不穷。大直若屈④，大巧若拙，大辩若讷⑤。躁胜寒，静胜热，清静为天下正⑥。

【注】①成，善。②弊，停止。③冲，空虚。④屈，弯曲。⑤讷（nè），语言困难，口吃。⑥正，长，君。

【译】最美好的东西好像有残缺，但是它的作用不会停止。最充盈的东西好像空虚，但是它的作用不会穷尽。最正直的东西好像弯曲，最灵巧的东西好像笨拙，最雄辩的人才好像口吃。急剧运动能战胜寒冷，安静能战胜炎热，所以清静无为可以成为天下的君长。

11. 老子第五十八　其政闷闷，其民淳淳①；其政察察，其民缺缺②。祸兮福之所倚，福兮祸之所伏③。孰知其极④？其无正⑤。正复为奇⑥，善复为妖。人之迷，其日固久。是以圣人方而不割，廉而不刿⑦，直而不肆⑧，光而不耀。

【注】①闷闷，质朴的样子。淳淳，淳厚知足的样子。②察察，精明严酷的样子。缺缺，狡诈不实。③倚，依靠。伏，潜伏。④极，终极的结果。⑤正，标准。⑥奇，诡异不正，邪。妖，恶。⑦廉，棱角。刿（guì），伤。⑧肆，放肆。

【译】一国的政治质朴，它的百姓就纯厚知足；一国的政治严酷，它的百姓就狡诈。灾祸啊，幸福紧靠在它的身旁；幸福啊，灾祸正在里面躲藏。谁能知道它们终极的结果呢？大概没有一个标准。正又变为邪，善再变为恶。人们的迷惑，时日实在很久了。因此，圣人方正而不割伤人，刚强而不戳伤人，直率而不放肆，光明而不炫眼。

12. 老子第六十三　为无为，事无事，味无味。大小多少。图难于其易，为大于其细；天下难事，必作于易；天下大事，必作于细；是以圣人终不为大，故能成其大。夫轻诺必寡信，多易必多难。是以圣人犹难之，故终无难矣。

【译】把无为当作为，把无事看成事，把无味作为味。大生于小，多起于少。图谋困难的事情要趁它容易的时候，处理重大的事情要在它细小的时候。因为天下的难事，必须从容易的地方做起；天下的大事，必须从细小的地方做起。因此，圣人始终不自以为大，所以，能够成就他的伟大。轻易承诺必然很少守信用，把事情看得太容易必然遭受很多困难。因此，圣人遇事都看得困难，所以最终就没有困难。

13. 老子第六十四　其安易持，其未兆易谋。其脆易泮①，其微易散。为之于未有，治之于未乱。合抱之木，生于毫末；九层之台，起于累土；千里之行，始于足下。民之从事，常于几成而败之；慎终如始，

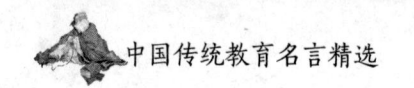

则无败事。

【注】①泮（pàn），散。

【译】形势安定，就容易把握；事故尚无征兆，就容易谋划；力量脆弱，就容易消解；问题细微，就容易分散。所以，解决事故要在事故还没有发生的时候，治理混乱要在混乱还没有形成之前。合抱粗的大树，生长于细微的萌芽；九层高的楼台，起始于积累的泥土；千里的远行，开始于自己脚下的第一步。人们做事情常在接近于成功的时候却失败了，如果像慎重对待开始一样对待结束，就没有失败的事情。

14.老子第六十六 江海之所以能为百谷王者，以其善下之，故能为百谷王。是以圣人欲上民①，必以言下之；欲先民②，必以身后之。是以圣人处上而民不重，处前而民不害③，是以天下乐推而不厌。以其不争，故天下莫能与之争。

【注】①上民，居于民上，即统治人民。②先民，居于民先，即领导人民。③不害，不认为对自己有妨碍。

本段谈谦下卑弱确实有它的优点。

【译】江海所以能够成为百川汇流的地方，是因为它善于处在低下的位置，所以，能够成为百川的首领。因此，圣人要统治百姓，必须用言词对百姓表示谦下；要领导百姓，必须把自身放在百姓的后面。所以，圣人处在上位而百姓不感到沉重，处在前位而百姓不感到危害。所以，天下百姓乐意拥戴而不厌恶。因为他不争，所以天下没有谁与他争。

15.老子第六十八 善为士①者不武，善战者不怒，善胜敌者不与②，善用人者为之下。是谓不争之德，是谓用人之力，是谓配③天，古之极。

【注】①士，军队的统帅。②与，对抗。③配，合。

【译】善于当统帅的人，不炫耀武力；善于作战的人，不会被敌人激怒；善于战胜敌人的人，不用与敌人对抗；善于用人的人，能谦居众人之下。这就叫作不与人相争的品德，这就叫作会用人的本事，这就叫作符合天道，是自古以来的最高准则。

16.老子第七十六 人之生也柔弱，其死也坚强；草木之生也柔脆，其死也枯槁。故坚强者死之徒①，柔弱者生之徒。是以兵强则灭，木强则折。强大处下，柔弱处上。

【注】①徒，通"途"。

本段谈要学会善柔戒刚。

【译】人活着的时候身体柔软，死了身体僵硬；草木生长时柔脆，死了就干枯。所以，坚强是死亡的途径，柔弱是生存的途径。因此，军队逞强就要招致灭亡，树木长大就要遭到砍伐。强大者处于下方，柔弱者处于上方。

17.老子第七十八 天下莫柔弱于水，而攻坚强者莫之能胜，以其无以易之。弱之胜强，柔之胜刚，天下莫不知，莫能行。

【译】天下没有比水更柔弱的了，但是进攻坚硬的东西没有能胜过水的，这是因为水没有什么能够替代得了。弱能胜强，柔能克刚，天下没有人不知道，但是没有人能够实行。

18.老子第八十一 信言不美，美言不信。善者不辩，辩者不善。知①者不博，博者不知。圣人不积，既以为人，己愈有；既以与人，己愈多。天之道，利而不害；圣人之道，为而不争。

【注】①知，通"智"。

【译】诚实的话不漂亮，漂亮的话不诚实；善良的人不巧辩，巧辩的人不良善；真正智慧的人不博杂，知识博杂的人未必是真有智慧的人。圣人不积蓄，尽力帮助别人，自己更富有；全部给予他人，自己就更多。自然的法则，是利物而不害物，圣人的原则是只做不争。

《庄子》（85则）

1.庄子·逍遥游第一 且夫水之积也不厚①，则其负②大舟也无力。覆③杯水于坳堂④之上，则芥⑤为之舟；置杯焉则胶⑥，水浅而舟大也。风之积也不厚，则其负大翼也无力，故九万里则风斯⑦在下矣。

【注】①厚，深广。②负，负载。③覆，倒水。④坳（ào）堂，堂上低洼之处。⑤芥，小草。⑥胶，粘住。⑦斯，就。

【译】况且水的积累不深厚，那么它负载大船就没有力量。倒一杯水在堂上低洼之处，就只有小草做船才能浮动；放一个杯子就会粘住，这是因为水太浅而船太大了。风的积聚不深广，那么它负载（巨鸟的）大翅膀就没有力量，所以（大鹏只有飞到）九万里的高空大风才能出现在它的身下。

2.庄子·逍遥游第一 适莽苍①者，三餐而反②，腹犹果然③；适百里者，宿舂粮④；适千里者，三月聚粮。

【注】①适，往。莽苍，郊野的情状颜色，代指郊野。②反，通"返"。③果然，饱的样子。④宿舂粮，要携带过一宿的粮食。

【译】到郊野去的人，三餐饭就回来了，肚子还饱饱的；去百里之外的人，要准备过夜的粮食；去千里之外的人，就要准备三个月的粮食。

3.庄子·逍遥游第一 小知①不及大知，小年②不及大年。奚③以知其然也？朝菌④不知晦朔⑤，蟪蛄⑥不知春秋，此小年也。楚之南有冥灵⑦

者,以五百岁为春,五百岁为秋;上古有大椿⑧者,以八千岁为春,八千岁为秋。而彭祖乃今以久特闻⑨,众人匹之,不亦悲乎?

【注】①知,同"智"。②年,寿命。③奚,何。④朝菌,一种朝生暮死的虫。⑤晦,夜晚。朔,平旦,清晨。⑥蟪(huì)蛄(gū),寒蝉,春生夏死,夏生秋死。⑦冥灵,传说中的树名。⑧上古,远古。大椿,传说中的神树。⑨彭祖,传说中的长寿之人,活了八百岁。特闻,独闻于世。

【译】小智慧不了解大智慧,短命不懂长命。怎么知道是这样的呢?朝菌不知道有昼夜交替,蟪蛄不知道有春秋季节的变化,这是短寿的例子。楚国南部有冥灵树,五百年开一次花,相当于它的春季,再过五百年结一次果,相当于它的秋季;远古时有大椿树,以八千年为一个春季,以八千年为一个秋季,(这才是真的长寿)。但是,只活了八百岁的彭祖,现在却以特别长寿独闻于世,众人还都希望和他齐寿,不也很悲哀吗?

4.庄子·逍遥游第一　　鹪鹩巢①于深林,不过一枝;偃鼠②饮河,不过满腹。

【注】①鹪鹩(jiāo liáo),一种善于筑巢的小鸟。巢,筑巢。②偃(yǎn)鼠,即鼹鼠,田野中的地老鼠。饮河,在河边饮水。

【译】鹪鹩在深林里筑巢,(树木再多),它所需要的不过是一枝;偃鼠到河边饮水,河水再多,它也不过喝一肚子。

5.庄子·逍遥游第一　　瞽者①无以与②乎文章③之观,聋者无以与乎钟鼓之声。岂唯形骸有聋盲哉?夫知亦有之。

【注】①瞽者,指失明的人。②与,参与。③文章,花纹。

【译】失明的人无法参与对花纹的观赏,失聪的人无法参与对音乐的聆听。难道只是形体上有盲有聋吗?心智也有啊!

6.庄子·齐物论第二　　虽然,方生方死,方死方生;方可方不可,方不可方可；因是因非，因非因是。是以圣人不由①而照之于天，亦因是也。

【注】①由，经过。

【译】虽然如此，一个生命刚刚诞生出来，同时也就开始走向死亡了；一个生命刚刚走向灭亡，同时也就意味着另一个新生命开始诞生了；伴着肯定也就随之有否定，伴着否定也就随之有肯定；有认为它对，也就有认为它不对；有认为它不对，也就有认为它对。因此，圣人不走分辨是非的道路，一切让自然天道来普遍照耀，就是由于这个道理。

7.庄子·齐物论第二　大道不称①，大辩不言，大仁不仁，大廉不嗛②，大勇不忮③。道昭④而不道，言辩而不及⑤，仁常而不成⑥，廉清而不信，勇忮而不成。

【注】①称，称谓。②廉，指礼。嗛（qiān），通"谦"，谦让。③忮（zhì），强悍。④昭，明。⑤不及，指表达不到，不能完全说服人的地方。⑥常，平庸。成，当是"周"之误，周，遍及。

【译】大道没有称谓，大辩无须发言，大仁不必施舍，大礼不讲谦让，大勇并不强悍。说得明明白白便不是道，过于察辩总有说不服人的地方，依靠施舍的"仁"不可能遍及万物，过于清白的廉洁便难以使人相信，过于强悍的"勇"成不了英雄。

8.庄子·齐物论第二　王倪曰："民湿寝则腰疾偏死，鰌然乎哉①？木处则惴栗恂惧，猨猴然乎哉②？三者孰知正处③？民食刍豢，麋鹿食荐，蝍蛆甘带，鸱鸦耆鼠，四者孰知正味④？猿猵狙以为雌，麋与鹿交，鰌与鱼游⑤。毛嫱丽姬，人之所美也；鱼见之深入，鸟见之高飞，麋鹿见之决骤，四者孰知天下之正色哉⑥？自我观之，仁义之端，是非之涂，樊然殽乱，吾恶能知其辩⑦！"

【注】①王倪，传说中啮缺（许由的老师）的老师，尧时贤人。

偏死，偏瘫，半身不遂。然，这样。②惴慄，害怕得发抖的样子。恂，害怕。③正处，真正的最好之地。④刍豢（huàn），指用草料喂养的家畜。荐，青草。蝍蛆（jí jū），蜈蚣。甘，以为甘，喜欢吃。鸱（chī），猫头鹰。正味，真正的美味。⑤猵狙（biān jū），猕猴的一种。以为雌，指猿以雌猵狙为配偶，一说猵狙以雌猿为配偶。游，交尾。⑥毛嫱（qiáng），古代美女。丽姬（jī），古代美女。决骤，急驰，指迅速逃跑。正色，真正的美色。⑦端，末，比喻细小。涂，通"途"，途径。樊然，纷然，杂乱的样子。殽，同"淆"。恶，何。辩，同"辨"，区别。

【译】王倪说，人睡在潮湿的地方就会患腰痛乃至半身不遂，泥鳅也会这样吗？人们在树木上筑巢而居就会恐惧不安，猿猴也会这样吗？人、泥鳅、猿猴这三种动物，到底谁懂得正确的居处？人以豢养的禽兽为食物，麋鹿以青草为食物，蜈蚣喜欢吃小蛇，猫头鹰和老鸦喜欢吃老鼠，这四种动物到底谁算懂得真正的滋味？猿猴把雌猵狙当作配偶，麋与鹿交媾，泥鳅与鱼儿调情戏游。毛嫱、丽姬，是人们所公认的美人，但鱼儿见她们深潜水底，鸟儿见了她们远飞高空，麋鹿见了她们迅速逃跑。鱼、鸟、麋鹿和人这四种动物到底谁算懂得真正的美色？依我看来，仁与义的头绪，是与非的途径，都是如此纷然错乱，我哪能知道它们的分别！

9.庄子·养生主第三 庖丁释刀对曰："臣之所好者道也，进乎技矣①。始臣之解牛之时，所见无非全牛者；三年之后，未尝见全牛也；方今之时，臣以神遇而不以目视，官知止而神欲行②。依乎天理，批大郤，导大窾，因其固然③。技经肯綮之未尝，而况大軱乎④！良庖岁更刀，割也；族庖月更刀，折也；今臣之刀十九年矣，所解数千牛矣，而刀刃若新发于硎⑤。彼节者有间而刀刃者无厚，以无厚入有间，恢恢乎⑥其于游刃必有余地矣。是以十九年而刀刃若新发于硎。虽然，每至于族，吾见其难为，怵然为戒，视为止，行为迟，动刀甚微⑦。"

【注】①好,喜欢。道,事物的规律。进,超过。乎,于。②神,心神。遇,感知。官知,感官的知觉,指视觉。神欲,精神心智。③天理,指牛的自然结构。批,击,这里有插入使其分开的意思。郤(xì),通"隙",空隙。导,引导,指伸向。大窾(kuǎn),大的空间。④技,通"枝",指支脉。肯,紧附于骨头两端不易分离的肉。綮(qìng),骨肉连接得很紧的地方。尝,指触碰。大軱(gū),大骨。⑤族,一般的。硎(xíng),磨刀石。⑥恢恢乎,宽阔的样子。⑦族,筋骨交错之处。怵(chù)然,警惕的样子。止,专注。

【译】庖丁放下刀回答说:"臣爱好的是事物的规律,已经超过了技术。当初臣宰牛的时候,看见的都是整头的牛;三年以后,未曾看到整头的牛了。现在,臣宰牛,只用心神来领会,而不用眼睛来观看,感觉器官的活动停止了,只有精神心智在起作用。顺着牛身上天然的结构,把刀插进筋肉的间隙中,伸向骨节的空隙处,全都是顺着固有结构来解剖。即便是经络相连、筋骨交错的地方都没有碰到,何况那大骨头呢!优秀的厨师一年换一把刀,因为他们是用刀割筋肉;普通的厨师一月换一把刀,因为他们是用刀砍骨头。我的刀到如今已经十九年了,宰过的牛也有几千头了,可是刀口还像刚从磨刀石上磨出来的一样锋利。牛的骨节间有缝隙,而刀刃薄得没有厚度,用没有厚度的刀刃切入有缝隙的骨节,宽宽绰绰,刀刃的游动运转肯定有足够的余地。所以我这把刀用了十九年还像新磨的一样。虽然这样,每当碰到筋骨交错的地方,我知道不容易下手,依然小心谨慎,目光为之专注,动作为之缓慢,用刀非常轻微。"

10. 庄子·人间世第四 夫柤梨橘柚果蓏①之属,实熟则剥②,剥则辱③。大枝折,小枝泄④。此以其能苦其生⑤者也。故不终其天年而中道夭,自掊击⑥于世俗者也。物莫不若是。

【注】①柤（zhā），楂树。蓏（luǒ），瓜的果实。②剥（pū）通"扑"，轻轻敲打。③辱，折，损伤。④泄，通"抴"（yè），指被拽扯得乱七八糟。⑤能，才能，指有结果实的本领。苦其生，使其生命受苦。⑥掊（pǒu），打。自掊击，自取掊击。

【译】楂梨橘柚等等有果实的树，果实成熟就被敲打，一打（自身）就受损伤。不是大枝被折断，就是小枝被拽扯。这是因为他们能结果，使得他们自己一生受苦。所以，没有结束自然的年寿中途就夭折，在世俗之中自取打击。万物没有不像这样的。

11.庄子·人间世第四 山木，自寇①也；膏②火，自煎③也。桂④可食，故伐之；漆可用，故割之。人皆知有用之用，而莫知无用之用也。

【注】①寇，指砍伐。②膏，油脂。③煎，煎熬。④桂，肉桂树，皮可作香料。

【译】山上的树木因有很多用途而自己招来砍伐之祸，油脂能燃烧自招煎熬。桂皮可供调味食用，所以遭砍伐；漆树可以用来漆家具，所以被割剥。人们都知道有用的用处，却没有人知道无用的用处。

12.庄子·德充符第五 无趾①语老聃曰："孔丘之于至人，其未邪？彼何宾宾②以学子为③？彼且蕲④以諔诡⑤幻怪之名闻，不知至人之以是为己桎梏⑥邪？"老聃曰："胡不直使彼以死生为一条⑦，以可不可为一贯者，解其桎梏，其可乎？"无趾曰："天刑之⑧，安可解！"

【注】①无趾，《庄子》虚构的人物叔山的外号，字面上的意思是"没有脚趾"。②宾宾，频频，多次。③为，疑问语气词。④蕲，求，希望。⑤諔（chù）诡，奇异。⑥桎梏（zhì gù），刑具，在脚上的叫桎，在手上的叫梏。⑦一条，一致。⑧天刑之，意思是孔子违反了天性而受上天惩罚。

【译】无趾对老子说："孔子对于至人的境界，大概还没有达到吧？他为什么常常来请你指教呢？他想追求用稀奇古怪的学说闻名于世，还不知道至德之人把这种名声看作自己的枷锁吧？"老子说："你何不直接让他了解死生都一样，可与不可并无差别，解脱他的枷锁，岂不更好吗？"无趾说："这是上天要惩罚他，哪能解脱呢！"

13.庄子·德充符第五 德有所长而形有所忘①。人不忘其所忘而忘其所不忘，此谓诚忘②。

【注】①忘，通"亡"，指形体的缺陷。②诚忘，真亡，真正的缺陷。

【译】在德行方面有超出常人的地方，在形貌上便会有某些缺陷。倘若人们不欠缺那可以欠缺的东西，而欠缺那不应欠缺的东西，这才叫作真正的缺陷。

14.庄子·德充符第五 有人之形，无人之情。有人之形，故群于人；无人之情，故是非不得于身。眇①乎小哉，所以属于人也；謷②乎大哉，独成其天。

【注】①眇，同"渺"，渺小。②謷（áo），高大。

【译】圣人虽然具有常人的形貌，却没有世人那种偏好的情感。具有常人的形貌，所以能与常人共处；没有常人偏好的情感，所以是非不能扰乱他的身心。圣人渺小，是因为寄形貌于常人之中！圣人伟大，是因为能与天道同体！

15.庄子·大宗师第六 古之真人，其寝不梦，其觉无忧，其食不甘①，其息②深深③。

【注】①不甘，不追求美味。②息，呼吸。③深深，深沉。

【译】古代的真人，他睡觉不做梦，他醒来无忧愁，他吃饭不追求香甜，他呼吸非常深沉。

16.庄子·大宗师第六 死生，命也；其有①夜旦②之常③，天也。人之有所不得与④，皆物之情也。

【注】①有，通"犹"。②旦，指白天。③常，恒，即永远如此。④与，同"预"，干预。

【译】生和死，是不可避免的生命运动，它就好像昼夜交替不停运行一样，完全出于自然。有些事情不是人们自身可以干预的，这些事情都由事物本身的道理规定着。

17. 庄子·大宗师第六 泉涸①，鱼相与②处于陆，相呴③以湿，相濡以沫④，不如相忘于江湖。与其誉尧而非桀也，不如两忘而化其道⑤。夫大块⑥载我以形，劳我以生，佚⑦我以老，息我以死。故善吾生者，乃所以善吾死也。

【注】①涸（hé），干枯。②相与，共同在一起。③呴（xǔ），吐口水。④濡（rú），湿润。沫，唾沫。⑤化其道，与大道化而为一。⑥大块，大自然。⑦佚（yì），通"逸"，使安逸。

【译】泉水干涸了，鱼儿们一起困在陆地上，用湿气相互滋润，用唾沫相互沾湿，这样没有在江湖里相忘而自在。与其称誉尧而非难桀，还不如善恶两忘而与大道化而为一。大自然用形体将我装载，用生存让我劳累，用衰老让我安逸，用死亡让我休息。所以把我的生看成美事的，也必须把我的死同样看成美事。

18. 庄子·大宗师第六 得①者，时也；失②者，顺也。安时而处顺，哀乐不能入也，此古之所谓县解③也，而不能自解者，物④有结之。且夫物不胜天⑤久矣，吾又何恶焉！

【注】①得，生。②失，死。③县，通"悬"。县解，犹言"解人于倒悬"，即超乎死生。④物，指人力。⑤天，指天命。

【译】我生下来，是应时而生，我死去，是顺时而去，安于时遇而顺应自然，悲哀和欢乐的情绪就不能侵入内心，这就是古人所说的解脱了一切的牵累；而不能自我解脱的人，那是有外物束缚着他。况且人力不能胜过天命由来已久了，我又为什么要厌恶呢！

19.庄子·外篇·骈拇第八 彼至正者，不失其性命之情①。故合者不为骈②，而枝者不为歧③；长者不为有余，短者不为不足。是故凫胫④虽短，续之则忧；鹤胫虽长，断之则悲。故性长非所断，性短非所续，无所去忧也。

【注】①情，实。②骈，指骈拇，脚的大趾与第二趾连在一起，成为一个畸形的大趾。③歧（qí），歧，指枝指，手的大拇指旁边生的小指，俗称六指头。④凫（fú），野鸭。胫，小腿。

【译】那最纯正的大道，不丧失万物的天然真性。所以大拇指与第二指连生的不算连并，枝生出一指的不算多余；长的不算有余，短的不算不足。因此野鸭的小腿虽然短，但给它接上一段就会造成痛苦；鹤的腿虽然长，但给它截去一段就会带来悲哀。所以天生的长不能截短，天生的短不能续长，哪里用得着替它们忧虑呢。

20.庄子·外篇·骈拇第八 自三代以下者，天下莫不以物易其性矣：小人则以身殉①利；士则以身殉名；大夫则以身殉家；圣人则以身殉天下。故此数子者，事业不同，名声异号，其于伤性以身为殉，一也。臧与谷②，二人相与牧羊而俱亡其羊。问臧奚事，则挟策③读书；问谷奚事，则博塞④以游。二人者，事业不同，其于亡羊均也。伯夷死名于首阳之下，盗跖⑤死利于东陵之上。二人者，所死不同，其于残生伤性均也。奚必伯夷之是而盗跖之非乎？天下尽殉也！彼其所殉仁义也，则俗谓之君子；其所殉货财也，则俗谓之小人。

【注】①殉，为某一目的而奋不顾身地去追求。②臧，虚拟的人名，指奴隶。谷，虚拟的人名，指童子。③策，驱羊鞭。④博塞，下棋一类的游戏。⑤死名，为名节而死。跖（zhí），春秋末平民起义领袖，被后世称为"大盗"。

【译】从夏商周三代以来，天下没有谁不是因为外物而丧失了自己的本性：普通老百姓就把自己葬送在财利中，士人就把自己葬送在名节上，卿大夫就把自己葬送在那块领地上，圣人就把自己葬送在治理天下上。所以这几种人，尽管事业各不相同，名声称谓各异，但他们在摧残本性，为所求而葬送生命这一点上却是一样的。就像臧与谷两个家奴一同去放羊，都把羊丢了。问臧做什么去了，原来是拿着羊鞭在读书；问谷做什么去了，原来是在游戏下棋。这两个奴仆，所做的事并不一样，但他们把羊丢了却是相同的。又像伯夷为了名节而死在首阳山上，盗跖为了财利而死在东陵山上，死的原因场所各不相同，但他们在摧残本性伤害生命这一点上却是一样的。何必一定要肯定伯夷而否定盗跖呢？天下的人都是在为所求而舍弃生命啊！那些为求仁义而死的，世俗之人就称他们为君子；为求货财而死的，世俗之人就称他们为小人。

21. 庄子·外篇·胠箧第十 将为胠箧、探囊、发匮之盗而为守备①，则必摄缄縢②，固扃鐍③，此世俗之所谓知④也。然而巨盗至，则负匮揭箧担囊而趋⑤，唯恐缄縢扃鐍之不固也。然则乡之所谓知者，不乃为大盗积者也⑥?

【注】①胠（qū），从旁打开。箧（qiè），小箱子。匮，通"柜"。发匮，开柜。守备，防守戒备。②摄，结，扎紧。缄（jiān）、縢（téng），皆为绳索。③扃（jiōng），门闩。鐍（jué），箱子上加锁的绞纽。④知，同"智"。⑤趋，跑。⑥乡，通"向"，前面。不乃，不正是。积，做准备。

【译】为了对付撬箱子、掏袋子、开柜子的盗贼而防备，就一定要捆紧绳索，关紧锁钮，这就是世俗人常说的聪明。但是大盗一来，便背起柜子、举起箱子、挑起袋子而迅速逃跑，还唯恐绳子锁钥不够结实。这样看来，以前所谓的聪

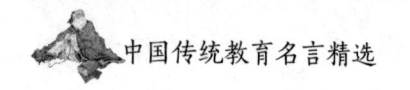

明，不正是在替大盗做准备吗？

22.庄子·外篇·天运第十四 老子曰："性不可易，命不可变，时不可止，道不可壅①。苟得于道，无自而不可；失焉者，无自而可。"

【注】①壅，滞塞。

【译】老子说："本性不能改，天命不可变，时光不可阻止，大道不能滞塞。如果领悟了大道，无事行不通；如果失去了大道，没有行得通的。"

23.庄子·外篇·秋水第十七 秋水时至，百川灌河①。泾流之大，两涘渚崖之间，不辩牛马②。于是焉河伯③欣然自喜，以天下之美为尽在己。顺流而东行，至于北海，东面而视，不见水端。于是焉河伯始旋其面目，望洋向若而叹曰④："野语有之曰：'闻道百，以为莫己若⑤者。'我之谓也。且夫我尝闻少仲尼之闻而轻伯夷之义者，始吾弗信⑥。今我睹子之难穷也，吾非至于子之门则殆矣，吾长见笑于大方之家⑦。"

【注】①时，按时。河，黄河。②泾流，水流。涘（sì），河岸。渚（zhǔ），水中的陆地。辩，通"辨"，分辨。③河伯，河神。④旋，改变。望洋，仰视的样子。若，海神名，即下文的"北海若"。⑤莫己若，即"莫若己"，没能谁比得上自己。⑥少，认为少，贬低。轻，认为轻。⑦难穷，难以穷尽。殆，危险。长，长久地。

【译】秋天河水及时上涨，无数条小河都流入黄河。水流的宽阔，使黄河两岸及水中陆地之间连牛马都分辨不清。于是河伯洋洋自得，认为全天下的壮美景象都在自己这里。他顺着水流向东走，到了北海，朝东面望去，看不见大海的尽头。这时，河伯才方收敛起自己的笑容，仰望着大海感叹地说："俗语有这样的话：'听了一百个道理，就以为没有谁能赶得上自己。'说的就是我啊。而且我曾经听说有人小看孔子的学识、轻视伯夷的义行，开始我还不相信；现在我看到了您这样浩渺辽阔、无边无际，我要是不到这里来，那就危险了，我就永远要被彻悟大道的人取笑了。"

北海若曰："井蛙不可以语于海者，拘于虚也；夏虫不可以语于冰者，笃于时也；曲士不可以语于道者，束于教也①。今尔出于崖涘，观于大海，乃知尔丑，尔将可与语大理矣。天下之水，莫大于海：万川归之，不知何时止而不盈；尾闾②泄之，不知何时已而不虚；春秋不变，水旱不知。此其过江河之流，不可为量数。而吾未尝以此自多者，自以比③形于天地，而受气于阴阳，吾在于天地之间，犹小石小木之在大山也。方存乎见少，又奚以自多！计四海之在天地之间也，不似礨空之在大泽乎④？计中国之在海内不似稊米之在太仓乎⑤？号物之数谓之万，人处一焉；人卒九州，谷食之所生，舟车之所通，人处一焉⑥。此其比万物也，不似豪末⑦之在于马体乎？五帝之所连，三王之所争，仁人之所忧，任士之所劳，尽此矣⑧！伯夷辞之以为名，仲尼语之以为博。此其自多也，不似尔向⑨之自多于水乎？"

【注】①拘，限制。虚，通"墟"，住所。笃，限制。曲士，孤陋寡闻的人。②尾闾，传说中海底排泄海水的地方。③比，通"庇"，寄托。④见少，显得渺小。自多，自夸。存，察。礨（lěi）空，石缝。⑤稊（tí）米，小米。太，同"大"。太仓，大粮仓。⑥卒，通"萃"，聚集。所生，生长的地方。所通，通行的地方。⑦豪，通"毫"，毫末，毫毛。⑧五帝，指黄帝、颛顼、帝喾、唐尧、虞舜。三王，指夏、商、周三代帝王。连，续，指禅让君位。任士，担任官职的人。⑨向，从前。

【译】北海之神说："对井底之蛙不能谈论大海，因为它受住所的限制；对只生存于夏天的虫子不能谈论冰，因为它受生长时间的限制；对孤陋寡闻的人不能谈论大道，因为他所受的教育有限。现在你从河岸走了出来，看到了大海，于是知道了自己的浅陋，那就可以和你谈论大道了。天下的水，没有大过海的，所有的河水都流向它，不知什么时候才会停息，但大海从不满溢；海底的尾闾排泄海水，也不知道什么时候才会停止，但大海从不枯竭。无论春天还是秋天，大海都不会有变化；无论水涝还是干旱，大海都没有什么感觉（对它没有什么影响）。它远远超过江河的流量，根本不能用数字来计算。但我从未因此而自豪，我认识到自己寄形于天地之间，在阴阳变化中秉承了生气，我在天地之间，就和小石块、小树木在大山里一样，我只想到自己太渺小了，怎么会自满呢！算起来，四海在天地之间，不就像石块的小孔穴在大泽中一样吗？算起来，中国在四海之内，不就像小米在大粮仓里一样吗？事物名称的数目要以万计，人仅是其中的一种；人群聚居于九州，五谷粮食生长之处，舟船车马通行之处，个人只占一小块罢了。这与万物比起来，不就像细小的毫毛长在马的躯体上一样吗？五帝所禅让的，三王所争夺的，仁人所忧虑的，贤士所操劳的，全都是这毫毛般的东西罢了！伯夷辞让去求取名声，孔子谈论来显示渊博，他们这种自以为了不起，不就和你刚才用水多来自夸一样吗？"

河伯曰："然则吾大天地而小豪末，可乎？"北海若曰："否。夫物，量无穷，时无止，分无常，终始无故①。是故大知观于远近，故小而不寡，大而不多：知量无穷。证向今故，故遥而不闷，掇而不跂：知时无止②。察乎盈虚，故得而不喜，失而不忧：知分之无常也。明乎坦涂，故生而不说，死而不祸：知终始之不可故也③。计人之所知，不若其所不知；其生之时，不若未生之时；以其至小，求穷其至大之域，是故迷乱而不能自得也。由此观之，又何以知毫末之足以定至细之倪，又何以知天地之足以穷至大之域④！"

【注】①分，状态。故，固定。②向，明。今故，今古。闷，昏昧。掇（duō），拾取。跂，通"企"，求取。③涂，通"途"。说，通"悦"。故，通"固"，固定。④倪（ní），标准。至大之域，指未生之时和未知之事。

【译】河伯说："我把天地看作大，把毫毛看作小，可以吗？"北海之神说："不可以。那万物，数量没有穷尽，时间没有止境，状况没有常态，终始没有固定。因此大智之人既看到远也看到近，所以小不认为少，大不认为多，因为他懂得物量是没有穷尽的；验证察明了古今变化无穷的情形，所以既不昧于遥远的过去，也不企求唾手可得的眼前，因为他知道时间是没有止境的；看清了事物盈虚的道理，所以有所得也不高兴，有所失也不忧愁，因为他明白得失的状况没有永恒不变的；明白了生与死是人所行走的平坦大道，所以对生不感到喜悦，死亡也不认为是灾祸，因为他知道结束和开始并不是固定的。算来人们所知道的，总比不上他所不知道的多；活在世上的时间，总比不上他不在人世的时间长。用他那十分有限的智慧和短暂的生命，企图穷尽那无限广大的领域，因此必然迷乱而不会有所收获。由此看来，又怎么知道毫毛可以确定最小的限度？又怎么知道天和地就足以穷尽最大的领域呢？"

24.庄子·外篇·秋水第十七 道人不闻，至德不得，大人无己。

【译】得道的人不求闻达于世，至德之人不期望有所得，伟大的人没有自我。

25.庄子·外篇·秋水第十七 以道观之，物①无贵贱；以物观之，自贵而相贱；以俗观之，贵贱不在己。以差观之，因其所大而大之②，则万物莫不大；因其所小而小之，则万物莫不小。知天地之为稊米也，知毫末之为丘山也，则差数③睹矣。以功观之，因其所有而有之④，则万物莫不有；因其所无而无之，则万物莫不无。知东西之相反而不可以相无，则功分定矣⑤。以趣观之，因其所然而然之，则万物莫不然；因其所非而非之，则万物莫不非⑥。知尧、桀之自然⑦而相非，则趣操睹矣。

【注】①物，物体本身。②大之，以之为大。③差数，差别的观念。④有之，以之为有。⑤东、西，指事物相互对立而又相互依存的不同方面。功分，功用和本分。⑥趣，通"趋"，趋向，取向。然之，认为对。⑦自然，自以为然，自认为是对的。

【译】从道的角度来看，事物没有贵贱之分；从事物本身的角度来看，万物都以自己为贵而以他物为贱；从世俗的角度来看，贵贱不是事物本身所固有的。从事物的相对差别来看，根据它大的一面而认为它大，那么万物没有不是大的；根据它小的一面而认为它小，那么万物没有不是小的。明白了天和地可以等同于米粒，毫毛可以等同于山岳，那么差别的观念也就清楚了。从功用的角度来看，根据事物有用的一面而认为它是有用的，那么万物没有不是有用的；根据事物无用的一面而认为是没用的，那么万物没有不是无用的。知道东与西的方向相反但都不能没有对方，那么事物的功用和职能也就可以判定了。从志趣倾向来看，根据它对的一面而认为它对，那么万物没有不对的；根据它不对的一面而认为它不对，那么万物都是不对的。懂得尧和桀都是自认为对而认为对方不对，那么志趣情操的观念也就清楚了。

26.庄子·外篇·秋水第十七 昔者尧、舜让而帝，之、哙让而绝①；汤、武争而王，白公②争而灭。由此观之，争让之礼，尧、桀之行，贵贱有时③，未可以为常也。梁丽可以冲城而不可以窒穴，言殊器也④；骐骥骅骝一日而驰千里，捕鼠不如狸狌，言殊技也⑤；鸱鸺夜撮蚤，察毫末，昼出瞋目而不见丘山，言殊性也⑥……差其时，逆其俗者，谓之篡夫；当其时，顺其俗者，谓之义之徒⑦。

【注】①之，子之，燕国的宰相。哙，燕王。燕王哙听信苏代的意见，仿效古代的禅让而将王位让给宰相子之。燕人不服，国大乱，齐国乘机伐燕，杀哙与子之，燕国几乎灭亡。②白公，即白公胜。楚平王之孙，太子建之子，因起兵争夺君位，事败而自杀。③有时，因时而异。④梁丽，栋梁。冲城，撞击城墙。窒，堵塞。器，器用。⑤骐骥、骅骝（huá liú），都是骏马。狸（lí），野猫。狌（shēng），黄鼠狼。殊技，本领和技能不一样。⑥鸱鸺（chī xiū），猫头鹰。瞋（chēn）目，瞪大眼睛。殊性，

禀赋、本性不一样。⑦差，不合于。时，时机。逆，违背。俗，世俗民情。篡夫，篡逆之徒。当，适应。

【译】从前尧、舜禅让而称帝，燕王哙和宰相子之却因禅让而毁灭；商汤、周武王通过争夺而成王，白公胜却因为争夺而灭亡。由此看来，争夺或禅让的做法，唐尧和夏桀的行为，到底是高贵还是低贱都是因时而异的，没有一定的常规。栋梁可以用来撞击城墙，却不能用来堵塞小洞，这是说器物各有各的用处。骐骥、骅骝这样的骏马，一天能奔驰千里，但捉老鼠却不如猫和黄鼠狼，这是说它们各有各的技能。猫头鹰晚上可以捉到跳蚤，能看清毫毛的尖端，但白天出来睁大眼睛连高山大丘也看不见，这是说生性有所不同啊……不合时宜、违背世俗的，就叫作篡权贼子；适合时宜、顺应世俗的，就叫作高义之士。

27. 庄子·外篇·秋水第十七 北海若曰："知道者必达于理，达于理者必明于权，明于权①者不以物害己。至德者，火弗能热，水弗能溺，寒暑弗能害，禽兽弗能贼②。非谓其薄之也，言察乎安危，宁于祸福，谨于去就，莫之能害也③。故曰：'天在内，人在外，德在乎天④。'知天人之行，本乎天，位乎得，蹢躅而屈伸，反要而语极⑤。"

【注】①权，应变。②贼，伤害。③薄，迫近，触犯。宁，安。谨，谨慎。去，离弃。就，趋就，追求。④天，天然，自然的东西。人，人为。德，高尚的修养。⑤位，处，居。得，自得。蹢躅（zhí zhú），进退不定的样子。反，通"返"。要，关键，根本。语极，谈论最高明的道理。

【译】懂得大道的人必然通达事理，通达事理的人必定善于权变，善于权变的人就不会因为外物而伤害自己。道德修养高深的人，火不能使他感到炎热，水不能将他淹没，严寒酷暑不能妨碍他，恶禽猛兽不能伤害他。不是说他逼近它们（而能免受伤害），而是说他明察安危，安于祸福，进退谨慎，没有什么能伤害他。因此说：'天性蕴藏在内心,人为反映在外表,道德就存在于天性之中。懂得自然和人类活动的变化,以顺应自然为根本,处于自得的境地,进退屈伸自如,就可以返回到大道的关键之处,并谈论大道的极致了。

28.庄子·外篇·秋水第十七 夔怜蚿①,蚿怜蛇,蛇怜风,风怜目,目怜心。夔谓蚿曰:"吾以一足趻踔②而行,予无如矣。今子之使万足,独奈何?"蚿曰:"不然。子不见夫唾者乎?喷则大者如珠,小者如雾,杂而下者不可胜数也。今予动吾天机③,而不知其所以然。"蚿谓蛇曰:"吾以众足行,而不及子之无足,何也?"蛇曰:"夫天机之所动,何可易邪?吾安用足哉!"蛇谓风曰:"予动吾脊胁而行,则有似也。今子蓬蓬然起于北海,蓬蓬然入于南海,而似④无有,何也?"风曰:"然,予蓬蓬然起于北海而入于南海也,然而指我则胜我,鰌我亦胜我。虽然,夫折大木,蜚大屋者,唯我能也⑤,故以众小不胜为大胜也。为大胜者,唯圣人能之。"

【注】①夔,传说中的一种独角兽。怜,爱慕。蚿(xuán),马蚿,俗名百足虫。②趻踔(chěn chuō),跳着行走。③天机,灵性,天然的本能。④似,指形迹。⑤指我,用手指来阻挡我。鰌(qiū),通"遒",踏。蜚,通"飞"。

【译】夔羡慕马蚿,马蚿羡慕蛇,蛇羡慕风,风羡慕眼睛,眼睛羡慕心。夔对马蚿说:"我靠一条腿一蹦一跳地行走,我是无可奈何的了。而你使用上万只脚来行走,究竟是如何使用这些脚的呢?""你的话不对。你没看见那吐唾沫的情形吗?喷出的唾沫,大的像珍珠,小的像细雾,纷纷落下,数不胜数。如今我只不过发动我的天然本能,并不知道究竟是如何行走的。"马蚿对蛇说:"我凭着众多的脚来行走,却不如你没有脚,为什么呢?"蛇回答说:"这不过是天然本能的发动,怎么能改变呢?我哪里用得着脚啊!"蛇对风说:"我运动我的脊骨和两胁而行走,我是有形迹的了。您呼呼地从北海刮起,呼呼地便又刮进了南海,却一点形迹也没有,为什么呢?"风回答说:"不错。我呼呼地从北海刮起,呼呼地又进了南海,但是人们用手指我便能胜过我,用脚踢我也能胜过我。不过,尽管如此,那刮断大树,掀翻大屋的事,只有我能做到。所以我不能战胜许多小东西,却能获得大的胜利。获得大的胜利,只有圣人才能做到。"

29.庄子·外篇·秋水第十七 孔子游于匡,宋人围之数匝,而弦歌不惙①。子路入见,曰:"何夫子之娱也②?"孔子曰:"来,吾语女。我讳穷久矣,而不免,命也;求通久矣,而不得,时也③。当尧、舜而天下无穷人,非知得也;当桀、纣而天下无通人,非知失也:时势适然④。夫水行不避蛟龙者,渔父之勇也;陆行不避兕⑤虎者,猎夫之勇也;白刃交于前,视死若生者,烈士之勇也;知穷之有命,知通之有时,临大难而不惧者,圣人之勇也。由,处矣!吾命有所制矣⑥!"无几何,将甲者进,辞曰:"以为阳虎也,故围之;今非也,请辞而退。"

【注】①匝(zā),周。惙,通"辍",停止。②娱,快乐。③讳,忌讳。穷,仕途不顺。时,时运。④穷人,困窘不得志的人。知,同"智"。通人,通达之人。时势,时代的形势。适然,适足以使然。⑤兕(sì),雌性犀牛。⑥由,即子路,名由。制,制约。

【译】孔子游历到卫国匡地,卫国人把他们层层包围了起来,但孔子仍然不停地弹琴吟唱。子路进来见他,说:"先生为什么还这样快乐啊?"孔子说:"过来,我告诉你。我忌讳困窘已经很久了,但却不能摆脱,这是天命啊!我追求闻达也已经很久了,但始终未能实现,这是时运不好啊。在唐尧、虞舜时代天下没有困窘的人,并不是人们的才智有余;在夏桀、商纣时代天下没有得志的人,并不是人们的才智不足。这都是时势造成的啊。那在水中活动不躲避蛟龙的,是渔夫的勇敢;在陆地上行走而不躲避犀牛、老虎的,是猎人的勇敢;刀剑横在眼前,视死如生,这是壮士的勇敢；明白困窘不得志是命运的安排，明白通达得志是时机使然，面对大难而不畏惧，这是圣人的勇敢。仲由，泰然处之吧，我的命运早就有所安排了！"不多一会，统率士兵的将官进来，道歉说："把您当成了阳虎，所以包围了您；现在知道弄错了，请让我表示歉意，并撤退。"

30.庄子·外篇·秋水第十七 　子独不闻夫埳井之蛙乎①？谓东海之鳖曰："吾乐与！出跳梁乎井干之上②，入休乎缺甃③之崖。赴水则接腋持颐④，蹶泥则没足灭跗⑤。还虷蟹与科斗⑥，莫吾能若也⑦。且夫擅一壑之水，而跨跱埳井之乐⑧，此亦至矣。"

【注】①埳（kǎn），通"坎"，洼坑。埳井，浅井。②跳梁，即跳踉，腾跃跳动。井干，井口周围的栏杆。③甃（zhòu），井壁。④持，托着。颐（yí），下巴。⑤蹶，踏。跗（fū），脚背。⑥还，回头看。虷（hán），蚊子的幼虫，一说井中赤虫。科斗，即蝌蚪。⑦莫吾能若：即"莫能若吾"的倒装，没有谁能够像我这样（快乐）。⑧擅，独占。壑，坑。跨跱（zhì），盘踞。

【译】你难道没有听说浅井中的青蛙吗？它对东海的鳖说："我真快乐啊！出来便在井栏上跳来跳去，进去便在井壁的破砖洞里休息；跳进水里，水架着我的两腋，托着我的下巴；跳入泥中，泥就淹没了我的腿脚。四面看看那些赤虫、螃蟹和蝌蚪们，没有谁能像我这样快乐啊。况且我独占这一坑水，盘踞一口浅井的快乐，这也可以算是到了顶了。"

31.庄子·外篇·秋水第十七 　夫千里之远，不足以举①其大；千仞之高，不足以极②其深。禹之时，十年九潦③，而水弗为加益；汤之时，八年七旱，而崖④不为加损。夫不为顷久推移⑤，不以多少进退⑥者，此亦东海之大乐也。

【注】①举，形容。②极，量尽。③潦（lǎo），雨后地面的雨水，引申为洪灾。④崖，海岸。⑤顷，短暂。推移，改

变,变化。⑥多少,指雨量的多与少。进退,指大海水位的升降。

【译】千里之遥,不足以形容海的广;千仞之高,不足以形容海的深。夏禹的时代,十年有九年发生洪灾,海水并未因此而增多;商汤的时代,八年中有七年大旱,但海岸的水位并未因此而下降。海水的水量并不会因时间的长短而有所改变,不会因降雨量的多少而有所升降,这也就是东海最大的快乐了。

32.庄子·外篇·秋水第十七 且彼①方跐②黄泉而登大皇③,无南无北,奭然四解④,沦⑤于不测;无东无西,始于玄冥⑥,反⑦于大通⑧。

【注】①彼,指庄子。②跐(cǐ),踏。③大,太。大皇,上天。④奭(shì)然,无阻碍的样子。四解,四面通达。⑤沦,淹没。⑥玄冥,微妙的境界。⑦反,同"返"。⑧大通,广阔深远的境界,即至道。

【译】况且那庄子的言谈,一会儿要踏入冥冥黄泉,一会儿又要升登茫茫九天,无论南北,都四面畅通而毫无阻碍,已经进入到深不可测的境界;不分东西,都能从玄暗幽深中开始,而返归到无所不通的大道。

33.庄子·外篇·秋水第十七 庄子曰:"吾闻楚有神龟,死已三千岁矣。王巾笥①而藏之庙堂之上。此龟者,宁其死为留骨而贵乎?宁其生而曳②尾于涂③中乎?"

【注】①笥(sì),盛装衣物的方形竹箱。②曳(yè)尾,拖着尾巴。③涂,泥。

【译】庄子说:"我听说楚国有一只神龟,死去已有三千年了。楚王用布巾把它包着,盛在竹箱里,收藏在宗庙的大殿上。作为这只龟,它是宁可为了留下骨壳受到崇拜而死呢?还是宁可活下来拖着尾巴在泥沙里爬呢?"

34. 庄子·外篇·秋水第十七　鹓鶵①发于南海而飞于北海，非梧桐不止，非练实②不食，非醴泉③不饮。于是鸱④得腐鼠，鹓鶵过之，仰而视之曰："吓⑤！"

【注】①鹓鶵（yuān chú），传说中与鸾同类的鸟。②练实，竹子开花后结出的米粒，一般很难有。③醴（lǐ），甜酒。醴泉，甘泉。④鸱（chī），鹞鹰，一种猛禽，似鹰而小。⑤吓（hè），因惊恐而发出的声音。

【译】鹓鶵从南海出发，要飞往北海，路上不是梧桐树便不停息，不是竹子的米实便不吃，不是甘美的泉水便不喝。这时一只鹞鹰得到了一只腐臭的死老鼠，鹓鶵正巧从它上空飞过，鹞鹰仰头望着鹓鶵，怒吼了一声："吓！"

35. 庄子·外篇·至乐第十八　夫富者，苦身疾作①，多积财而不得尽用，其为形也亦外②矣！夫贵者，夜以继日，思虑善否③，其为形也亦疏矣！人之生也，与忧俱生。寿者惛惛④，久忧不死，何苦也！其为形也亦远矣！烈士为天下见善⑤矣，未足以活身。吾未知善之诚善邪？诚不善邪？若以为善矣，不足活身；以为不善矣，足以活人。

【注】①疾作，拼命地劳作。②外，背离。③善否（pǐ），指仕途的通达与困顿。④惛惛，同"惽惽"，糊里糊涂。⑤见善，指获得了美名。

【译】富有的人劳累躯体，辛勤工作，积累很多钱财而不能全部享用，这样保养自己的身体不是太外行了吗？权贵之人，夜以继日地盘算着如何使官运亨通而不触霉头，这样为身躯打算也太粗疏了！人的一生，是伴着忧患一同来到世上的。那长寿的人糊里糊涂，长期经受着忧患烦恼而不死，多么痛苦啊！这样为身躯打算也差得太远了！英烈之士为天下献身而获得美名，却不能使自身活下去。我不知道这美名究竟是好呢，还是不好呢？若认为好吧，却不能使自身活下去；认为不好吧，却能使他人保全生命。

36.庄子·外篇·至乐第十八　果有乐无有哉？吾以无为诚乐矣，又俗之所大苦也。故曰："至乐无乐，至誉无誉。"天下是非果未可定也。

　　【译】果真有快乐还是没有呢？我认为自在无为真够快乐的了，世人却又认为那是最大的苦闷。所以说："到顶的快乐就是忘掉快乐，到顶的荣誉就是忘掉荣誉。"天下的是非确实难以下定论。

37.庄子·外篇·至乐第十八　庄子妻死，惠子吊之，庄子则方箕踞鼓盆而歌①。惠子曰："与人居，长子②、老、身死，不哭亦足矣，又鼓盆而歌，不亦甚乎！"庄子曰："不然。是其始死也，我独何能无概③然！察其始而本无生；非徒无生也，而本无形；非徒无形也，而本无气。杂乎芒芴④之间，变而有气，气变而有形，形变而有生。今又变而之死。是相与为春秋冬夏四时行也。人且偃然寝于巨室，而我噭噭然随而哭之，自以为不通乎命，故止也⑤。"

　　【注】①箕踞，两脚伸直岔开而坐，形似簸箕，是一种傲慢的行为。此处表示一种不拘礼节的态度。鼓盆，敲打盆状的瓦缶。②长子，生育子女。③概，通"慨"，感触于心。④气，指一种构成形体的元素。芒芴（hū），恍恍惚惚的样子。⑤偃然，安然的样子。巨室，谓天地之间。噭噭（jiào），悲哭声。命，天命。

　　【译】庄子的妻子死了，惠子去吊唁，看到庄子正叉开两腿像簸箕一般坐在那里，一边敲打着瓦盆一边哼着歌。惠子说："你跟人家生活在一起，人家替你生儿育女，由衰老而死亡，你不哭也就算了，却还敲盆哼歌，不也太过分了吗！"庄子说："不能这么说。她刚死的时候，我何尝没有伤心难过？然而想想她出生之前，原本就不曾有生命。不只是不曾有生命，而且原本就没有形体。不只是没有形体，而且原本就没有精气。只不过是混杂在恍恍惚惚之中，变来变去才有了精气，精气变化而有了形体，形体变化而有了生命，如今又变化而回到死亡，这就如同春夏秋

239

冬四季的交替运行一样。人家将安安静静地睡在天地这间大房子里休息,而我却呜呜地围在她身旁哭泣,自己细想起来这是太不懂得天命了,所以便止住了哀伤。"

38.庄子·外篇·至乐第十八 庄子之楚,见空髑髅,髐然有形①。撽以马捶②,因而问之,曰:"夫子贪生失理而为此乎?将子有亡国之事、斧钺之诛而为此乎?将子有不善之行,愧遗父母妻子之丑而为此乎?将子有冻馁之患而为此乎?将子之春秋故及此乎③?"于是语卒,援髑髅,枕而卧④。夜半,髑髅见梦曰⑤:"子之谈者似辩士,视子所言,皆生人之累也,死则无此矣。子欲闻死之说乎?"庄子曰:"然。"髑髅曰:"死,无君于上,无臣于下,亦无四时之事,从然以天地为春秋,虽南面王乐,不能过也⑥。"庄子不信,曰:"吾使司命复生子形,为子骨肉肌肤,反子父母、妻子、闾里、知识,子欲之乎?"髑髅深矉蹙頞曰:"吾安能弃南面王乐而复为人间之劳乎⑦!"

【注】①髑髅(dú lóu),即骷髅,死人的头骨。髐(xiāo)然,空洞干枯的样子。有形,指有头颅的形状。②撽(qiào),敲击。捶,同"箠",马鞭。③为此,造成这样。钺,斧的一种,长柄。将,还是。馁,饥饿。春秋,寿命。④卒,终了。援,拉过来。⑤见,同"现"。⑥从,通"纵"。从(zòng)然,自由放纵的样子。⑦反,同"返"。矉,通"颦",皱眉。蹙(cù),收缩。頞(è),同"额"。

【译】庄子到楚国去,看见一颗骷髅,干枯而有头颅的形状。庄子用马鞭敲了敲,于是问骷髅说:"先生是贪生怕死,违反天理,因而落得这样的吗?还是遇上了国家灭亡的大变故,遭到刀斧的砍杀而落得这样的吗?或者您有不善的行为,深恐给父母及老婆孩子留下耻辱,羞愧不已,自杀而如此的吗?要不您是缺吃少穿,受冻挨饿而落得这样的吗?还是你年寿尽了自然如此的呢?"说完,便拿骷髅当枕头睡了下来。到了半夜,骷髅在梦中出现,对庄子说:

"白天您谈起那一套像个能言善辩的人,看您说的那些东西,全是活人的牵累,死了便没有那些东西了。您愿意听听死后的情况吗?"庄子说:"好吧。"骷髅说:"人死了,上面没有君王,下面没有臣仆,也没有一年四季的劳累忧患,悠然自得,与天地共长久,即使南面称王的快乐,也无法超过这种感觉。"庄子不相信,说:"我让司命之神恢复您的形体,让您重新长出筋骨皮肉,把您的父母妻子、左邻右舍、知识学问等等都送还给你,您愿意吗?"骷髅紧皱眉头,哭丧着脸说:"我怎能抛弃这君王般的快乐而再去受人间的劳苦呢!"

39.庄子·外篇·至乐第十八 颜渊东之齐,孔子有忧色。子贡下席①而问曰:"小子敢问:回②东之齐,夫子有忧色,何邪?"孔子曰:"善③哉汝问。昔者管子有言,丘甚善之,曰'褚小者不可以怀大④,绠短者不可以汲深⑤。'夫若是者,以为命有所成而形有所适也,夫不可损益。吾恐回与齐侯言尧、舜、黄帝之道,而重⑥以燧人、神农之言。彼将内求于己而不得,不得则惑,人惑则死⑦。"

【注】①下席,离开席位。②回,颜渊。③善,好。④褚(zhǔ),布袋。怀大,包藏大物。⑤绠(gěng),汲水用的绳索。汲深,汲取深井之水。⑥重,再加上。⑦死,指齐侯将以死罪惩处颜渊。

【译】颜渊向东到齐国去,孔子面有忧色。子贡离开座席,问孔子说:"学生冒昧地问一下:颜渊往东到齐国去,先生显得很忧愁,为什么呢?"孔子说:"你问得好。从前管仲有两句话,我十分赞成,他说:'小布袋不能用来盛大东西,短绳子无法在深井里汲水。'像这两句话,是认为命运自有它的造化,而形体也自有它的安排,都是不能改变的。我担心颜渊要和齐王说什么唐尧、虞舜、黄帝的道理,还要加上有关燧人氏、神农氏的一番话,齐王必将以尧舜黄帝之道要求自己,但却做不到,做不到便会疑惑颜

241

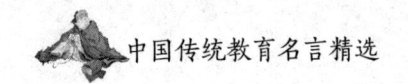

渊的话，齐王疑惑便会以死罪惩处颜渊。"

40.庄子·外篇·至乐第十八 孔子曰："且女独不闻邪？昔者海鸟止于鲁郊，鲁侯御①而觞②之于庙，奏九韶③以为乐，具太牢④以为膳。鸟乃眩视⑤忧悲，不敢食一脔⑥，不敢饮一杯，三日而死。此以己养养鸟也，非以鸟养养鸟也。夫以鸟养养鸟者，宜栖之深林，游之坛陆⑦，浮之江湖，食之鳅鲦⑧，随行列而止，逶迤⑨而处。彼唯人言之恶闻，奚以夫譊譊⑩为乎！"

【注】①御，迎。②觞(shāng)，酒杯，这里指用酒招待。③九韶，舜时乐曲名。④具，备。太牢，猪牛羊三牲齐备的祭祀规格。⑤眩(xuàn)视，眼花缭乱。⑥脔(luán)，切成块的肉。⑦坛，通"坦"，广阔。坛陆，水中沙洲。⑧鳅(qiū)，泥鳅。鲦(tiáo)，白条鱼。⑨逶迤，从容自得的样子。⑩譊(náo)，喧闹嘈杂。

【译】孔子说："况且你难道没有听说过这个故事吗？从前有一只海鸟飞到鲁国国都郊外栖息，鲁侯为了欢迎它，在宗庙里给它饮酒，演奏《九韶》乐使它快乐，用祭祀时使用的猪牛羊三牲作为它的膳食。而海鸟却眼花心悲，不敢吃一块肉，不敢饮一杯酒，三天就死了。这是用自己享受的方法去养鸟，不是用养鸟的方法去养鸟。用养鸟的方法去养鸟，就应该让鸟栖息在深林之中，自由地游乐在水中的沙洲上，浮游在江河湖泽，让它吃泥鳅和小鱼，随着鸟群的行列而息止，从容自得地生活。海鸟最厌恶听到人的说话声，为何还要这般喧哗呢！"

41.庄子·外篇·至乐第十八 鱼处水而生，人处水而死。彼必相与异，其好恶故异也。

【译】鱼在水里就能生存，人在水里就会淹死，鱼和人生存的必备条件各不相同，所以他们的好恶也不一样。

42.庄子·外篇·达生第十九　达生之情者①，不务②生之所无以为；达命之情者，不务知③之所无奈何。养形必先之以物，物有余而形不养者有之矣。有生必先无离形④，形不离而生亡者有之矣。生之来不能却，其去不能止⑤。

【注】①达，明白。生，生命。情，实情，真谛。②务，追求。③知，当为"命"之误。④无，通"毋"，不。离形，脱离形体，指死。⑤却，拒绝。去，离开，消失。止，留住。

【译】明了生命实情的人，不追求人生所无法做到的事情；明了命运实情的人，不追求命运所无可奈何的事情。保养形体必须先有物资，但物资有余而形体没有得到保养的人是有的。保存生命首先必须使形体不要丧失，但形体并未丧失而生命实已死亡的人也是有的。生命的降临是无法拒绝的，它的离去也是无法留住的。

43.庄子·外篇·达生第十九　夫欲免为形者，莫如弃世。弃世则无累，无累则正平①，正平则与彼②更生，更生则几③矣！事奚④足弃而生奚足遗？弃事则形不劳，遗生则精不亏。

【注】①正平，心性纯正平和。②彼，指自然。③几，接近。④事，世事。奚，何。

【译】要想避免为形体操劳，不如把一切世事都抛弃。抛弃世事便没有牵累，没有牵累心性便能纯正平和，心性纯正平和就与自然一同变化，与自然一同变化那就接近大道了。世事为什么值得抛弃，人生为什么值得遗忘？抛弃世事形体便不会劳苦，遗忘人生精神便不会损伤。

44.庄子·外篇·达生第十九　夫醉者之坠车，虽疾①不死。骨节与人同而犯害②与人异，其神全也。乘亦不知也，坠亦不知也，死生惊惧不入乎其胸中，是故遻③物而不慴④。彼得全于酒而犹若是，而况得全于天乎？圣人藏于天，故莫之能伤也。

【注】①疾，摔伤。②犯害，受害。③遻(è)，遇。④慴

243

(shè)，同"慑"，惧怕。

【译】喝醉酒的人从车上坠下，虽然受伤却不会摔死。他的骨节与别人相同，而受到的伤害却与别人不同，那是他精神纯净、无心于生死得失的缘故啊。他乘坐在车上自己并不知道，从车上掉下来还是不知道，是死是活、惊慌恐惧等等在他心中全都不存在，因此与外物碰撞并不恐惧。他因为喝醉了酒，保全了精神，尚且能如此，更何况在天然天道中保全了精神的人呢？圣人将自己保存在天然天道中，所以没有任何东西能伤害他。

45.庄子·外篇·达生第十九 仲尼适楚，出于林中，见痀偻者承蜩，犹掇之也①。仲尼曰："子巧乎，有道邪？"曰："我有道也。五六月累丸二而不坠，则失者锱铢②；累三而不坠，则失者十一；累五而不坠，犹掇之也。吾处身也，若厥株拘③；吾执臂也，若槁木之枝。虽天地之大，万物之多，而唯蜩翼之知。吾不反不侧，不以万物易蜩之翼，何为而不得！"孔子顾谓弟子曰："用志不分，乃凝于神。其痀偻丈人之谓乎！"

【注】①痀偻（gōu lóu），驼背。蜩（tiáo），蝉。承蜩，在竹竿顶端涂上胶状物用来粘取蝉。掇（duō），拾取。②锱铢（zī zhū），古代极细微的重量单位，这里比喻很少。③拘，当为"枸"，指树干靠近根的部分。若厥株拘，像木桩一样静止不动。

【译】孔子到楚国去，从一片树林中经过，看见一个驼背的老人在用竹竿粘捕蝉（一个接一个），就好像从地上拾取东西一样。孔子说："您真有技巧啊！有什么窍门吗？"驼背老人回答说："我当然有窍门。经过五六个月的训练，能在竹竿顶端叠上两个泥球而不掉下来，那么粘捕蝉就很少会失手；若能叠上三个泥球而不掉下来，那么失手的情况最多不过十分之一；若能叠上五个也不掉下来，那我从树上粘捕蝉就像在地上拾取东西一样了。我身子站着，如同树桩一样一动不动；我控制自己的手臂，也可以像枯木的树枝一样纹丝不动。虽然天地浩大，万物众多，但我只知道有蝉翅膀。我从不左顾右盼，不因纷繁的万物而转移对蝉翅膀的注意，为什么捕捉不到呢？"孔子回头对弟子们说："用心不分散，聚精会神，大概说的就是这位驼背老人吧！"

46.庄子·外篇·达生第十九　颜渊问仲尼曰："吾尝济乎觞深之渊①，津人操舟若神。吾问焉曰：'操舟可学邪？'曰：'可。善游者数②能。若乃夫没人，则未尝见舟而便操之也③。'吾问焉而不吾告④，敢问何谓也？"仲尼曰："善游者数能，忘水也；若乃夫没人之未尝见舟而便操之也，彼视渊若陵，视舟之覆，犹其车却也⑤。覆却万方陈乎前而不得入其舍，恶往而不暇⑥！以瓦注者巧，以钩注者惮，以黄金注者殙⑦。其巧一也，而有所矜，则重外⑧也。凡外重者内拙。"

【注】①济，渡。觞（shāng）深，渊名。②数，很快。③若乃，至于。夫，那。没人，能潜水的人。便，轻巧。④不吾告，不告吾。⑤忘水，处于水中而忘掉自己在水里。却，后退。⑥万方，万端，即千万种翻船、退车的景象。陈乎前，在眼前展现。舍，内心。恶往，到哪里。暇，闲适自得。⑦注，作为赌注。钩，带钩，多用青铜制成。惮，惧怕。殙（hūn），心智昏乱。⑧矜，怜惜。重外，注重外物。

【译】颜渊问孔子说："我曾经渡过叫觞深的深水，摆渡的人驾船的技巧娴熟如神。我问他说：'驾船的技巧可以学会吗？'回答说：'可以。擅长游泳的人很快就能学会。至于那会潜水的人，即使没有见过船，也会熟练地驾船。'我问他驾船的技能，他不告诉我，请问他的话什么意思？"孔子说："会游泳的人很快就能学会驾船，是没把水放在心上啊；至于那会潜水的人从未见过船也能轻巧驾驶，因为他把深渊看作陆地的小土丘一样，把翻船看作车子的后退。千万种翻船、退车的景象呈现在他的眼前，都

245

不会扰乱他的内心,到了这样的境界,做什么不闲适自得呢!用瓦器来做赌注的人轻巧得很,用带钩来做赌注的人就有些胆怯,用黄金来做赌注的人就会心智昏乱。赌的技巧是一样的,但是因为有顾虑,生怕输掉,那是重视外在的事物。凡是看重外在之物的人,内心就笨拙。"

47. 庄子·外篇·达生第十九 桓公田于泽,管仲御,见鬼焉①。公抚管仲之手曰:"仲父何见?"对曰:"臣无所见。"公反,诶诒为病,数日不出②。齐士有皇子告敖者,曰:"公则自伤,鬼恶能伤公③!夫忿滀之气,散而不反,则为不足④;上而不下,则使人善怒;下而不上,则使人善忘;不上不下,中身⑤当心,则为病。"桓公曰:"然则有鬼乎?"曰:"有。沈有履。灶有髻。户内之烦壤,雷霆处之;东北方之下者倍阿,鲑蠪跃之;西北方之下者,则泆阳处之⑥。水有罔象,丘有峷,山有夔,野有彷徨,泽有委蛇⑦。"公曰:"请问委蛇之伏状何如?"皇子曰:"委蛇,其大如毂,其长如辕,紫衣而朱冠。其为物也恶,闻雷车之声则捧其首而立。见之者殆乎霸⑧。"桓公辴然而笑曰⑨:"此寡人之所见者也。"于是正衣冠与之坐,不终日而不知病之去也⑩。

【注】①田,通"畋",打猎。御,驾驭车马。②反,同"返"。诶诒(xī yí),疲惫委顿。③皇子告敖,复姓皇子,字告敖,齐国贤人。恶,何。④滀(xù),水停聚貌,引申为郁结。反,同"返"。⑤中身,指聚结于体内。⑥沈(chén),污水积聚之处。履,鬼名。髻(jì),灶神,传说穿红衣,状如美女。壤,通"攘"。烦壤,喧闹之处。雷霆,鬼名。倍阿、鲑蠪(wā lóng),皆神名。泆(yì)阳,神名,传说豹头马尾的动物。⑦罔象,水神名。传说状似小孩,赤黑色,赤爪,大耳,长臂。峷(shēn),山鬼,传说状似狗,有角,身有五彩花纹。彷徨,鬼名,传说状似蛇,两头,有五彩花纹。委蛇(wēi yí),鬼名。⑧毂(gǔ),车轮中心可以插轴的部件。辕,大车前面驾牲口的两根直木。恶,丑陋。殆,

近，差不多。⑨軫(zhěn)然，开怀大笑的样子。⑩不知，不知不觉。去，愈。

【译】齐桓公在草泽中打猎，管仲为他驾驭车马，桓公看见了鬼。桓公抓住了管仲的手说："仲父看见了什么？"管仲回答说："臣下什么也没看见。"桓公回到宫中，因受惊吓而生病，几天不出门。齐国有个叫皇子告敖的贤士，对桓公说："君王不过是自己伤害了自己，鬼神怎能伤害您！那愤急而郁结的气，如果突然涣散而收不回来，人就显得精力不足；郁结之气如果一味上升而不下降，那就使人动不动发怒；如果一味下降而不上升，那就使人健忘；如果既不上升也不下降，聚集在体内，淤积在心中，便要生病。"桓公说："这样说来，那么到底有没有鬼呢？"皇子告敖回答说："有。脏水污泥之处有履鬼，灶里有髻发鬼，房里最吵闹的地方有雷公雷婆藏着，在东北方的洼地里有倍阿鬼、鲑蠪鬼在跳来跳去，西北方的洼地里，则有泆阳鬼住着。水里有落水鬼，土丘上有山鬼，深山里有独脚鬼，旷野里有迷路鬼，草泽里有委蛇鬼。"桓公说："请问，委蛇鬼是什么样子？"皇子告敖回答说："委蛇鬼，它身躯像车轮一般大，像车辕一般长，穿着紫衣服，戴着红帽子。它作为鬼怪，害怕听到轰轰隆隆的车马声，一听到就捧着脑袋站起来。看到这种鬼的人将成为霸主。"桓公不由得开怀大笑，说："我见到的鬼就正是它。"于是整了整衣服帽子，与皇子告敖一同坐下来，不到一天病就不知不觉没有了。

48.庄子·外篇·达生第十九　纪渻子为王①养斗鸡。十日而问："鸡已乎②？"曰："未也，方虚憍而恃气③。"十日又问，曰："未也，犹应向景④。"十日又问，曰："未也，犹疾视⑤而盛气。"十日又问，曰："几矣，鸡虽有鸣者，已无变⑥矣，望之似木鸡矣，其德全矣。异鸡无敢应⑦者，反走⑧矣。"

247

【注】①纪渻（shěng）子，人名。王，指周宣王。②鸡已乎，鸡驯好吗？③虚，虚浮。憍（jiāo），骄。恃气，自恃意气。④应，回应。向，通"响"，响声。景，通"影"。⑤疾视，瞪目怒视。⑥无变，不动声色。⑦异鸡，别的鸡。应，应战。⑧反，同"返"。反走，转身逃跑。

【译】纪渻子替周宣王驯养斗鸡。过了十天，周宣王问道："鸡驯好了吗？"纪渻子回答说："没有，正浮躁骄傲，自恃勇气哩。"过了十天，周宣王又问，纪渻子回答说："还没有，还是听见响声就叫，看见影子就跳。"过了十天，又问，回答说："还是不行，现在还怒目而视，盛气凌人。"过了十天又问，回答说："差不多了，即使有别的鸡在叫，它也无动于衷了，看它像只木头鸡一样了，它的德行健全了。别的鸡没有敢与它应战的，看见它转身就逃跑。"

49. 庄子·外篇·达生第十九 孔子观于吕梁，县水三千仞，流沫四十里，鼋鼍鱼鳖之所不能游也①。见一丈夫游之，以为有苦而欲死也。使弟子并流而拯之②。数百步而出，被发行歌而游于塘下③。孔子从而问焉，曰："吾以子为鬼，察子则人也。请问：蹈水有道乎？"曰："亡，吾无道。吾始乎故，长乎性，成乎命④。与齐俱入，与汩偕出，从水之道而不为私焉⑤。此吾所以蹈之也。"孔子曰："何谓始乎故，长乎性，成乎命？"曰："吾生于陵而安于陵，故也；长于水而安于水，性也；不知吾所以然而然，命也。"

【注】①吕梁，地名，在今江苏徐州附近。县，通"悬"。县水，瀑布。仞，长度单位，八尺为一仞。流，激流。沫，浪花。鼋（yuán），鳖的一种。鼍（tuó），即扬子鳄。②并流，靠近岸边，顺流游去。拯，拯救。③行歌，边走边唱。游，行走。塘下，堤岸之下。④亡，无。故，本然。命，自然之理。⑤齐，通"脐"，指漩涡，因其形似肚脐，故称。汩，涌流。不为私焉，指委身从流，不做任何违拗。

【译】孔子在吕梁观赏风光，瀑布高悬三千丈，水花远溅四十

248

里，那是鱼鳖无法游经的地方。只见一个成年男子在水中游，以为是遭遇困苦而想自杀的，就让弟子顺流游去拯救他。那人在几百步远的地方又浮了出来，披头散发边唱歌边游到堤岸之下。孔子跟过去问他："我以为你是鬼神，仔细看看原来是人。请问，游水有方法吗？"回答说："没有，我没有特别方法。我开始于本然，再顺着自己的天性成长，最终得全于自然天命。我与漩涡一起游入水中，与上涌的波流一起浮出水面，顺着水出入而不凭主观的冲动而游。这就是我游水时所遵循的规律。"孔子说："什么叫作开始于本然，再顺着自己的天性成长，最终得全于自然天命呢？"回答说："我出生在高地而安心于高地，这就叫安于本然；成长于水边而安于水边的生活，这就叫习而成性；我不知道为什么要这样做而去做了，这就叫顺应自然天性。"

50.庄子·外篇·达生第十九　梓庆削木为鐻，鐻成，见者惊犹鬼神[1]。鲁侯见而问焉，曰："子何术以为焉？"对曰："臣，工人，何术之有！虽然，有一焉：臣将为鐻，未尝敢以耗气也，必齐以静心[2]。齐三日，而不敢怀庆赏爵禄；齐五日，不敢怀非誉巧拙；齐七日，辄然忘吾有四枝形体也[3]。当是时也，无公朝。其巧专而外骨消，然后入山林，观天性形躯，至矣，然后成见鐻，然后加手焉，不然则已[4]。则以天合天，器之所以疑神者[5]，其是与！"

【注】①梓庆，名叫庆的梓人。梓人是造筍鐻、饮器等的工人。鐻（jù），悬挂钟鼓的架子，上面刻有鸟兽等图案。犹鬼神，好像是鬼神做成的。②工人，作工匠的人。耗气，耗费神气。齐，通"斋"。③辄然，不动的样子。枝通"肢"。④巧专，内心专一。骨，通"滑"，乱。外骨，外物的混乱。观天性，观察树木的天然质性。形躯，指树木的形体。至，指已有所得。成见，呈现。加手，加工制作。已，止。⑤以天合天，指用自己的自然之心性去迎合

鸟兽的自然之神形。疑神，疑是鬼神所作。

【译】梓庆刻削木头做鐻，做成后，看见的人都非常吃惊，以为是鬼斧神工。鲁国国君见了便问他说："您用什么技术做成的呢？"梓庆回答说："臣不过是一名工匠，哪有什么特别的方法？不过，有这么一点。臣在做鐻之前，从来不敢耗损精神，一定要斋戒让心境清静。斋戒三天，就不敢想什么喜庆、奖赏、官爵、俸禄；斋戒五天，就不敢想什么非议、夸赞、巧妙、笨拙；斋戒七天，就一动不动地忘掉了自己还有四肢形体。在这个时候，什么公室朝廷都没有了，只专心技巧而外界的骚扰全都不存在，然后才进入山林，观察树木的天然质性，寻到树木的天然形躯与鐻的形状相合的，随之好像有完整的鐻呈现在眼前，然后才动手加工，否则就不做。这样，用我的自然本性来配合树木的天然本性，鐻做成后便被人惊疑是鬼斧神工，大概就是因为这些吧。"

51. 庄子·外篇·山木第二十　庄子行于山中，见大木，枝叶盛茂。伐木者止其旁而不取也。问其故，曰："无所可用。"庄子曰："此木以不材得终其天年。"夫子出于山，舍于故人之家①。故人喜，命竖子杀雁而烹之②。竖子请曰："其一能鸣，其一不能鸣，请奚杀？"主人曰："杀不能鸣者。"明日，弟子问于庄子曰："昨日山中之木，以不材得终其天年；今主人之雁，以不材死。先生将何处？"庄子笑曰："周将处乎材与不材之间。材与不材之间，似之而非也，故未免乎累。若夫乘道德而浮游则不然，无誉无訾，一龙一蛇，与时俱化，而无肯专为③。一上一下，以和为量，浮游乎万物之祖④。物物而不物于物⑤，则胡可得而累邪！此神农、黄帝之法则也。若夫万物之情，人伦之传则不然：合则离，成则毁，廉则挫，尊则议，有为则亏，贤则谋，不肖则欺⑥。胡可得而必乎哉！悲夫，弟子志之，其唯道德之乡乎⑦！"

【注】①夫子，指庄子。舍，留宿。②竖子，指童仆。雁，即鹅。③似之，指近似于大道。乘，顺。浮游，指游于至虚

之境。訾（zǐ），毁谤。专为，偏执一端。④上，进取。下，退却。和，顺。量，度量，准则。万物之祖，指万物未萌生之前混沌虚无的境界。⑤物物，主宰外物。不物于物，不被外物所主宰。⑥人伦，人类。传，习俗。廉，锐利。议，通"俄"，倾倒。⑦必，指必能免乎累。志，通"记"，记住。乡，通"向"，归向。

【译】庄子在山中行走，看见一棵大树，枝繁叶茂，伐木工人停在树旁却不砍伐。问他原因，回答说："没有什么用处。"庄子说："这棵树因为不具备良材的质地而能享尽天然的年寿。"庄子从山中出来，寄宿在朋友家中。朋友很高兴，让童仆去杀一只鹅来款待庄子。童仆问道："有一只鹅会打鸣，另一只不会，请问杀哪一只呢？"主人说："杀不会打鸣的。"第二天，弟子问庄子说："昨天山中的大树，因为不具备良材的质地而能享尽天然的年寿；现在主人家的鹅，却因为不能打鸣而被杀。先生将怎样自处呢？"庄子笑着说："我将处在材与不材之间。处在材与不材之间，似乎接近于大道，其实不然，所以仍不能完全免除祸患。如果能顺应天然德行而自由自在地遨游就不是这样了。既不会博得世人的称赞，也不会招来世人的毁谤，既能像龙一样飞腾显现，又能像蛇一样蛰伏潜藏，随着时令气候而变化，而不会偏执一端；或进或退，以顺应自然为准则，遨游于至虚之境，把外物看作是物而不被它主宰，那又怎么会受到牵累呢！这就是神龙、黄帝的处世法则。至于万物的情状、世俗的事情变化就不是这样，聚合的必然会分离，成功的必然会毁灭，锐利的必然会受挫折，位尊的必然招来非议，有作为必然会受损害，贤能的必然会被谋算，不肖的又必然被欺侮，怎么一定能免于祸患呢？可悲啊！弟子记住，处世大概只有那天然德行的境界才是立身之本啊！"

52.庄子·外篇·山木第二十　　子桑雽①曰："子独不闻假人之亡与②？林回弃千金之璧，负赤子而趋③。或曰：'为其布与？赤子之布寡矣；为其累与？赤子之累多矣④。弃千金之璧，负赤子而趋，何也？'林回曰：'彼以利合，此以天属也⑤。'夫以利合者，迫穷祸患害相弃也；以天属者，迫⑥穷祸患害相收也。夫相收之与相弃亦远矣，且君子之交淡若水，小人之交甘若醴⑦。君子淡以亲，小人甘以绝⑧，彼无故以合者，则无故以离。"

【注】①子桑雽（hù），姓桑，名雽，隐士。②假，国名。亡，逃亡。③林回，假国逃民之一。璧，玉璧。赤子，婴儿。④布，古代钱币。累，累赘。⑤属，连接，相连。⑥迫，逼近。⑦醴（lǐ），甜酒。⑧绝，断绝。

【译】子桑雽说："你难道没有听说过假国人逃亡的故事吗？有个叫林回的逃亡之民放弃了价值千金的玉璧，背着婴儿逃走。有人说：'为的是钱财吗？婴儿远不如玉璧有价值。为的是怕累赘吗？婴儿要比玉璧累赘多了。放弃了价值千金的玉璧，背着婴儿逃走，这是为什么呢？'林回说：'我与玉璧不过是利的结合，我与婴儿却是天性的相连。'由利结合的，在困难灾祸迫近时就会相互抛弃；由天性相连的，在困难灾祸迫近时就会相互容纳。相互容纳和相互抛弃相差很远了。而且君子之间的交往像水一样淡泊，小人之间的交往像甜酒一样甘美；然而，君子相交淡泊却很亲切，小人相交甜蜜却不免断绝。那无缘无故相结合的，就会无缘无故而分离。"

53.庄子·外篇·山木第二十　　庄子曰："王独不见夫腾①猿乎？其得楠梓豫章②也，揽蔓其枝而王长其间③，虽羿、蓬蒙不能眄睨也④。及其得柘棘枳枸⑤之间也，危行侧视⑥，振动悼栗⑦，此筋骨非有加急⑧而不柔也，处势不便，未足以逞其能也。"

【注】①腾，跳跃。②章，通"樟"。楠、梓、豫章，都是乔木。③揽蔓，抓住。王长其间，称王称长于树枝间。④蓬

蒙，后羿的弟子。眄睨（miǎn nì），斜视的样子。⑤柘（zhè）棘枳（zhǐ）枸（gǒu），四种带刺的小灌木。⑥危行，小心行走。侧视，因恐惧而不敢正视两边。⑦振动，发抖。悼慄（dào lì），恐惧而战栗。慄，"栗"的异体字。⑧加急，收缩。

【译】庄子说："你难道没有见过跳跃的猿猴吗？它们在楠梓、豫樟之类高大的树木中，攀扯牵引树枝而称王称长于其间，即使是善射的羿和逢蒙也无法加害于它们。可是到了柘、棘、枳、枸之类带刺的灌木丛中，便小心行走，左顾右盼，内心恐惧战栗。这并不是它们筋骨紧缩而不灵活了，而是所处的情势不利，无法施展它们的本领罢了。"

54.庄子·外篇·山木第二十 行贤而去自贤①之行，安②往而不爱哉！

【注】①自贤，自以为贤明。②安，哪里。

【译】品行良好而又不自以为品行良好，到哪里会不受爱戴呢？

55.庄子·外篇·田子方第二十一 百里奚爵禄不入于心，故饭牛而牛肥，使秦穆公忘其贱，与之政也。有虞氏①死生不入于心，故足以动人。

【注】①有虞氏，指舜，其封地在虞，有，词头。

【译】百里奚不把官禄放在心上，所以养牛而牛壮，致使秦穆公忘记了他的卑贱，把国事交给了他。虞舜不把生死放在心上，所以能够感动人。

56.庄子·外篇·田子方第二十一 宋元君将画图，众史①皆至，受揖而立，舐笔和墨②，在外者半。有一史后至者，儃儃然不趋③，受揖不立，因之舍。公使人视之，则解衣般礴④，裸。君曰："可矣，是真画者也。"

【注】①史，画工。②舐（shì）笔，用口水润笔。和墨，调墨。③儃（tán）儃然，无拘无束的样子。趋，快步而行。④般（pán）礴（bó），盘腿而坐。

253

【译】宋元君要绘制一张图,许多画工都来了,接受任务,行礼以后站在桌旁,濡笔调墨,在外面的画师还有一半。有一个后来的画师,自在安闲而并不向前争挤,他受命行礼以后并不站立,随机返回住所。国君派人去看他,见他脱掉衣服光着身子盘腿而坐。国君说:"行啊,他才是真正的画师。"

57.庄子·外篇·田子方第二十一 楚王[1]与凡君[2]坐,少焉,楚王左右曰"凡亡"者三。凡君曰:"凡之亡也,不足以丧吾存。夫凡之亡不足以丧吾存,则楚之存不足以存存[3]。由是观之,则凡未始亡而楚未始存也。"

【注】[1]楚王,楚文王。[2]凡,古代国名。凡君,指凡僖侯。[3]不足以存存:指楚国的存在并不足保持楚国在人们心目中的存在,即人们并不一定会把楚国的存在放在眼里。

【译】楚王和凡国国君共坐,不一会儿,楚王左右的人三次来禀报说凡国灭亡了。凡国国君说:"凡国的灭亡,不足以丧失它在我心中的存在。既然凡国的灭亡不足以丧失它在我心中的存在,那么楚国的存在也就不足以保持楚国在人们心目中的存在。由此看来,凡国也就未尝灭亡,而楚国也就未尝存在。"

58.庄子·外篇·知北游第二十二 天地有大美[1]而不言,四时有明法[2]而不议,万物有成理[3]而不说。圣人者,原天地之美而达[4]万物之理。是故至人无为,大圣不作,观于天地之谓也。

【注】[1]美,指覆载万物的功德。[2]明法,谓四时变化的规律。[3]成理,谓万物生长的规律。[4]原,推究。达,通晓,了解。

【译】天地有覆载万物的美德而不言说,四季有明显的变化规律而不议论,万物有生成的道理而不说明。圣人探究天地的美德,通晓万物的规律。因此至德之人静处无为,伟大圣人不妄自造作,这就是说他们在向天地看齐啊。

59.庄子·外篇·知北游第二十二　自本观之,生者,喑噫①物也。虽有寿夭,相去几何?须臾之说也,奚足以为尧、桀之是非!

【注】①:喑噫(yīn yì),气凝聚的样子。

【译】从本原来看,生命这玩意儿,只是阴阳二气聚合之物。虽然有长寿短命之分,相差又有多少呢?说起来都是瞬间的事情,又哪里值得替唐尧、夏桀判定是非呢!

60.庄子·外篇·知北游第二十二　人生天地之间,若白驹之过郤①,忽然而已。注然勃然,莫不出焉;油然漻然,莫不入焉②。已化而生,又化而死。生物哀之,人类悲之。解其天弢,堕其天袠③。纷乎宛乎④,魂魄将往,乃身从之。乃大归乎!

【注】①白驹,骏马。郤,通"隙",缝隙。②注然勃然,蓬勃而生的样子。出,生。漻(liáo),通"寥"。油然漻然,消亡寂静的样子。入,死。③弢(tāo),弓袋。天弢,天然弓袋,喻指躯体。堕(huī),通"隳",毁坏。袠(zhì),通"帙",书袋。天袠,天然包裹,喻指躯体。④纷乎,散乱的样子。宛乎,宛转的样子。

【译】人活在天地之间,好比一匹骏马跨过一道缝隙,不过片刻的功夫罢了。蓬蓬勃勃,万物竞相生长;无声无息,万物都在消亡。已经变化而出生,又经变化而死亡,活着的生物为同类逝去而哀伤,活着的人为同类死去而悲痛。其实人的死去,只不过是解除了自然的壳甲,毁弃了自然的束缚,纷纭宛转,魂魄先自离去,躯体接踵跟随,这就是最终的归宿啊!

61.庄子·外篇·知北游第二十二　大马之捶钩①者,年八十矣,而不失豪芒。大马曰:"子巧与!有道与?"曰:"臣有守也。臣之年二十而好捶钩,于物无视也,非钩无察也。"

【注】①大马,即大司马。捶,锻打。钩,指腰带钩。

【译】大司马家锻打带钩的工匠，八十岁了，制作的钩竟分毫不差。大司马说："您的手艺真高啊！有诀窍吗？"回答说："我遵守一条原则。我二十岁时就爱好锻打带钩，对别的东西从来不看，不是带钩就决不观察。"

62. 庄子·外篇·知北游第二十二　　圣人处物不伤物。不伤物者，物亦不能伤也。唯无所伤者，为能与人相将迎。

【译】圣人与外物相处不伤害外物，不伤害外物的人，外物也不会伤害他。只有无所伤害的人，才能与人相送相迎。

63. 庄子·外篇·知北游第二十二　　至言去言，至为去为。齐①知之，所知则浅矣！

【注】①齐，皆，全部。

【译】最好的言论是放弃言论，最大的作为是放弃作为。什么都知道，所知道的必定肤浅。

64. 庄子·杂篇·庚桑楚第二十三　　夫寻常之沟，巨鱼无所还①其体，而鲵鳅为之制②；步③仞之丘陵，巨兽无所隐其躯，而孽狐为之祥④。

【注】①还，通"旋"，回旋。②鲵，小鱼。制，通"折"，转折回旋。③步，古代六尺为一步。④孽（niè），妖。祥，怪，妖孽。

【译】在小水沟中，大鱼无法旋转躯体，而小鱼却能曲折回旋；在矮小的丘陵上，巨兽无法隐蔽自己，而野狐却能兴妖作怪。

65. 庄子·杂篇·庚桑楚第二十三　　夫函①车之兽，介②而离山，则不免于网罟之患；吞舟之鱼，砀而失水③，则蚁能苦之。

【注】①函，通"含"，吞。②介，独。③砀（dàng），荡。砀而失水，被水波荡出水流。

【译】那口能含车的巨兽，如果独自离开山林，便免不了猎网的灾难；可以吞下船只的大鱼，如搁浅沙滩失去了水，那么蚂蚁都能让它吃苦头。

66.庄子·杂篇·庚桑楚第二十三 夫至人者,相与交①食乎地,而交乐乎天,不以人物利害相撄②,不相与为怪,不相与为谋,不相与为事,儵然③而往,侗然④而来。是谓卫生之经⑤已。

【注】①交,通"邀",求取。②撄(yīng),扰乱。③儵(xiāo)然,无所牵挂的样子。④侗(dòng)然,懵然无知的样子。⑤生,通"性"。卫生,护养真性。经,原则,方法。

【译】所谓至人,是与大家一起求食于地,求乐于天,不会因为人事利害扰乱自己的心,不相互在一起责怪对方,不互相在一起谋算对方,不互相在一起制造事端,无牵无挂而去,又懵然无知地回来。这就是他们的养生之法啊。

67.庄子·杂篇·庚桑楚第二十三 儿子动不知所为,行不知所之,身若槁木之枝而心若死灰。若是者,祸亦不至,福亦不来。祸福无有,恶有人灾也!

【译】婴儿活动不知要干什么,行走不知道要去哪里,身体像枯树枝,内心像冷灭的灰。像这样的人,祸也不会到,福也不会来。没有祸福,哪里还会有人为的灾害呢!

68.庄子·杂篇·庚桑楚第二十三 学者,学其所不能学也;行者,行其所不能行也;辩者,辩其所不能辩也。知止乎其所不知,至矣!若有不即①是者,天钧②败之。

【注】①即,若,遵循。②天钧,自然造化。

【译】学习的人,想学习他不能学到的东西;实行的人,想实行他不能做到的事情;辩论的人,想辩他不能辩论的问题。懂得在无法求知之处就此止步,这就达到了最高的境界;假如有不这样做的,造化就会挫败他。

69.庄子·杂篇·庚桑楚第二十三　介者拸画①，外非誉②也。胥靡③登高而不惧，遗④死生也。夫复謵不馈而忘人⑤，忘人，因以为天人⑥矣！故敬之而不喜，侮之而不怒者，唯同乎天和⑦者为然。

【注】①介，独。介者，只有一只脚的人。拸（chǐ），抛弃。画，饰容之具，指修饰仪容。②外，置之度外。非，非议，责难。③胥靡，刑徒。④遗，忘却。⑤复，免除。謵（xí），通"慴"（"慑"的异体字），惧怕。馈（kuì），通"愧"，负疚。忘人，忘记自己是人。⑥天人，合于天道的人。⑦天和，与天然达到和谐统一的境界。

【译】失去一只脚而残废的人不修边幅，因为他已把人们对他在容貌上的赞美或非议置之度外了。犯人登高而不害怕，因为他早已不把生死放在心上了。解除了惧怕心理，精神上不再有任何负担，就会忘记自己"人"的属性了。忘记了自己是人，一切听天由命，就是合于天道的人了。所以敬重他也不感到欣喜，侮辱他也不发怒的人，只有与天然达到和谐统一才能这样。

70.庄子·杂篇·徐无鬼第二十四　徐无鬼曰："子不闻夫越之流人①乎？去国数日，见其所知②而喜；去国旬月③，见所尝见于国中者喜；及期年④也，见似人者⑤而喜矣。不亦去人滋久⑥，思人滋深乎？夫逃虚空⑦者，藜藋柱乎鼪鼬之径，踉位其空⑧，闻人足音跫⑨然而喜矣，又况乎昆弟亲戚之謦欬其侧者乎⑩！"

【注】①流人，流亡之人。②所知，熟悉的人。③旬月，十天和一个月。④期（jī）年，一周年。⑤似人者，好像是同乡的人。⑥滋，愈。⑦虚空，指空旷无人的荒野。⑧藜藋（lí diào），指杂草。柱，塞。鼪鼬（shēng yòu），黄鼠狼。踉，当为"良"之误，良久。位，处。⑨跫（qióng），脚步声。⑩昆弟，兄弟。亲戚，父母亲。謦欬（qǐng kài），咳嗽，这里指谈笑。侧，身旁。

【译】你没有听说过流亡到越地的人吗？离开自己的故乡只有几

天，看到了熟人就高兴；离开十天一个月，看到仅在故乡见过面的人就高兴；等到离开故乡一年的时候，看到好像是同乡的人就会很高兴。不就是离开故人越久思念故人就越强烈吗？那些逃到空旷无人的荒野中的人，杂草堵塞了黄鼠狼来往的路径，长久地居住在空旷无人之地，听到人的脚步声就高兴起来，更何况是父母兄弟在他身边谈笑呢！

71.庄子·杂篇·徐无鬼第二十四　濡需①者，豕虱是也，择疏鬣②长毛，自以为广宫大囿③。奎蹄曲隈④，乳间股脚，自以为安室利处。不知屠者之一旦鼓臂布草操烟火⑤，而己与豕俱焦也。此以域进⑥，此以域退⑦，此其所谓濡需者也。

【注】①濡需，偷安一时。②鬣（liè），前颈上的鬃毛。③囿，苑囿，繁殖禽兽林木的地方。④奎（kuí），两腿之间。曲隈（wēi），弯曲隐蔽之处。⑤鼓，举。操，持。⑥域，境域，指寄身之地。进，显荣。⑦退，失意，毁灭。

【译】所谓偷安一时，猪身上的虱子就是如此。那猪虱，在猪身上挑选了毛长而稀疏的地方，自以为这就是宽广的宫殿，阔大的苑囿；腿蹄隐蔽之处、乳房和腿脚间的沟沟缝缝，自以为这就是安宁的居室和美满的处所。哪知道屠夫一个早上挥起臂膊，铺上柴草，生起烟火，自己便随同猪毛一起被烧焦了。这就叫作地盘子繁荣便随同繁荣，地盘子毁灭便一块儿毁灭，这就叫作偷安一时啊。

72.庄子·杂篇·外物第二十六　宋元君夜半而梦人被发窥阿门，曰："予自宰路之渊，予为清江使河伯之所，渔者余且得予①。"元君觉，使人占之，曰："此神龟也。"君曰："渔者有余且乎？"左右曰："有。"君曰："令余且会朝。"明日，余且朝。君曰："渔何得？"对曰："且之网得白龟焉，箕圆五尺。"君曰："献若之龟。"龟至，君再欲杀之，再欲活之。心疑，卜之。曰："杀龟以卜，吉。"乃刳龟，七十二钻而无遗策②。仲尼曰："神龟能见梦于元君，而不能避余且之网；知能七十二钻而无遗策，不能避刳肠之患③。如是则知有所困，神有所不及也。虽有至知，万人谋之。鱼不畏网而畏鹈鹕④。去小知而大知明，去善而自善矣。婴儿生，无石⑤师而能言，与能言者处也。"

【注】①阿门，侧旁的小门。宰路，渊潭的名。清江，扬子江。河伯，传说是黄河之神。渔者，捕鱼的人。余且（jū），人名。②刳（kū），剖开胸膛将内脏掏空。钻，指卜问时灼钻龟板。遗策，策算不准。③见（xiàn）梦，托梦。知同"智"。④鹈鹕（tí hú），一种捕鱼的水鸟。⑤石，通"硕"。

【译】宋元君半夜里梦见一个人披头散发在侧门边窥视，说："我来自宰路的渊潭里，我作为清江的使者到黄河之神那里去，没想到一个叫余且的渔夫捕获了我。"元君醒来后，让人占梦，回答说："这是只神龟在托梦。"元君说："渔夫中有叫余且的吗？"左右回答说："有。"元君说："让余且上朝来见我。"第二天，余且朝见宋元君。元君问他："你打鱼打到了什么？"回答说："我刚网到一只白龟，周长五尺。"元君说："把你的龟献上来。"白龟献来了，元君又想杀它，又想放它，犹豫再三。心里疑虑不定，只好卜问。结果说："杀掉白龟用来占卜，吉利。"于是就把龟剖开挖空，用来占卜了七十二卦而没有不灵验的。孔子说："神龟能托梦给宋元君，却不能避开余且的渔网；他的智慧能占卜七十二卦而没有不灵验的，他却不能逃脱剖腹挖肠的灾难。这样看来，智慧也有窘困而不能应付的时候，神灵也有预料不到的地方啊。纵使有绝顶的智慧，也敌不过万人的谋算。鱼儿只知道怕鹈鹕，却不知道渔网的可怕。所以去掉小聪明才能让大智慧放出光辉，去掉自以为善的心理才能自然友善。婴儿生来没有硕师教他却能说话，因为他与会说话的人们在一起啊。"

73.庄子·杂篇·外物第二十六　惠子谓庄子曰："子言无用。"庄子曰："知无用而始可与言用矣。夫地非不广且大也，人之所用容足耳，然则厕足①而垫②之，致③黄泉，人尚有用乎？"惠子曰："无用。"庄子曰："然则无用之为用也，亦明矣。"

【注】①厕足，置足。②垫，通"堑"，掘。③致，至。

【译】惠子对庄子说："你的话没用。"庄子说："你知道没有用，这就可以跟你谈论它的有用之处了。这大地并非不是辽阔广大，但人们用得着的地方仅仅容得下脚也就可以了。可是，如果把立足以外的土地都挖掉，一直挖到黄泉，那么人所立的小块地方还有用吗？""没有用了。""既然如此，那么没有用的用处也就很明白了！"

74.庄子·杂篇·外物第二十六　静默可以补病，眦搣可以沐老①，宁可以止遽②。

【注】①眦（zì），眼眶。搣（miè），按摩。沐老，消除容貌的衰老。②遽，急躁。

【译】沉静可以帮助治病，按摩眼角可以消除容颜的衰老，安宁可以平息急躁。

75.庄子·杂篇·外物第二十六　演门①有亲②死者，以善毁③爵④为官师，其党人⑤毁而死者半。

【注】①演门，宋国国都城门名。②亲，父母。③毁，指因哀伤而使得身体十分消瘦。④爵，指受封官爵。⑤党人，同乡之人。

【译】演门有个死了双亲的人，因为他善于哀伤消瘦了形貌而受封为官师，他的乡邻们也仿效他来使身体消瘦，结果半数人都死了。

76.庄子·杂篇·寓言第二十七　庄子谓惠子曰："孔子行年六十而六十化①。始时所是②，卒而非③之。未知今之所谓是④之非五十九非⑤也？"

【注】①化，变化。②是，认为对的。③非，认为错的。④是，认为对的。⑤非，认为错的。

【译】庄子对惠子说："孔子生年六十，而六十年中思想随时间变化而变化，开始肯定的东西，后来又否定了。哪能知道如今他肯定的东西，就不是五十九岁时否定的东西呢？"

77.庄子·杂篇·寓言第二十七 曾子再仕而心再化，曰："吾及亲①仕，三釜②而心乐；后仕，三千钟而不洎③，吾心悲。"弟子问于仲尼曰："若参者，可谓无所县④其罪乎？"曰："既已县矣！夫无所县者，可以有哀乎？彼视三釜、三千钟，如观雀蚊虻相过乎前也。"

【注】①及亲，当双亲在世时。②釜，六斗四升。③洎（jì），及，指赶上用来奉养双亲。④县，通"悬"，系，困缚。

【译】曾子第二次做官时，心境与上次不同了，他说："我双亲在世时做官，俸禄只有三釜而心里很快乐；后来做官，俸禄虽达三千钟，但父母已经去世，我心中感到悲哀。"弟子问仲尼说："像曾参这样的人，可以说没有受利禄的牵累吧？"孔子说："还是有些牵累。要是没有牵累，会感到悲伤吗？那些心无牵挂的人看三釜、三千钟的俸禄，就如同看到鸟雀蚊虻在眼前飞过一样，毫不在意。"

78.庄子·杂篇·盗跖第二十九 城之大者，莫大乎天下矣。尧、舜有天下，子孙无置①锥之地；汤、武立为天子，而后世绝灭。非以其利大故邪？

【注】①置，放置。

【译】城池最大的，没有比整个天下更大的了。尧和舜都曾拥有天下，但他们的子孙却无立锥之地；商汤和周武王都曾立为天子，但他们的后代却被灭绝。这不正是因为他们的利禄太多了的缘故吗？

79.庄子·杂篇·盗跖第二十九 子张曰："势为天子，未必贵也；

穷为匹夫，未必贱也。贵贱之分，在行之美恶。"

【译】子张说："得势即使当天子，也不一定尊贵；穷困即便当百姓，也不一定低贱。尊贵卑贱之分，只在德行的美丑。"

80.庄子·杂篇·盗跖第二十九　比干剖心①，子胥抉眼②，忠之祸也；直躬证父③，尾生溺死④，信之患也；鲍子立干⑤，申子不自理⑥，廉之害也；孔子不见母⑦，匡子不见父⑧，义之失也。此上世之所传、下世之所语，以为士者，正其言，必其行，故服其殃、离其患也⑨。

【注】①剖心，被挖出心脏。比干多次谏纣王，纣王恶之，以闻圣人之心有九窍为辞，而将其剖心。②抉（jué）眼，被挖出眼珠。伍子胥忠谏吴王夫差而被夫差杀害，伍临死对舍人说："抉吾眼县于吴东门之上，以观越寇之入灭吴也！"③直躬，指一个立身正直的人。《论语·子路》篇载：叶公对孔子说："我的乡邻有个立身正直的人，他的父亲偷了别人的羊，他出面告发了他的父亲。"证父，指告发其父偷羊之事。④尾生："尾生与女子期于梁下，女子不来，水至不去，抱梁柱而死。"溺死，被水淹死。⑤鲍子，鲍焦。立干，指抱着树站在那里死去，最后尸体干枯。⑥申子，晋献公太子申生，遭受谗言而不愿申辩，自缢而死。不自理，指不为自己蒙冤申辩。⑦孔子不见母，指孔子周游列国，其母临终，孔子没有见上最后一面。⑧匡子，匡章，齐人，因劝谏父亲而被赶出家门，终身不能再见父面。⑨正，端正。必，一定实行。服，受，遭受。殃，灾殃。离，通"罹"，遭受。

【译】比干被剖心，子胥被挖眼，这是忠心的祸害；直躬揭发父亲偷羊、尾生等待姑娘来约会而被淹死，这是诚信的祸害；鲍焦抱树而死，躯体成为肉干，太子申生不为自己蒙冤申辩自缢而死，这是清廉的祸害；孔子不能见上母亲最后一面，匡章一辈子不能见父亲，这是仁义造成的过失。这都是上代流传下来，近世常常谈论的事情，认为士人要端正自己的言论，信守自己的行为，所以才遭受这些祸害，陷于这种种不幸。

81.庄子·杂篇·列御寇第三十二　巧者劳而知①者忧，无能者无所求，饱食而敖②游，汎③若不系之舟，虚而敖游者也！

【注】①知，同"智"。②敖，通"遨"。③汎，同"泛"，漂浮不定的样子。

【译】手巧的人多劳累，有智慧的人多忧愁，没有本事的人无所追求，填饱肚子就悠闲地遨游，飘飘荡荡如同一叶没有拴住的小舟，这才是心境虚无而自在逍遥的人啊！

82.庄子·杂篇·列御寇第三十二　圣人安其所安①，不安其所不安②；众人安其所不安，不安其所安。

【注】①所安，指自然之理。②所不安，指人为。

【译】圣人安于自然之理，而不安于人为；一般人却安于人为，而不安于自然之理。

83.庄子·杂篇·列御寇第三十二　庄子将死，弟子欲厚葬之。庄子曰："吾以天地为棺椁①，以日月为连璧②，星辰为珠玑③，万物为赍送④。吾葬具岂不备⑤邪？何以加⑥此？"弟子曰："吾恐乌鸢⑦之食夫子也。"庄子曰："在上为乌鸢食，在下为蝼蚁⑧食，夺彼与此，何其偏⑨也。"

【注】①椁（guǒ），棺材外面的套棺。②连璧，两块并连起来的玉璧。③珠玑（jī），珍珠，圆的叫珠，不圆的叫玑。④赍（jī），以物送人。赍送，指陪葬品。⑤备，齐备。⑥加，超过。⑦乌，乌鸦。鸢（yuān），鹞鹰。⑧蝼，蝼蛄。蚁，蚂蚁。⑨偏，偏心。

【译】庄子快要死了，弟子们打算隆重安葬他。庄子说："我把天地当成棺材，把太阳月亮当成一双连环璧玉，把星辰当作珍珠；把万物当作殉葬品。我的丧葬用品还不齐备吗？

还有什么比这更好的呢？"弟子们说："我们害怕乌鸦老鹰来吃先生。"庄子说："在地面上被乌鸦老鹰吃，在地底下被蝼蛄蚂蚁吃，你们要夺去乌鸦老鹰的食物去喂蝼蛄蚂蚁，怎么如此偏心呢！"

84.庄子·杂篇·天下第三十三　夫无知之物，无建己①之患，无用知②之累③，动静不离于理，是以终身无誉。

【注】①建己，标榜自己。②知，同"智"。③累，牵累。

【译】那些没有知觉的事物，没有自我标榜的忧患，没有运用智慧的牵累，动静行止一切不违背自然之理，因此一辈子无誉也无毁。

85.庄子·杂篇·天下第三十三　日方①中方睨②，物方生方死。

【注】①方，正。②睨（nì），偏斜。

【译】太阳处在正中之时，也就是正要偏斜之时。万物刚一出生，也正开始走向灭亡。

《荀子》（5则）

1.荀子·宥坐　孔子曰："由不识，吾语汝。女以知者为必用耶？王子比干不见剖心乎？女以忠者为必用耶？关龙逢不见刑乎？女以谏者为必用乎？伍子胥不磔①姑苏东门外乎？夫遇不遇者，时也；贤不肖②者，材③也。君子博学深谋不遇时者多矣。由是观之，不遇世者众矣，何独丘也哉？"

【注】①磔（zhé），分裂肢体而张布。②不肖，不贤。③材，本质。

本段中，孔子说的"时"就是今天说的"机遇"，有时人们也用"命运"来表达，它对人的成功有重要影响。

【译】孔子说："仲由，你不知道，我告诉你。你以为有德才的人就一定会被重用吗？那么商纣的叔父比干就不会被挖心了！你以为忠诚的人就一定会重用吗？那么夏桀的臣子关龙逢就不会被杀戮了！你以为进尽忠言的人就一定会重用吗？那么吴国的伍子胥就不会被陈尸在姑苏东门外了！能不能被赏识重用，在于时机啊！贤与不贤，在于才能啊！君子之中博学多才深谋远虑，却因不得时机不被重用的人太多了。由此看来，不被社会知遇重用的人很多，怎么只有我孔丘一人呢？"

2.荀子·荣辱 人之生①固小人，无师、无法，则唯利之见耳。人之生固小人，又以遇乱世，得乱俗，是以小重小也，以乱得乱也。君子非得势以临之，则无由得开内②焉，今是人之口腹，安知礼义？安知辞让？安知廉耻隅积？亦呥呥而噍③，乡乡而饱已矣④。人无师、无法，则其心正其口腹也。

【注】①生，同"性"。②内，同"纳"。③呥呥（rán），咀嚼的样子。噍（jiào），咬，嚼。④乡，通"享"，享用。
本段谈人的本性，小人无师法则容易放任欲望。

【译】人的本性，生来都是小人，没有老师的教导，没有礼法的约束，就只看到利益所在。人的本性，本来就是充满了小人的欲求的，再加上生逢乱世，沾染了乱俗，这就小上加小，从混乱上又得到混乱。如果不是君子取得权势来临驾小人，就无法启发他的心志而纳入正道。今天人们只知道吃喝，哪里知道礼义？哪里知道谦让？哪里知道廉耻、局部和整体的关系呢？只知道不停地咀嚼，吃得酒足饭饱。人们如果没有老师的教导，没有礼法的约束，那么他的心就和他的嘴与肚子一样。

3.荀子·儒效 人无师、无法而知，则必为盗；勇，则必为贼；云能，则必为乱；察，则必为怪；辩，则必为诞。人有师、法而知，则速通；勇，则速威；云能，则速成；察，则速尽；辩，则速论。故有师、法者，人之大宝也；无师、法者，人之大殃也。

【注】本段谈教育和法度的重要性及其与人的成败关系。

【译】人要是没有老师的教育，又不知道法度，如果他聪明，一定会成为盗寇；如果他勇敢，必定会成为窃贼；如果他有能耐，必定会犯上作乱；如果他能明察，就一定会发表奇谈怪论；如果他能言善辩，就一定会诡辩。一个人有老师的教育，又学习法度，如果他聪明，很快能显赫；如果他勇敢，很快能树立威信；如果他有能耐，就很快能成功；如果他能明察，就能透彻地了解事理；如果他能言善辩，就能很快拿出理论，提出学说。所以，有老师的教育，又学习法度，是人的最大财富。没有老师的教育，又没有法度，是人的最大灾难。

4. 荀子·君道 请问为国？曰：闻修身，未尝闻为国也。君者仪也，民者景也，仪正而景正。君者槃①也，民者水也，槃圆而水圆。君射则臣决②。楚庄王好细腰，故朝有饿人。故曰："闻修身，未尝闻为国也。"

【注】①槃，通"盘"。②决，古代射箭时套在右手大拇指上的骨制套子，以便于拉弓弦的用具。

本段谈有国者修身的重要性。

【译】请问怎样治理国家？回答道：只听说怎样修养自己的品德，没有听说过怎样治理国家。君主是测量日光的仪表，百姓是这仪表所反映出来的影子。仪表端正影子就端正。君主就像是一个盘，百姓就像是水，盘子圆，里面的水也圆。君主爱好射箭，臣子就经常把决套在手指上（去练习射箭）；楚庄王喜欢细腰的女子，因此宫中常有忍饥挨饿以求腰细的人。所以说："只听说怎样修养自己的品德，没有听说过怎样治理国家。"

5.荀子·天论 星队①、木鸣，国人皆恐。曰：是何也？曰：无何也！是天地之变，阴阳之化，物之罕至者也。怪之，可也；而畏之，非也。夫日月之有蚀，风雨之不时，怪星之党见②，是无世而不常有之。

【注】①队，同"坠"。②党见，同"倘现"，偶然出现。

【译】星星陨落，树木发出声音，国都里的人都很恐慌。问这是什么原因呢？回答道：没有什么原因，是自然的变化，阴阳之间的交互作用，事物中很少出现的现象。感到奇怪，是可以的；但是怕它，就错了。太阳和月亮有日食和月食，风雨不按时出现，奇怪的星宿偶然出现，这是没有哪个时代不会常有的现象。

《墨子》（5则）

1.墨子·亲士 良弓难张，然可以及高入深；良马难乘，然可以任重①致远；良才难令，然可以致君见尊。

【注】①任重，载重。

【译】好的箭弓难以拉开，但能够射到高处，射入深处；好马难以驾驭，但能够负载重物到远方；优秀人才难以使唤，但能够使国君受到尊敬。

2.墨子·亲士 是故江河之水也，非一源之水①也；千镒②之裘，非一狐之白③也。

【注】①一源之水，从一个源头出来的水。②镒，古代重量单位，一镒等于二十四两。③白，狐狸身体下边的白毛。

【译】所以说江河里的水并不是一个源头出来的；千镒的裘皮大衣

上的白毛并不是来自一只狐狸。

3.墨子·所染 染于苍则苍，染于黄则黄，所入者变，其色亦变，五入必①而已，则为五色矣。故染不可不慎也！

【注】①必，通"毕"。

【译】丝用青色的染料染就成青色，用黄色的染料染就成黄色，投入的染料变了，丝的颜色也变了，丝放进五种不同的染水中，就染成五种颜色了。所以染色不可不慎重啊！

4.墨子·兼爱（中） 夫爱人者人必从而爱之，利人者人必从而利之；恶①人者人必从而恶之，害人者人必从而害之。

【注】①恶，厌恶。

【译】爱别人的人，别人一定会反过来爱他。给别人利益的人，别人一定会反过来给他利益。厌恶别人的人，别人一定会反过来厌恶他。害别人的人，别人一定会反过来害他。

5.墨子·附录 虾蟆蛙蝇，日夜而鸣，舌干檗①然而不听。今鹤鸡时夜而鸣，天下振动。多言何益，唯其言之时也。

【注】①檗，同"蘗"，树木的嫩芽。干檗，这里是"干渴"的意思。

【译】蛤蟆、青蛙日夜不停地鸣叫，叫得口干舌燥，虽然这样，人们却不愿意听它们的。雄鸡只在黎明时啼鸣几声，却能使天下人振动。多说话有什么用呢？话不在多，唯有切合时机才有用。

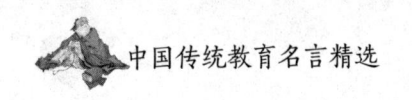

《吕氏春秋》（7则）

1.吕氏春秋·诬徒 达师之教也，使弟子安焉、乐焉、休焉、游焉、肃焉、严焉。此六者得于学，则邪僻之道塞矣，理义之术胜矣。此六者不得于学，则君不能令于臣，父不能令于子，师不能令于徒。

【注】徒，役，指弟子。诬徒，又名"诬役"，意思是"枉责弟子"。

【译】学识通达的老师的教育，能使学生安定、快乐、舒适、交游广、庄重、严谨。这六个方面能够在教育教学中变成现实，那么邪恶的道路就会被堵塞，真理正义一方就取胜了。这六个方面没有出现在教学之中，那么国君不能命令臣子，父亲不能命令儿子，老师不能命令学生。

2.吕氏春秋·诬徒 人之情，不能乐其所不安，不能得其所不乐。为之而乐矣，奚待贤者，虽不肖者犹若劝之。为之而苦矣，奚待不肖者，虽贤者犹不能久。反①诸人情，则得所以劝学矣。

【注】①反，"返"。

【译】按照人之常情，不能喜欢让自己不安心的事情，不能从自己不喜欢的事情中学到东西。如果做事很快乐，哪里要贤人，即使不贤的人也会努力去做的。如果做事很痛苦，哪里一定要等不贤的人不爱呢，即使贤明的人也不能坚持很久。从人之常情来看，就知道怎样鼓励人们学习了。

3.吕氏春秋·诬徒 人之情，恶异于己者，此师徒相与造怨尤也。人之情，不能亲其所怨，不能誉其所恶。学业之败也，道术之废也，从此生矣。

【注】本段谈师生之间融洽的情感对教学的重要性。

【译】按照人之常情，厌恶和自己心志不合的人，这是老师和学生彼此结下怨恨的原因。按照人之常情，不能亲近自己所怨恨的人，不能赞美自己所厌恶的人。学业的失败，道术的荒废，就这样产生了。

4.吕氏春秋·诬徒 善教者则不然，视徒如己，反己以教，则得教之情也。所加于人，必可行于己，若此则师徒同体。人之情，爱同于己者，誉同于己者，助同于己者。学业之章①明也，道术之大行也，从此生矣。

【注】①章，同"彰"，彰显。

本段谈教育教学，懂得学生的心理很重要。

【译】善于教育的人就不是这样，看待学生如同自己一样，设身处地来教育学生，这样就掌握了教育的根本了。凡施加给别人的，自己一定能够做到，像这样老师和学生就融为一体了。按照人之常情，喜欢和自己相同的人，赞美和自己一致的人，帮助和自己相同的人。学业的彰显，道术的普遍推行，就这样产生了。

5.吕氏春秋·诬徒 草木鸡狗牛马，不可谯诟①遇之，谯诟遇之，则亦谯诟报人，又况乎达师与道术之言乎？

【注】①谯（qiào），责备。诟（gòu），骂。

本段谈不能粗暴对待老师和学生。

【译】即使是草木、鸡狗、牛马，都不能粗野地对待他们，如果粗野地对待他们，那么他们也会粗野地对待人，又何况对于通达的老师和道术的传授呢？

6.吕氏春秋·善学 戎人生乎戎，长乎戎，而戎言不知其所受之。楚人生乎楚，长乎楚，而楚言不知其所受之。今使楚人长乎戎，戎人长乎楚，则楚人戎言，戎人楚言矣。由是观之，吾未知亡国之主不可以为贤主也,其所生长者不可耳。故所生长不可不察也。

【注】本段谈环境对人的成长有重要影响。

【译】戎人生在戎地,长在戎地,于是说戎地的语言,并且不知是从谁那里学来的。楚人生在楚地,长在楚地,于是说楚语,并且不知是从谁那里学来的。现在让楚人在戎地成长,戎人在楚地成长,那么楚人说戎语、戎人说楚语了。由此看来,我不相信亡国之君不能作贤明的国君,他所生活成长的环境不让他这样啊。所以人们生活成长的环境不能不注意啊。

7. 吕氏春秋·善学 天下无粹白之狐,而有粹白之裘,取之众白也。夫取于众,此三皇五帝之所以大立功名也。凡君之所以立,出乎众也。立已定而舍其众,是得其末而失其本,不闻安居。故以众勇无畏于孟贲[①]矣,以众力无畏于乌获[②]矣,以众视无畏乎离娄[③]矣,以众知[④]无畏乎尧舜矣。夫以众者,此君人之大宝也。

【注】[①]孟贲,战国时勇士。[②]乌获,战国时秦国勇士,传说能举千钧之重。[③]离娄,古代传说中的人名,"能视于百步之外,见秋毫之末"。[④]知,同"智"。

【译】天下没有纯白色的狐狸,却有纯白色的狐裘,这是从众多白狐狸的皮毛中提取来的。从众人中吸取智慧,这是三皇五帝成就大功业的原因。大凡君位的确立,都是凭借着众人的力量。君位已经确立却舍弃众人,这是抓住了枝末却丢掉了根本,没有听说过他的统治能够平安稳固。所以,依靠众人的勇敢就不怕孟贲了,依靠众人的力量就不怕乌获了,依靠众人的眼力就不怕离娄了,依靠众人的智慧就不怕尧舜了。依靠众人的力量,这是统治别人的法宝。

《韩非子》（4则）

韩非子（？－前233），荀况弟子，有《韩非子》传世。

1.《韩非子·五蠹》 民固①骄于爱，听于威矣。

【注】①固，本来。

【译】人本来就是在溺爱面前骄横，在威严面前听从。

2.《韩非子·解老》 万物必有盛衰，万事必有弛张。

【译】万物都会有茂盛和衰败，万事都会有松弛和紧张。

3.《韩非子·显学》 慈母有败子。

【译】过于慈爱的母亲一定会教出失败的儿子。

4.《韩非子·显学》 恃①自直之箭②，百世无矢；恃自圜③之木，千世无轮。

【注】①恃，靠。②箭，竹名，其质坚韧，适于造箭。③圜，通"圆"。

【译】一定要靠笔直的竹子做箭，那么等上千年也不会有箭了；一定要靠生来很圆的树木做车轮，那么等上万年也不会有车轮了。

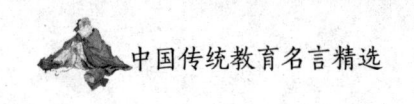

李斯（1则）

李斯（约前280—前208），楚国上蔡（今河南省上蔡县西南方）人，秦朝著名的政治家。

1. 李斯《谏逐客书》 泰山不让①土壤，故能成其大；河海不择细流，故能就其深；王者不却众庶，故能明其德。

【注】①让，拒绝，舍弃。

【译】泰山不拒绝土壤，所以能够形成它的高大；河海不挑剔细流，所以能够形成它的深广；帝王不排斥百姓，所以能彰明他的德行。

《淮南子》（3则）

《淮南子》，亦称《淮南鸿烈》，西汉淮南王刘安（前179—前122）及其门客所著。

1. 汉刘安《淮南子·诠言训》 誉生则毁①随之，善见②则怨从之。

【注】①毁，毁谤。②见，显露。

【译】荣誉来了，那么毁谤也跟着来了；你有了善行之后，跟着而来的就是怨言。

2.汉刘安《淮南子·说山训》 走不以手，缚手走不能疾；飞不以尾，屈尾飞不能远。

【注】本段谈事物发生作用的部分必须依赖不发生作用的部分。

【译】跑步不用手，但捆住手却跑不快；飞翔不用尾巴，把尾巴弯曲就不能飞远。

3.汉刘安《淮南子·说山训》 欲致①鱼者先通水②，欲致鸟者先树木。

【注】①致，招致。②通水，开通水道。

【译】想要引来鱼，先要开通水道；想要引来鸟，先要培植树林。

司马迁（1则）

司马迁（前145－前？），字子长，夏阳（今陕西韩城）人，有《史记》传世。

1.司马迁《史记·项羽本纪》 大行①不顾细谨②，大礼不辞小让。

【注】①行，行为。②细谨，细枝末节。

【译】做大事不必注意细枝末节，行大礼不必讲究小的谦让。

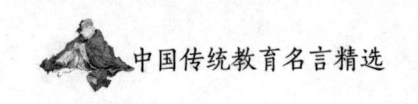

王充（1则）

1. 王充《论衡·非韩》 不仕之民，性廉寡欲；好仕之民，性贪多利。利欲不存于心，则视爵禄犹粪土矣。廉则省约无极，贪则奢泰不止。

【注】本段谈廉贪与情怀有关。

【译】不做官的人，品格廉洁欲望少；好做官的人，品格贪婪欲望多。心中不存利欲，就会把官爵俸禄看成粪土一样。本性廉洁就会极节俭，本性贪婪就会极奢侈。

赵壹（2则）

赵壹（生卒年不详），字元叔，汉阳西县（今甘肃天水市西南）人。他生活在东汉末年，为人耿介倨傲。

1. 赵壹《刺世嫉邪赋》 乘理①虽死而非亡，违义②虽生而非存。

【注】①乘理，坚持真理。②违义，违背道义。

【译】坚持真理，虽死犹生；违背道义，虽生犹死。

2. 赵壹《刺世嫉邪赋》 伊优北堂①上，抗脏②倚门边

【注】①伊优,卑躬屈节的样子。北堂,在北的厅堂,富贵者所居。②抗脏,高亢刚直的样子。

【译】那些势利小人居于高堂之上,而正直之辈却依靠门边。

郭象(2则)

郭象(？-312),西晋哲学家,字子玄。河南(今河南洛阳)人,有《庄子注》传世。

1.郭象《庄子秋水注》 夫安于命者无往而非逍遥矣。故虽匡陈羑里①,无异于紫极②闲堂也。

【注】①匡陈羑里,匡是孔子被围的地方,陈是孔子被困的地方,羑里(yǒu lǐ)是周文王被商纣拘禁的地方。②紫极,旧指宝物的光气或所谓祥瑞之气,传说老子出函谷关,关令尹喜见有紫气从东而来,知道将有圣人过关,于是请他写下了《道德经》。

【译】安命的人无论去哪里都是逍遥之游。所以即使是孔子被围的匡地、孔子被困的陈地、周文王被拘禁的羑里,都和祥瑞宝地没有差别。

2.郭象《庄子逍遥游注》 夫物未尝以大欲小,而必以小羡大,故举小大之殊,各有定分,非羡欲所及,则羡欲之累可以绝①矣。夫悲生于累,累绝则悲去,悲去而性命不安者,未之有也。

【注】①绝,断绝。

【译】世界上的事物没有见过大的想要小的,而一定是小的羡慕大的，所以明白了小东西和大东西的不同、各自有命定的成分、并不是羡慕所能得到的这个道理，那么，羡慕不到而产生的累就可以去除了。悲哀都来源于累，没有了累，悲哀自然也就走了，悲哀走了而性命不安，是没有的。

葛洪（3则）

葛洪（283-363），字稚川，号抱朴子，丹阳句容（今江苏句容县）人，西晋时道学家，有《抱朴子》传世。

1. 葛洪《抱朴子·勖学》 火则不钻不生，不扇不炽；水则不决不流，不积不深。故质虽在我，而成之由彼也。

【注】 勖（xù），勉励。本段谈教育的作用。

【译】不钻木火就着不起来，不煽风火就不旺；不疏导水就不流，不积存水就不深。所以资质虽然存在于我，而使其成就则在于彼。

2. 葛洪《抱朴子·勖学》 泥涅可令齐坚乎金玉，曲木可攻之以应绳墨，百兽可教之以战陈①，畜牲可习之以进退，沈②鳞可动之以声音，机石可感之以精诚，又况乎含五常而禀最灵者哉？低仰之驷，教之功也；鸷③击之禽，习之驯也。

【注】①陈，通"阵"，战阵。②沈，同"沉"。③鸷（zhì），凶猛。

【译】泥土做成的陶瓷器具，坚固的程度可以与金玉相比，弯曲的木头可以削制得合乎绳墨的标准，百兽可以驯服教会它们作战的阵法，畜生可以训练它们知道进与退，音乐可以打动沉潜水中的鱼儿，以箭射石，精诚所至，金石也会为之而开，更何况那包含五常之道、资禀最具灵性的人呢！四马驾车前进时，脚步合于节奏的一低一仰，这是调教的功效；供人役使搏击其他鸟的猛禽，是经过训练而驯服的。

3.葛洪《抱朴子·审举》 夫丰草不秀瘠①土，巨鱼不生小水，格言不吐庸人之口，高文不堕②顽夫之笔。

【注】①瘠，贫瘠。②堕（duò），落下，这里指"产生于"。

【译】丰茂的草不在瘠薄的土地上萌生，巨大的鱼不在小水坑里生长，格言警句不会出自庸人之口，高妙文章不会出于愚顽人之笔。

《颜氏家训》（3则）

1.颜氏家训·教子第二 凡人不能教子女者，亦非欲陷其罪恶，但重①于诃②怒，伤其颜色；不忍楚③挞，惨其肌肤尔。当以疾病为谕④，安得不用汤药针艾⑤救之哉？又宜思勤督训者，可愿苛虐于骨肉乎？诚不得已也。

【注】①重，以……为难，即不愿意。②诃（hē），同"呵"，大声呵叱。③楚，荆条，古时的刑杖。④谕，同"喻"。⑤艾，草本植物，灸法治病的燃料。

【译】大凡世人不能正确教育子女的，并不是想让子女陷于罪恶，只是不愿意（严厉）斥责，损伤了他们的脸面；不忍心责打体罚，伤害了他们的身体。这就该用治病来做说明，哪能不用汤药针灸来救治病人的呢？又应该想到那些经常督责训诫子女的父母，难道他们愿意苛求虐待亲生骨肉吗？实在是不得已啊。

2.颜氏家训·治家第五 笞怒废于家，则竖子①之过立见②；刑罚不中③，则民无所措手足。治家之宽猛，亦犹国焉。

【注】①竖子，未成年的孩童。②见（xiàn），通"现"。③中，合适。

本段谈家教应严。

【译】如果一个家庭废弃了鞭打的体罚，孩子的过失马上会出现。如果刑罚不适当，那么老百姓就会手足无措。治理家庭的宽松与严厉，跟治理国家一样。

3.颜氏家训·省事第十二 铭金人云："无多言，多言多败；无多事，多事多患。"至①哉斯戒也！能走者夺其翼，善飞者减其指，有角者无上齿，丰后者无前足，盖天道不使物有兼焉也。古人云："多为少善，不如执一；鼯鼠五能，不成伎②术。"

【注】①至，到了极点。②伎，通"技"。

【译】周代太庙前有一铜人，上面的铭文说："不要多说话，说得越多失败也越多；不要多事，多事会多招祸。"这个训诫真是太对了！能奔跑的没有长翅膀，能飞翔的没有前趾，头上长角的没有上齿，后肢发达的前肢退化，大概是大自然的法则让它们不能兼有各种长处吧。古人说："做得多，很少能做得好，不如专心做好一件事。鼯鼠有五种能耐，但没有一项成为技术。"

刘禹锡（1则）

刘禹锡（772-842），字梦得，唐代洛阳人，诗人。

1. 刘禹锡《陋室铭》 山不在高，有仙则名。水不在深，有龙则灵。

【译】山不在乎有多高，有神仙住着就能出名。水不在乎有多深，有蛟龙潜藏就灵验。

苏轼（2则）

1. 苏轼《晁错论》 古之立大事者，不唯有超世之才，亦必有坚忍不拔之志。昔禹之治水，凿龙门①，决大河而放之海。方其功之未成也，盖亦有溃冒冲突可畏之患；惟能前知其当然，事至不惧，而徐为之图，是以得至于成功。

【注】①龙门，山名，在今山西河津市西北，黄河流经此处，两岸峭壁对峙，形如阙门，相传为禹所开，故又名禹门口。

【译】自古以来凡是做大事业的人，不仅有出类拔萃的才能，也一定有坚忍不拔的意志。从前大禹治水，凿开龙门，疏通黄河，使洪水东流入海。当他的整个工程尚未最后完成时，可能也时有决堤、漫堤等可怕的祸患发生，只是他事先就预料到会这样，祸患发生时就不惊慌失措而能从从容容地对付它，所以能够最终取得成功。

2.苏轼《论项羽范增》 物必先腐也，而后虫生之。

【译】物体一定是自己先腐朽了，然后才会生虫。

王安石（2则）

王安石（1021—1086）北宋政治家、文学家，字介甫，号半山，抚州临川（今属江西）人。

1.王安石《致一论》 万物莫不有至理焉。能精其理则圣人也。

【译】万事万物都有独特的规律。能掌握它的独特规律就是圣人。

2.王安石《上仁宗皇帝言事书》 夫人之才，成于专而毁于杂。

【译】人的才能，由于精专而成功，由于驳杂而毁灭。

张载（3则）

1.张载《经学理窟》 教之而不受，虽强告之无益，譬之以水投石，必不纳也。今夫石田，虽水润沃，其干可立待①者，以其不纳故也。

【注】①立待，站着等待，形容很快。

【译】教育他如果不接受，即使勉强告诉他也没有好处，就好像用水泼向石头，石头一定不会接纳的。在石田里，虽然水很丰富，它的干枯是可以等待的，因为它不会容纳水。

2.张载《经学理窟》 人若志趣不远，心不在焉，虽学无成。

……

学者大不宜志小气轻①。志小则易足，易足则无由进②；气轻则虚而为盈，约而为泰③，亡而为有④，以未知为已知，未学为已学。

【注】①大，很。气，人的作风习气。②无由，无从，没有门径或找不到头绪（做某件事）。③约，简约。泰，过甚。约而为泰，以不足为有余。④亡，通"无"。

本段谈学习应该树立远大志向，否则难以致远。

【译】人如果没有远大的志向，心不在学习上，即使学了也不可能学成。

……

求学的人不应该志向短小，气质轻浮。志向短小就容易满足，容易满足就无从进步；气质轻浮就会把空虚当作充盈，以不足为有余，把无当作有，把未知当作已知，把未学当作已学。

3.张载《经学理窟》 勿谓小儿无记性,所历事皆能不忘。故善养子者,当其婴孩,鞠①之使得所养,令其和气,乃至长而性美,教之示以好恶有常②。至如不欲犬之升堂③,则时其升堂而扑④之。若既扑其升堂,又复食之于堂⑤,则使孰从⑥?虽日挞⑦而求其不升堂,不可得也。

【注】①鞠,养育。②好恶有常,喜欢什么、厌恶什么是明确的,是一贯的。③堂,堂屋。④扑,打。⑤食之于堂,在堂屋喂食。⑥则使孰从,那么让它选择哪一个呢?⑦挞(tà),用鞭子或棍子打。

【译】不要说小孩子没有记性,他所经过的事都能记住。所以善于养育儿女的人,当他们还是婴幼儿的时候,精心照顾让他们得到养育,使他们平和,以至于长大了性情美善,教育他们的时候要让他们看到喜欢和厌恶的标准是一贯的。比如,不想要狗跑到堂屋来,那么,当它跑到堂屋来的时候就打它。如果它进堂屋时打它,却又在堂屋喂它,这让它下次到底怎么做呢?即使每天打它,要它不进堂屋,也办不到。

程颐(1则)

《程氏遗书》 万物皆有良能,如每常禽鸟中做得窝子,极有巧妙处,是他良能,不待学也。

【译】万物都有它的特殊本能,如普通禽鸟做窝,都有非常巧妙的地方,这是它的本能,不用学习的。

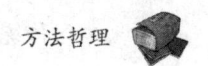

朱熹（1则）

1. 朱熹《孟子集注》 圣贤施教，各因其材，小以小成，大以大成，无弃人也。

【译】圣人贤人教育学生，能够因材施教，小材让他取得小成功，大材让他取得大成功，没有放弃的人。

李贽（1则）

李贽(1527—1602)，号卓吾,又号宏甫,别号温陵居士、百泉居士等,明代泉州晋江(今属福建)人。

1. 李贽《童心说》 天下之至文[①]，未有不出于童心焉者也。

【注】①至文，好到极点的文章。

【译】天下最好的文章，没有不是出于真心写出来的。

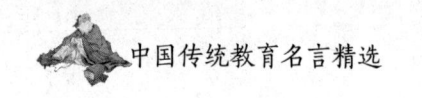

王守仁（1则）

1.《**传习录上**》 希渊问："圣人可学而至，然伯夷、伊尹于孔子才力终不同，其同谓之圣者安在？"先生曰："圣人之所以为圣，只是其心纯乎天理而无人欲之杂，犹精金之所以为精，但①以其成色足而无铜铅之杂也。人到纯乎天理方是圣，金到足色方是精。然圣人之才力，亦有大小不同，犹金之分两有轻重。尧、舜犹万镒②，文王、孔子犹九千镒，禹、汤、武王犹七、八千镒，伯夷、伊尹犹四五千镒。才力不同，而纯乎天理则同，皆可谓之圣人。"

【注】①但，只是。②镒（yì），古代重量单位，二十两或二十四两。

【译】希渊问："圣人可以学习而成，然而伯夷、伊尹相对于孔子，才能还是不同，他们同时都被称为圣人，是什么原因呢？"先生说："圣人之所以叫作圣人，只是因为他们的心纯粹符合天理，没有人欲掺杂其中，就好像纯粹的金子之所以纯粹，只是因为它成色到位没有铜铅混杂进来。人到了纯粹得符合天理才是圣人，金子到了成色十足的时候才是纯金。然而，圣人的才能，也有大小的不同，就好像金子有轻重一样。尧、舜有万镒，文王、孔子有九千镒，禹、商汤、周武王有七八千镒，伯夷、伊尹有四五千镒。才能不相同，但纯粹得符合天理则是相同的，都可以称得上圣人。"

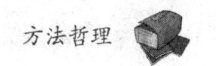

黄宗羲（1则）

1.黄宗羲《续师说》 师者，所以传道授业解惑者也；道之未闻，业之未精，有惑而不能解，则非师矣。

【译】教师是讲授知识、传授学业、解除疑惑的人；没有学习多少知识，不精通学业，学生有疑惑如果不能替他解除，这样的人就不是老师了。

王夫之（1则）

1.王夫之《周易外传卷四》 才以用而日生，思以引而不竭。

【译】才能因为经常用而生生不息，思维能力因为运用而不衰竭。

颜元（2则）

颜元（1635-1704），号习斋，博野（今属河北）人，清代教育家。

1.颜元《四书正误》 人之质性各异，当就其质性之所近，心志之所愿，才力之所能以为学，则易成圣贤，而无龃龉扞格①，终身不就之患。

【注】龃龉（jǔ yǔ），上下齿不相配合，比喻意见不合、不融洽。扞格，相抵触。

【译】人的本质、性情各不相同，教育应当靠近他质性所接近的地方、心志所愿意的地方、才力能达到的地方进行，这样就容易成为圣人、贤人，而没有不配合、相抵触、终身没有成就的祸患。

2.颜元《总论诸儒讲学》 仆妄谓性命之理不可讲也，虽讲，人亦不能听也，虽听，人亦不能醒也，虽醒，人亦不能行也。所可得而共讲之，共醒之，共行之者，性命之作用，如诗、书、六艺而已。即诗、书、六艺，亦非徒列坐讲听，要惟一讲即教习，习至难处来问，方再与讲。讲之功有限，习之功无已。孔子惟与其弟子今日习礼，明日习射。间有可与言性命者，亦因其自悟已深，方与言。盖性命，非可言传也。不特不讲而已也；虽有问，如子路问鬼神、生死，南宫适问禹、稷、羿、奡①者，皆不与答。盖能理会者渠②自理会，不能者虽讲亦无益。

【注】①奡（ào），人名。②渠，他。

【译】我妄谓性命的道理是不可讲的，即使讲，人也不能听的，即使听，人也不能醒悟的，即使醒悟，人也不能践行的。能够共同讲解、共同醒悟、共同行动的，是性命的作用，如诗、书、六艺罢了。即便是诗、书、六艺，也并不只是坐着听讲，应该讲一点就让学生自己去练习，练习到有难处了就来问，才再给他讲。讲解的作用有限，练习的作用没有止境。孔子只是和他的弟子今天练习礼，明天练习射。间或有和学生们谈性命的，也因为他自己领悟已经很深，才和他说。性命这东西，不是可以言传的。不只是不讲就算了，虽然有学生来问，如子路问鬼神、生死，南宫适问禹、稷、羿、奡，都不回答。能理会的他自然能理会，不能的人即便讲也没用。

王筠（1则）

1.王筠《教童子法》 教弟子如植木，但培养浇灌之，令其参天蔽日，其大本可为栋梁，即其小枝亦可为小器具。今之教者，欲其为几也，即曲折其木以为几，不知器是做成的，不是生成的，迨①其生机不遂②，而夭阏③以至枯槁，乃犹执夏楚④而命之，曰："是弃材也，非教之罪也。"呜呼，其果无罪耶？

【注】①迨（dài），通"逮"，等到。②遂，成长。③夭阏（è），也作"夭遏"，摧折，遏止。④夏楚，古代扑责之具。

【译】教弟子如同种树，只是要多做施肥、浇灌等养护工作，让它长得参天蔽日，其中的大材可以做栋梁，就是其中的小枝也可以做小的器具。今天的老师，想要他成为茶几，于是就把树弯曲成为茶几，不知道器具是做成的，不是长成的，等到树的生气不再富足，甚而至于摧折、枯朽，竟然还拿着棍棒这样评论他，说："这是没用的材，不是教的过错啊。"唉，果真不是教的过错吗？

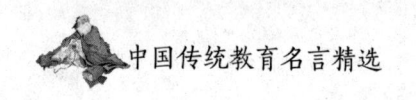

戴震（1则）

1. 戴震《孟子字义疏证》 理也者，情之不爽①失也，未有情不得而理得者也。凡有所施②于人，反躬③而静思之，人以此施于我，能受之乎？凡有所责④于人，反躬而静思之，人以此责于我，能尽之乎？以我絜⑤之人，则理明。天理云者，言乎自然之分理也。自然之分理，以我之情絜人之情，而无不得其平，是也。……情得其平，是为好恶之节⑥，是为依乎天理。

【注】①爽，差错。②施，给予。③反躬，反过来要求自己。④责，要求。⑤絜（xié），衡量。⑥节，节度，法度。

【译】道理就是情感不丧失，没有情感没获得而道理却获得了的。凡是有什么想要施加给别人，要反过来要求自己静下心来想一想，别人拿这个事施加到我的头上，我能接受吗？凡是有什么要求别人的，要反过来要求自己静下心来想一想，别人拿这个事来要求我，我能接受吗？拿自己来衡量别人，那么道理就明白了。天理就是自然的道理。自然的道理就是用我的情来衡量别人的情而没有不平和的，就是这样的。……彼此心情平和，这是喜欢和厌恶的标准，这样做就是依照了天理。

《菜根谭》(7则)

1.富贵名誉自道德来者,如山林中花,自是舒徐①繁衍;自功业来者,如盆槛②中花,便有迁徙废兴;若以权力得者,如瓶钵③中花,其根不植,其萎④可立而待矣。

【注】①舒徐,从容自然。②槛,木围栏,指园圃。③钵(bō),陶制的器皿。④萎,凋谢。

【译】财富、地位、名誉如果来源于自己的道德,就像山林中花,自然能够从容繁衍;如果来源于自己的功业,就像园圃里的花,就会有转移、盛衰;如果来源于自己的权力,好像盆子中的花,它的根无法扎下去,它的凋谢很快就可以看到。

2.文章做到极处,无有他奇,只是恰好;人品做到极处,无有他异,只是本然。

【译】文章写到最好的程度,没有别的奇妙,只是恰到好处;做人达到极点,没有别的异常之处,只是本色天然。

3.渔网之设,鸿①则罹②其中;螳螂之贪,雀又乘其后。机里藏机③,变外生变,智巧何足恃哉。

【注】①鸿,鸿雁。②罹(lí),遭遇。③机里藏机,玄机里还藏有玄机。

【译】本来是张网捕鱼,不料鸿雁竟碰上落在网中;贪婪的螳螂一心想吃眼前的蝉,不料后面却有一只黄雀想要吃它。可见天地间的事情太奥妙,玄机中还藏有玄机,变幻中又会发生另外的变幻,人的智慧计谋又有什么可依仗的呢?

4.事有急之不白①者，宽②之或自明③，毋躁急以速其忿④；人有切之不从者，纵之或自明，毋操切以益其顽。

【注】①白，明白。②宽，舒缓。③自明，自我觉悟。④速其忿，增加情绪上的紧张气氛。

【译】有些事情太着急往往搞不明白，缓一缓，也许就弄明白了；有些人不服从管教，你放一下手，他也许就觉悟了，不要逼迫他，增加他的专横与固执。

5.恩宜自淡而浓，先浓后淡者人忘其惠；威宜自严而宽，先宽后严者人怨其酷。

【译】对人施予恩惠应该从淡到浓，如果开始浓厚后来逐渐淡薄，人们就容易忘掉你的恩惠；对人施加权威要先严厉后宽松，如果先宽松后严厉，人们就会怨恨你的严苛。

6.我贵而人奉之，奉①此峨冠大带②也；我贱而人侮之，侮此布衣草履也。然则原非奉我，我胡③为喜？原非侮我，我胡为怒？

【注】①奉，奉承。②峨冠大带，高耸的帽子和宽大的衣带，指官员服装。③胡，为什么。

【译】我有权势人就奉承我，这实际上是在奉承我的官位官服；我贫穷低贱人们就轻视我，是轻视我的布衣草鞋。既然如此，这些人原本不是奉承我，我为什么要高兴呢？原本不是轻视我，我又为什么要生气呢？

7.雨余观山色，景色更觉新妍①；夜静听钟声，音响尤为清越。

【注】①妍（yán），美丽。

【译】在雨后观赏山川景色，景色更加清新美丽；当夜阑人静时聆听庙院钟声，就会觉得音质特别清脆悠扬。

《增广贤文》（12则）

1.运去金成铁，时来铁似金。

【译】倒霉的时候就算得到的是金子也会变成铁，走运的时候就算是顽铁也会变成金子。

2.黄河尚有澄清日，岂有人无得运时？

【译】黄河尚有变清的时候，那么人还能没有走运的时候吗？

3.人恶人怕天不怕，人善人欺天不欺。善恶到头终有报，只争来早与来迟。

【译】恶人，人怕他，但天不怕他；善人被人欺负，但老天爷不会欺负他。善和恶到最后终究会有报应，只是时间问题。

4.荣宠旁边辱等待，贫贱背后福跟随。

【译】荣誉得宠的边上污辱在等待着，贫贱后面幸福在跟随着。

5.成名每在穷苦日，败事多因得意时。

【译】功成名就往往在穷愁困苦的时候，事情失败大多因为骄傲得意。

6.炮凤烹龙①，放箸②时与盐齑③无异；悬金佩玉④，成灰处与瓦砾何殊⑤。

【注】①炮凤烹龙，指饮食精美高贵。炮、烹，都是烹调方法，炮，火炙。烹，水煮。②箸，筷子。③齑（jī），切碎的腌

菜或酱菜。④悬金佩玉，形容古代贵族的豪华。⑤瓦砾，碎掉的砖瓦石块。何殊，有什么不同。

【译】火烤的凤凰，水煮的龙肉，放下筷子后与盐齑没有差异；颈挂金坠，腰挂玉佩，人死后这些东西与瓦砾又有什么不同呢？

7.富若不教子，钱谷必消亡；贵若不教子，衣冠①受不长。

【注】①衣冠，本指士大夫的衣帽，这里指官绅的身份、地位。

【译】富裕了如果没教好孩子，钱粮一定会消亡；显贵了如果没教好孩子，官绅的身份延续不了多久。

8.言易招尤①，对亲友少说两句；书能化俗，教儿孙多读几行。

【注】①尤，怨恨。

【译】话容易招来怨恨，对亲戚朋友少说两句；书籍能够去除俗气，教儿孙多读几行。

9.以身教者从，以言教者讼①。

【注】①讼，争论是非。

【译】用自身行为去教育人，别人一般会听从；只用语言去教育人，别人就会和你争论是非。

10.家庭和睦，疏食尽有余欢；骨肉乖违，珍馐①亦减至味。

【注】①馐（xiū），精美的食品。

【译】家庭和睦，吃粗茶淡饭有的是和谐欢乐；骨肉离心，山珍海味也是毫无味道。

11.为人要学大莫学小①，志气一卑污了，品格难乎其高；持家要学小莫学大，门面一弄阔了，后来难乎其继。

【注】①学大莫学小，学大度，弃小气。

【译】做人要学大度，不要学小气，志气一旦卑下、脏污，品节就很难进入高的境界；持家要学习精打细算不要学习排场奢

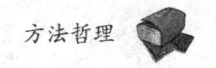

侈，一旦养成浪费摆阔的习惯，很难维持长久。

12.救既败之事，如驭临岩之马，休轻加一鞭；图垂成①之功，如挽上滩之舟，莫稍停一棹②。

【注】①垂成，将成。②棹zhào，船桨。

【译】挽救已经失败的事情，如同驾驭靠近悬崖的马，不要轻加一鞭；做将要成功的事业，也要像拉上了滩的船一样，不要停一桨。

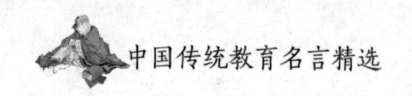

参考文献

1. 《古汉语大词典》，上海辞书出版社2000年1月第1版
2. 《辞源》（合订本），商务印书馆1988年7月第1版
3. 《辞海缩印本》（音序），上海辞书出版社2002年1月第1版
4. 《中国教育大系·历代教育论著选评》（上、下），湖北教育出版社1994年版7月第1版
5. 许嘉璐主编《文白对照诸子集成》，广东教育出版社2006年8月第2版
6. 戚同仁注释·今译·释意《中国历代名言精编》，上海古籍出版社2011年12月第1版
7. 张明仁编著《古今名人读书法》，商务印书馆2007年10月第2版
8. 朱熹注　王浩整理《四书集注》，凤凰出版社2005年5月第1版
9. 陈襄民等注译《五经四书全译》，中州古籍出版社2000年8月第1版
10. 孙雍长注译《庄子》，花城出版社1998年5月第1版
11. 张玉良主编《白话庄子》，三秦出版社2003年8月第2版
12. 王磊　张淳注释《庄子》，云南大学出版社2004年3月第1版
13. 方勇译注《庄子》，中华书局2010年北京第1版
14. 钱穆《庄子纂笺》，三联书店2010年4月北京第1版
15. 饶尚宽译注《老子》，中华书局2006年9月北京第1版
16. 乌恩博著《名家讲解论语》，长春出版社2007年1月第1版
17. 杜玉俭　刘美嫦译注《孟子》，广州出版社2006年1月第3版
18. 殷昴主编《孟子》，当代世界出版社2007年1月第1版

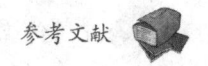

19. 梁明　余正常译注《颜氏家训》，广州出版社2004年6月第2版
20. 潘嘉卓　聂翀译注《荀子》，广州出版社2006年1月第3版
21. 黄碧燕译注《吕氏春秋》，广州出版社2004年4月第2版
22. 施明译注《墨子》，广州出版社2006年1月第3版
23. 朱东润主编《中国历代文学作品选》，上海古籍出版社1979年7月第1版
24. 刘海峰　李兵《中国科举史》，上海东方出版中心2006年6月第2版
25. 许嘉璐主编《古代汉语》中册，高等教育出版社1992年5月第1版
26. 张祥浩著《中国传统思想教育理论》，东南大学出版社2011年1月第1版
27. 谢保国著《中国古代语文教育史稿》，宁夏人民出版社2009年3月第1版
28. 张隆华　曾仲珊著《中国古代语文教育史》，四川教育出版社2000年10月第2版
29. 顾树森编著《中国古代教育家语录类编上》，上海教育出版社1983年2月第2版
30. 顾树森编著《中国古代教育家语录类编下》，上海教育出版社1983年2月第2版
31. 顾树森编著《中国古代教育家语录类编补》，上海教育出版社1983年5月第1版
32. 田正平　肖朗主编《中国教育经典解读》，上海教育出版社2005年12月第1版
33. 乔克译注《菜根谭》，上海三联书店2014年1月第1版
34. 文丽《中国蒙学经典大全集》，中国华侨出版社2010年9月第1版
35. 赵伯英　万恒德选注《家塾教学法》，华东师范大学出版社1992年6月第1版
36. 熊承涤著《中国古代学校教材研究》，人民教育出版社1996年8月第1版
37. 夏丏尊《夏丏尊教育名篇》，教育科学出版社2007年6月第1版
38. 朱自清《朱自清语文教学经验》，教育科学出版社2007年6月第1版

39. 叶圣陶《叶圣陶语文教育论集》，教育科学出版社1980年8月第1版
40. 王刚译评《家塾教学法》，中国画报出版社2017年7月第1版
41. 汉椿校注《程氏家塾读书分年日程》，安徽古籍丛书（影印本），1989年7月